中国象棋人机大战

蒋泽文 编著

河南科学技术出版社
·郑州·

U0963240

图书在版编目（CIP）数据

中国象棋人机大战/蒋泽文编著.—郑州：河南科学技术出版社，2013.7
ISBN 978-7-5349-6215-8

Ⅰ.①中… Ⅱ.①蒋… Ⅲ.①中国象棋-对局（棋类文件） Ⅳ.①G891.2

中国版本图书馆CIP数据核字（2013）第088369号

出版发行：河南科学技术出版社
地址：郑州市经五路66号 邮编：450002
电话：(0371) 65737028
网址：www.hnstp.cn
责任编辑：董 涛
责任校对：李振方
封面设计：张 伟
责任印制：张艳芳
印 刷：郑州文华印务有限公司
经 销：全国新华书店
幅面尺寸：170 mm × 240 mm 印张：16.5 字数：250千字
版 次：2013年7月第1版 2013年7月第1次印刷
定 价：25.00元

如发现印、装质量问题，影响阅读，请与出版社联系。

前言

电脑作为20世纪最伟大的发明之一，给人类发展带来的变化是史无前例的。电脑使人类的工作效率变得更高。也正是因为电脑的参与，人类传统的游戏——象棋面临的革命已不可避免。

较之于国际象棋，中国象棋软件的编写要晚很多。台湾学者在20世纪80年代初才开始电脑象棋的研究，最初的研发都是在大学实验室和研究所中完成的。1981年台湾大学电机研究所的张跃腾同学在贾玉辉教授的指导下，用Fortran语言在POP-11小型电脑上编写了残局软件；1982年台交大计算机研究所的廖嘉成同学在杜敏文、李家同教授的指导之下完成了全局程序，并系统地分成了开局、中局、杀局三个部分。1985年台大资讯研究所的黄东辉同学在许舜钦教授的指导下，利用C语言在VAX785机器上设计出了一套完整的电脑程序。1986年台大在这个领域上则掀起了小高潮，先是资讯系王明钦同学在许舜钦教授的指导下，用Pascal语言在IBM PC上编写出一套完整的象棋程序；李纮及蔡明坤两位同学在林顺喜及许舜钦两位老师的指导下，合作编写出一套象棋程序；稍后资讯研究所的曹国明同学也利用Pascal语言在IBM PC上编写出了一套象棋程序。80年代中期，香港也出版了象棋程序。大陆方面，南开大学在1983年开发了残局程序，并在80年代后期开发了全局程序。虽然这一阶段的象棋程序的棋力都很低，但却为电脑象棋的发展奠定了坚实的基础。

里程碑式的中国象棋软件在1986年出现，它就是由台湾著名人工智能专家虞希舜先生编写的“象棋大师”。“象棋大师”在1987至1989年连续三届夺得由宏碁电脑公司举行的电脑象棋大赛，随后在首届世界奥林匹克象棋赛完美夺冠。这款软件的棋力在此后十几年里笑傲江湖，明显领先于其他软件，直到本世纪初，垄断才被打破。

软件自从诞生的那天起，挑战人类便是软件编写者的共同目标。多年以来电脑软硬件的迅猛发展为棋力的提高提供了良好的保证，同时几个较有影响的人机对战赛事起到了推波助澜的作用。其中时间最长的为世界奥林匹克电脑象棋赛，它创立于1989年，至今已历16届，早年为不定期，现在每年办一届。2004年台湾省人工智能协会和几所大学共同创办了世界电脑象棋争霸赛，约定三年举办一届，至今已历3届。2006年中国人工智能学会机器博弈专业委员会创办了计算机博弈锦标赛，每年一届。这些大赛不仅催生了新软件的产生，而竞赛的激励机制也促使软件棋力不断提高！

软件开始挑战人类的棋力，始于20世纪末期出现的“梦入神机”和“七星大师”软件。“梦入神机”的编写者为吴韧先生，它的历史可以追溯到吴先生在南开大学编写的“NKW”；“七星大师”作者则为秦皇岛的赵德志先生。两者先后在ICCS服务器和中国象棋网出现，并有了战胜职业大师的记录，棋力已达到大师级别。

21世纪初的前几年，“象棋世家”和“棋隐”开始商业化，稍后是“楚汉棋缘”“谢谢大师”“象棋奇兵”。这使得广大棋迷有了更多接触并使用象棋软件的机会，棋迷们通过网络应用软件与对手对弈，并有了“人机合一”的使用模式。应用技巧以及软件本身棋力的提高，网络比赛桂冠逐渐被“人机”高手获得，职业选手很难获胜。为了验证“人机合一”的棋力，2005年9月由“人机”高手组成的网络华工队与“梦之队”——广东职业象棋队进行了一场对抗赛，最终网络华工队以6.5：3.5大比分击败人类职业棋手。这次对抗赛表明了虽然软件尚不能完全独立战胜职业大师，但普通棋迷却可以借助软件战胜人类最强的棋手。

软件战胜人类的标志，是2006年在北京举办了“浪潮杯”人机大战。获得首届计算机博弈锦标赛的五款软件分别与五位人类职业大师进行了人机对抗赛，最终电脑软件以三胜五和两负的战绩击败人类，需要注意的是前三名软件“棋天大圣”“象棋奇兵”“象棋旋风”明显强于后两者，对人类的成绩的是三胜三和。而后冠军软件“棋天大圣”再战象棋等级分第一人许银川，两局巅峰对决虽均以和棋收场，但却标志着电脑软件已开始超越人类。

此后的几年中象棋软件更有了蓬勃的发展，2007年后又分别出现了软件“佳佳象棋”及“象棋名手”。借助于国际象棋的开源代码，各种象棋软件的博弈算法不断有所突破，硬件方面CPU短时间内从单核迅速发展到了16核，而在电脑上聚集百万甚至千万对局的巨型开局库已是轻而易举。这使中国象棋软件等级分很快达到2800分以上，职业棋手已很难对抗，并且可以预见未来的发展将越来越快。

要提高软件引擎，就要反复让软件与人类强手测试，然后把问题反馈到软件的编写上。从与人难以匹敌到势均力敌，再到战胜人类，象棋软件走过了一个漫长的过程。而每一次人机对抗都留下了光辉的一页，这也是本书所要记录的主要内容。

目前许多专业队开始以软件为工具，把它作为陪练或拆棋的好帮手。有许多人认为电脑软件强了，象棋本身的兴趣减弱了，不要这么认为，象棋软件只是辅助人类锻炼大脑的工具。而象棋是一项脑力的竞技，它特有的魅力也正是人与人之间的智力竞技，这才是象棋的真正意义所在。

软件战胜人类，这是科学发展的必然。这样的胜利是人类智慧的结晶，最终也将是人类的胜利。

序

小的时候，我非常喜欢读历史，也喜欢象棋，自然也喜欢象棋历史。读了《广州棋坛六十年史》后，感到这是一部难得的记录中国象棋近代棋史的好书，同时深深感到我们的前辈是那样轻视象棋的历史。倘如没有这部书，中国近代的象棋历史可能更加脆弱，留下的遗憾将会更多。

1998年我观看了“七星大师”象棋软件在吕钦和金松擂台上取得胜利，便对象棋软件有了浓厚的兴趣，开始有意识关注这方面的发展。十几年过去了，经历了象棋软件从萌芽到发展再到成熟这一过程，其间见证了不断涌现的各种新软件，也看到不断有软件停止开发淡出这个领域，可谓沧海桑田。

那么象棋软件的历史是什么？它应该留下什么？

我回忆接触到的一些精彩的对局，忽然觉得它们就是象棋软件海滩上留下的一个个金色的贝壳。这就是象棋软件历史点滴！有了对局，它的历史变得丰富起来。而软件和人的对弈是它的历史中最精彩的一面，人的参与不仅见证了软件的发展，也是对软件水平的认证。

然后，仅仅是二十年，时间并不是很长，我们还是遗落了很多东西，最重要的就是这些对局记录。上世纪八十年代末期，宝岛台湾举办了三届象棋软件大赛，其间还有人机对抗赛，以及早期的世界奥林匹克电脑象棋软件大赛，能留下的对局寥若晨星，即使最近的2011年举办的计算机博弈锦标赛上的人机大赛，也仅留下一则对局。

因此我打算写这本书，记录下这些对局，记录下人机大战珍贵的历史。能写下来不一定能留下来，但不写下来，或许更难留下来，我们有义务把这段历史留下来。

人机大战，从象棋软件诞生的那一天起就存在了。但收集整理的过程异常艰辛，这么多年过去了，有很多接触过的人已淡出这个领域，或者当时就没有记录。在写作过程中，特别感谢“象棋世家”作者郑明政先生、“将族”作者虞希舜先生、“ELP”作者许舜钦先生，为我提供了许多珍贵的历史资料。同时感谢白宏宽、王首成、黄俊亿、刘锦祺、张瑞斌等棋友的热情鼓励与支持，是这些朋友给了我写作的动力，让我坚持把这本书写完。

如今书虽然写完了，但个人能力有限，看问题难免管中窥豹。希望广大读者与我联系切磋，以得到您真诚的指正与批评。如果有再版的一天，我一定会尽最大力量修正它，尽量留下更完美的东西，留下这段更真实的历史！

蒋泽文

2013年5月6日于辽阳

目录

第1章　笑傲江湖虞希舜

在众多的象棋软件中有这样一款让你难忘的游戏，它在演示神奇的人工智能的同时，展示了无穷的象棋魅力。然而关于它背后的故事几乎无人知晓，它的作者更是蒙上一层神秘的面纱。

这个软件就是闻名遐迩的“将族”软件。它的作者就是来自宝岛台湾的虞希舜先生。

虞希舜先生祖籍浙江瑞安，1961年出生于台湾省台北市，1984年毕业于我国台湾明志工业专科学校工业设计专业。毕业后一直从事软件设计工作，先是从事Firmwair程序设计，然后在美国某一公司设计新款BIOS系统，虞希舜正是在这些尖端技术工作中积累了丰富的软件设计经验。后来他回到台湾，从此也就踏上了他那充满神秘而富有传奇色彩的象棋软件设计生涯。

虞希舜先生自幼对象棋有着浓厚的兴趣，1986年他花了四个月时间设计出了“象棋大师”软件，这是他独具匠心地用组合语言设计而成。1987年台湾宏碁电脑公司和台湾象棋协会联合举办的第一届电脑象棋大赛，尽管当时参加大赛的软件有十六个之多，但“象棋大师”一路过关斩将力克群雄夺冠。更为惊人的是在赛后的人机大战中“象棋大师”成功地击败了象棋神童蔡澄宇，成为在公开场合中第一个击败人类对手的电脑软件，一时赛场为之轰动。“象棋大师”的棋力当时被评估为一级，台大资讯系的计算机象棋研究专家许舜钦教授在《电脑西洋棋和电脑象棋的回顾与前瞻》一文曾有这样的评价：“‘象棋大师’在考虑一着棋时，首先计算到某一深度，以确保棋力达到一定的水准。当此计算完成之后，若未到达时限，则继续深入思考，因此愈到残局，棋力愈强。”这个软件诞生还有着另外一个重要意义，那就是象棋软件的棋力历史上第一次超过了设计者本身。

1988年3日29日第二届的计算机象棋大赛拉开了战幕，虞希舜先生以卫冕者姿态步入赛场。为了取得胜利，他花了六个月时间彻底重写了一套全新的程序，使得软件棋力有了大幅度的提高，相当于人类的二段棋手，虞希舜将其命名为“特级大师”。当时参加第二届大赛的还有宝岛其他几个非常出色的软件，如曹国明的“象棋专家”，蔡明坤、李纮以及杜贵崇的象棋程序，台大资讯系郑武尧的“象棋明星”。经过几番紧张而激烈的争夺后，决赛最终在“特级大师”和“象棋专家”之间展开。

“象棋专家”的编写始于1986年，作者曹国明当时还是台湾大学资讯研究所的学生。这是一套基于IBM PC机上利用Pascal语言编写的电脑程序，该软件在第一届大赛中获得季军。此番卷土重来的曹国明，目标就是要击败“特级大师”！击败虞希舜！经过一年多苦心研究的曹国明利用C语言完全改写了原有的程序，并加上逐层加深(iterative deepening)及主变化搜寻(principle variation search)等技巧，使搜寻深度由原先的三层进步到五层。可虞希舜更是精益求精，大幅度改进“象棋大师”的程序技巧，搜寻深度更是超过五层。于是决赛过程高潮迭起，大战五十回合之后“特级大师”终以一车二卒对车兵确立胜势击败“象棋专家”，曹国明看到了“特级大师”的表现心悦诚服地领受亚军之位。

看到“特级大师”取得如此显赫的战绩，人们不禁为虞希舜击掌喝彩。赛后组委会安排“特级大师”执后手单挑三段女棋王陈慧文，十数回合后“特级大师”神来一手，陈小姐顿时手忙脚乱，一时不知如何应对。幸喜站在身旁的全台冠军马仲威、名家林政明等数位高手指点迷津，“特级大师”在总计十数段的棋力下最终败北，不过这一段“英雄救美”的趣闻却成就了一段珍贵的棋坛佳话，然而从中我们可明显看出象棋软件对人类棋手已具有了一定的威胁。

为了准确定位“特级大师”的棋力，1989年2月19日“特级大师”参加台湾象棋协会举办的新秀杯升段赛，结果以4胜3和的战绩晋升初段。再隔一周又以5胜1和1负的优异成绩荣升二段，写下了电脑象棋史上光辉灿烂的一页。《宝岛象棋》月刊第10期因此开辟专栏，由名家李荣发先生讲评“特级大师”的对局谱。此后虞希舜先生再次改良“特级大师”，棋力基本上达到了人类3段左右，以迎接这一年第三届计算机象棋赛的到来。为了鼓励新人参加比赛，本届大赛参赛的12个软件分成甲乙两组进行，甲组资格是历届的前三名。最后的决赛中“特级大师”击败了郑武尧的“象棋明星”蝉联冠军。

同年8月9日至8月15日由David Levy主办的第一届电脑奥林匹克大赛在英国伦敦正式举行。共计有来自16个国家的86个程序报名角逐国际象棋、围棋、中国象棋、桥牌等15项奖牌。在中国象棋方面除了虞希舜的“特级大师”和曹国明的“象棋专家”之外，郑武尧的“象棋明星”以“Elephant”的名称参赛，还有美国的“XIAN”和英国的“OGRE”报名角逐。曹国明和郑武尧的程序经过改进后棋力虽然逐渐接近“特级大师”，但“特级大师”棋高一着，终以四战全胜的佳绩夺得金牌，“象棋专家”三胜一负获得银牌，郑武尧的程序则因为没有检查出长期反复循环的问题而与“XIAN”两度握手言和，最后只好通过快棋加赛擒服对手赢得铜牌。赛后电脑国际象棋博弈的“开山祖师”C. Shannon庄重向虞希舜颁奖，“特级大师”由此获得了人类计算机象棋史上第一个世界冠军的最高荣誉称号。1991年虞希舜独资创立“光谱信息有限公司”，从事软件的研发和推广。创业之初虞希舜运用此前在象棋方面的研究成果，加入了故事情节，于1992年推出了久负盛名的软件——“将族”。

“将族”公开发行后在市面上引起了极大轰动，创造了前所未有的奇迹，由此也产生了一大批“将族”迷们，每个象棋对弈网站都有唤作“将族”的人。“将族”迷们称赞“将族”的同时也交流攻关秘技及心得，有些棋迷为了自己使用方便还对原程序进行了修改。在大陆诸如《大众软件》《电脑报》等杂志、互联网上著名的台湾“网路论坛”及大陆“海涛论坛”广泛地刊登或登载了各种有关“将族”的文章或帖子。这些文章大致涉及这几个方面：如何加速“将族”软件；如何修改悔棋数、悔局数、玩家分数；如何利用“将族”下残棋；“将族”软件有哪些Bug；最短致胜法宝等。各种文章五花八门，论述精辟。棋迷们在应用的同时也着手修改和编写了一些程序：由于“将族”产生得比较早，属于Dos程序，当时还没有视窗平台，有的棋迷就修改了“将族”执行程序使它能在Windows平台上使用；修改分数让软件中的“高手”也与普通棋迷下棋以博得一乐。其中比较著名的有“yirl23”的让将族解拆排局的程序“PJ”“静弈斋主”的“cchtool”，都编写得非常巧妙，可以随意修改玩家分数，将先后手设为电脑或人脑的模式。“静弈斋主”还提供了一个“timepass.exe”程序，可以克服由于乱输密码带来的程序扣分问题。毋庸置疑没有哪个软件能超过人们对“将族”的喜爱，该软件的盗版在棋迷手中也占有相当比例，从侧面也反映了人们对这个软件的喜爱程度。

虞希舜自从1991年成立光谱公司以后，事业上取得了长足的发展，从此淡出象棋软件的江湖。以至于相当长的时间没有多少人知道“将族”的作者是谁，虞希舜是谁，“将族”经历了怎样的精彩故事。十几年后我通过有着“电脑象棋之父”之称的许舜钦教授的搭桥，方与虞希舜先生取得联系，并将早期的象棋软件发展情况以文字方式记录下来。我们看到虞希舜所编写的系列软件诞生于20世纪80年代末期，此后一直成为各种软件追赶的对象，直到21世纪过了数年，才被其他软件超越，其间经历了十几年！在翻阅这些浩如烟海的资料时，我不禁对虞希舜先生产生了由衷的敬意。

我们不能不说“将族”是一个不折不扣的里程碑式的象棋软件，虞希舜真正做到了笑傲江湖！

第2章 ICCS的“未来战士”

提起“梦入神机”，可以说是无人不知，无人不晓，这部明代就成为秘本的古谱影响了一代又一代的棋迷。而“梦入神机”这个名字对ICCS的棋迷们来说也可算是如雷贯耳，它竟然是一个对弈软件，一个会下中国象棋的“机器”。国际象棋界中大名鼎鼎的对弈软件叫“深蓝”，在ICCS众多棋迷们也给它起了个响亮的名字叫“深红”，这可算是棋迷们对这款软件的一种最好的认可了。

“梦入神机”的作者是美籍华裔人工智能专家吴韧先生。吴韧出生于四川德阳，1984年毕业于成都气象学院，他自幼深受中国传统文化的熏陶，琴棋书画样样皆通。他不仅书画艺术造诣颇深，更是一个资深的藏书家，除此之外他对象棋更是迷恋不已。由于毕业以后在德阳教育学院担任计算机语言讲师，这使得他想到设计一款能自动下棋的计算机软件。有了这个想法后，从1985年，他就着手于软件的设计。这可是一个艰巨的任务，当时的计算机普及程度远不如现在，所涉及的人工智能领域的书籍几乎没有，他手里拥有的只不过是一页alpha-beta算法的lisp代码。好在有学校提供的得天独厚的条件，再加上他天资聪慧，几个月后他用Pascal语言编写的第一个象棋对弈程序“倩萍”问世了，软件虽然粗糙，但棋力已不容小视了。

1987年吴韧来到天津的南开大学从事教育工作，当时的南开大学有着以黄少龙为代表的全国唯一的高校象棋计算机研究中心，黄少龙曾在1977年全国个人赛上与吉林梁文斌、甘肃钱洪发并列季军，对于象棋软件的开发也报以同样浓厚的兴趣，现在所能见到的黄少龙的专著《象棋对策论》中就涉及许多关于计算机象棋对策的理论。黄教授对吴韧给予了巨大支持，使得吴韧能更专心地开发新一代产品“NKW”，1989年“NKW”终于编写成功，经过测试这款软件已能轻易打败有一定棋力的棋迷了，并预定于同年5月22日进行科技鉴定，不巧的是这项鉴定由于众所周知的政治原因搁浅了，而吴韧先生此时又面临着出国深造的选择，这使得“NKW”很遗憾地永远失去了与广大棋迷见面的机会。

不久，吴韧远赴欧洲，到英国伦敦大学皇后玛丽学院攻读人工智能博士学位，同时他写下多篇卓有成就的学术论文，引起了广泛关注。他不断地考虑怎样才能让计算机的算法更接近于人的思路，水平更接近于专业棋手，在此期间他独自开发了新的软件“SURPRISE”，“SURPRISE”的能力比“NKW”有了显著的提高。1991年“SURPRISE”参加了在荷兰举办的第三届世界电脑奥林匹克中国象棋大赛，并一举夺魁，1992年再获第四届冠军。对此《中国青年报》《青年参考》及海外的多种媒体对此均做了报道，这些无疑表明吴韧在人工智能领域又进了一大步，他本人也得到了业界人士一致好评。

1994年吴韧结束学业来到美国定居，在全世界著名的惠普实验室进行人工智能的研究工作。1996、1997年他是为数不多的两次受到邀请参观人类智慧的结晶“深蓝”对世界最强国际象棋选手卡斯帕罗夫的“人机大战”。叫作“深蓝”的这台巨型计算机不仅是计算机领域的佼佼者，也是人工智能博弈的智慧结晶，最终“深蓝”获得了胜利，最后一局显然卡斯帕罗夫还没有来得及展开自己的攻防体系就被“深蓝”以凌厉的攻势击败了。亲眼目睹了这场没有硝烟的战斗吴韧受到极大的震撼，面对中国计算机象棋软件的发展他思绪万千，他想到经过十年努力的“SURPRISE”尚不能击败特级大师，还要等到何时才能设计出中国象棋的“深蓝”呢？此时全球的计算机有了更广泛和普遍的应用，关于中国象棋的软件也相继推出了许多，制造中国的“深蓝”已成了许多编写象棋软件制作者的共同口号。吴韧感到时间的压迫，他暗下决心必须抓紧时间制作出一款划时代的象棋软件作品来。

吴韧先从研究国际象棋人工智能的研究成果着手，因为世界范围内国际象棋的深入研究工作已经开展很久，关于国际象棋的计算机软件更是难以计数，理论文章更是浩如烟海，他打算把国际象棋许多成熟的研究成果借鉴到中国象棋的研究中来。实际上在1992~1996年的时间里，吴韧也从事着国际象棋的人工智能领域的研究工作，其间还编出了“Initive”（先手）国际象棋对弈软件，这个软件曾是排在世界前五名的国际象棋软件。吴韧在翻阅大量资料的同时，针对中国象棋的特点总结出许多独特的电脑行棋的计算思路，这些都成为他日后软件设计的宝贵算法基础，1997年夏，吴韧采用了C++语言重新架构新的软件。经过日夜奋战，年底时软件终于写出来了，他给它起了一个响亮的名字——“梦入神机”，这是一个耐人寻味又意味深长的名字。“梦入神机”程序的语句大约8万行，包括搜索、评价、开局、残局几大主要模块。

每一个软件的诞生都有种种缺陷，也隐藏着许许多多的BUG（电脑系统或程序中隐藏的未发现的缺陷或问题），为了得到更多的直接的检验，吴韧把它带到了网络象棋服务器的鼻祖ICCS上来，让ICCS的棋友们来锻炼它的棋力，以便于直接对它进行修改。就是在这不断的修改与完善中，“梦入神机”逐渐成熟起来，ICCS的棋友也逐渐地对这台“机器”友善起来，由新加坡的棋友提议美其名曰“深红”，并得到了广大棋友们认同。

在ICCS里“梦入神机”一直战绩不俗，许多棋友们跃跃欲试，但多数败在它的手下。在棋友的怂恿下，1998年4月ICCS的著名高手郑熙明向“梦入神机”发出挑战，以古典的十局战一决高下。郑熙明曾是原中国苏州象棋队的主力队员，1985年获北京市青春杯冠军，1985年获北京市欢庆杯亚军。90年代初郑先生赴美留学，多年在美国加州圣地亚哥做软件工程师，后移居加拿大。1998年首届

ICCS棋王赛上获得第四名，并被评为最佳棋手。同年在由中国象棋协会与深圳棋院联合举办的首届因特网象棋擂台赛上，以击败世界冠军特级大师吕钦从而为广大棋迷所了解，该对局曾刊登于《上海象棋》。

以十局论胜负看来是对“梦入神机”最好的检验了。首局郑熙明有意以边马开局意在打乱“梦入神机”的部署并一举获胜。次局“梦入神机”顽强地扳回一局。就这样你来我往，双方“殚精竭虑”最终以三胜三负四和战成平手。这是“梦入神机”出道以来正式迎接的第一个高手，从对局的质量来看“梦入神机”已达到了专业棋手的水准。

紧接着“梦入神机”参加了高手云集的ICCS1998年个人赛，并获得第六名的好成绩。在此后的一段时间里“梦入神机”经常出没于ICCS，很快地在快棋和慢棋上全方位接受来自世界各地高手的挑战，并使自己的积分很快跃居ICCS龙虎榜的榜首，并多次刷新自己的纪录，尤其在快棋较量中以2400分的积分高出第二名200多分，有了“第一快枪”的美誉，相信短时间内无人能打破此项纪录。尽管它和特级大师还有着一段距离，但留下了许多辉煌的战绩，如慢棋上有过战胜特级大师蔡福如、广东大师刘星，马来西亚国手陆光铎，女子世界冠军黄玉莹、林野的纪录，快棋上有过战胜国际特级大师徐天红、吴贵临，大师张强的纪录，这些无疑都表明“梦入神机”无愧于“深红”这一称号。在ICCS的QW99大赛上，“梦入神机”也遍会强手，尽管最终的排名并不靠前，但它的许多上乘表演更给人们留下了深刻的印象，其中它击败马来西亚国手陆光铎、意大利高手nasty、越南国手阮有科的每一招一势皆如行云流水，让观者目瞪口呆，瞠目结舌，其战术组合如鬼斧神工。但其中失败的几局也让棋迷感到莫名其妙，摸不着头脑，美国的郑熙明和中国香港的郑守贤在观战其对徐天红的一局时说道：“电脑毕竟是电脑，强的时候所向无敌，弱的时候弱得可笑，有时还要发发“电脑病”，症状是头脑发昏，食欲奇佳，白天吃太阳，夜里吃月亮，死猫死狗都要吃吃，此局‘梦入神机’又犯了此病，中了大师弃卒抢三先的圈套，丧失了理智。大师快速走子，绞索越勒越紧，最终电脑败走麦城。当然徐天红是技艺高超的驯兽师，换个普通棋手，骑虎难下亦未可知。而在对大陆陕西名手李启杰的对局中，这个‘梦入神机’开局未几就飞炮过河配合中炮歼灭对手中兵，乒乒乓乓一通猛攻，高兴一番之后发现己方子力极不协调，使得对手反夺先手……”

种种迹象表明：有时人能很快看出的变化，电脑却因种种原因不能及时走出。有时电脑又能走出出人意料的冷着、佳着或绝妙的战术组合又让人敬佩不已。

下面选择“梦入神机”与名手郑熙明古典十局战的第六、七局及其在1999年ICCS棋王赛对阵“乱战枭雄”阮有科的对局，略加点评以飨棋友。

第1局　梦入神机　先负　郑熙明

（1998年5月22日弈于ICCS）

上仕对起马局

1. 仕六进五　马2进3　　2. 马八进七　卒7进1
3. 兵七进一　马8进7　　4. 相七进五　象3进5
5. 车九平六　炮2平1　　6. 马七进八　马7进6
7. 马二进三　车9进1　　8. 炮二平一　…………

无效率之步，应车一进一，以下马6进7，车一平四，士4进5，车四进三，炮1进4，炮二退一，炮8平7，均势。

8. …………　马6进7　　9. 炮一退一　卒1进1
10. 车一平二　炮8平6　　11. 炮一平三　炮1进4

12. 车六进三　卒1进1

13. 炮三进二(图1)　炮1进3

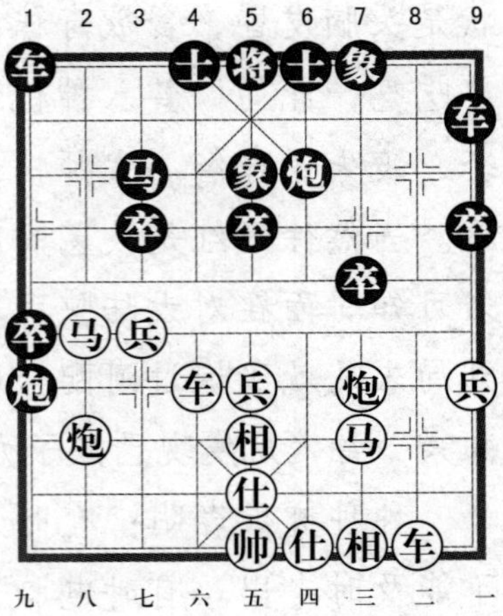

图1

弃子抢攻好棋，如急于卒1平2夺回失子，以下车六平九，车1进6，炮三平九，车9平1，炮九平六，卒2平3，炮六退三，车1平2，炮八平七，后卒进1，黑方小先手，但少子。

14. 马八进七　车9平2

15. 车六退一　车1进3

16. 马七退六　卒7进1

全局精彩胜负手！黑另有炮1退2攻法，以下炮八进五，卒1平2，炮三进六，象5退7，炮八平四，卒2平3，黑方攻势凌厉，红方难以抵挡。

17. 相五进三　车1平4　　18. 相三退五　…………

应炮三平四，以下炮1退2，炮八进一，炮1平7，车二进二，卒1进1，车二平三，卒1平2，兵七进一，车2进4，马六退八，车4进4，车三平六，象5进3，车六进二，车2平4，马八进六，和势。

18. …………　车4进2　　19. 车六进二　车2进6

20. 车二进六　…………

如仕五进四，则马3进1，车六退一，炮6进4，兵五进一，马1进2，车六平八，炮6平5，相五进三，车2平3，车二进八，车3进2，帅五进一，车3退1，帅五退一，炮1退2，黑胜势。

20. …………　车2进2　　21. 仕五退六　炮6进6

22. 车二平三　…………

如马三退五，则马3进2，车六退一，炮6退2，车六进五，炮6平9，炮三退二，马2进3，相五退七，炮9平7，黑大优。

22. ………… 炮6平1　　23. 兵一进一　马3进2
24. 车六退一　马2进1　　25. 马三退五　后炮平4
26. 车六平七　马1进2　　27. 车七退二　炮1退1
28. 炮三进六　象5退7　　29. 车七平六　炮1平4
30. 马五进三　马2进4　　31. 车三平五　士4进5
32. 车五平六　炮4平1　　33. 车六退六　炮1进1

黑胜定，余数从略。

第2局　郑熙明　先负　梦入神机

（1998年5月29日弈于ICCS）

中炮七路马对屏风马

1. 炮二平五　马8进7　　2. 马二进三　马2进3
3. 车一平二　车9平8　　4. 兵三进一　象3进5
5. 兵七进一　士4进5　　6. 马八进七　车1平3

此时应炮8进4，以下炮八平九，炮2进4，车九平八，车1平4，炮五平四，炮8平7，双方局势相当。

7. 马七进六　卒7进1　　8. 兵三进一　象5进7
9. 炮五平六 …………

卸中炮导致中路空虚，应炮八平六。

9. ………… 卒5进1　　10. 仕六进五 …………

应炮八平七，以下卒5进1，马六进七，马3进5，兵五进一，马5进4，马七退六，车3进5，车九平八，车3平4，炮六平五，车4进2，炮七进五，炮8平3，车二进九，马7退8，车八进七，炮3平5，车八退四，红方小先手。

10. ………… 卒5进1　　11. 兵五进一　炮2进3

12. 马六进七　炮2平5

13. 炮六平五　…………

应相七进五，以下车3平2，车二进四，炮5进3，炮八进二，炮5平3，兵七进一，象7退5，兵七平六，车2进3，兵六进一，红方子力占位较好，优势。

13. …………　马3进5

14. 车二进四　车3进3

15. 车二平五　象7退5（图2）

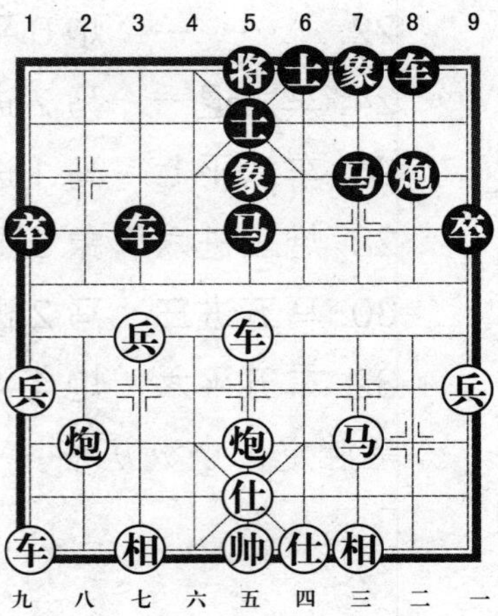

图2

16. 炮八进七　…………

应车五进一，以下炮8退1，马三进四，炮8平7，相三进一，车8进8，炮八退一，红方占优。

16. …………　马5进7　　17. 车五退一　后马进6

18. 车五平六　炮8平7　　19. 炮五进三　车8进6

20. 车六进五　炮7退1　　21. 车六退七　马6进5

22. 相三进五　炮7进6

黑方以精巧的组合巧妙得子，精彩！

23. 车六进二　炮7退1　　24. 车六退一　马7进6

25. 炮五退一　…………

如帅五平六，则马5进3，车六平七，车3平4，仕五进六，马6进4，炮五退二，马4退5，帅六平五，炮7平9，黑胜势。

25. …………　马5退3

第3局　梦入神机　先胜　阮有科

（1999年7月3日弈于ICCS）

飞相局

1. 相七进五　卒3进1　　2. 兵三进一　马2进3
3. 马八进七　马8进9　　4. 马二进三　象3进5
5. 车一进一　卒9进1　　6. 车一平六　炮8平6
7. 马三进二　炮6进3

如马9进8，则车六进三，车1进1，仕六进五，卒9进1，炮二平一，炮6平8，兵三进一，卒7进1，马二进四，车9进1，兵一进一，车9平6，兵一进一，双方形势相当，但红方多一过河兵易走。

8. 炮八进二　车9进1　　9. 仕六进五　车9平6
10. 车九平六　炮2平1　　11. 马二退三　炮6进1
12. 炮二进五　车6进1　　13. 炮二退三　炮6平7
14. 兵五进一　车1平2　　15. 兵五进一　车6进6
16. 相三进一　车6退2　　17. 兵五进一　马3进5
18. 炮八平五　士6进5　　19. 前车进五　马5退7
20. 前车平九　炮1平3　　21. 车九平七　炮3平1
22. 兵七进一　炮7平8　　23. 兵七进一　车6平7
24. 马三退一　车7平3　　25. 相一退三　炮8进1（图3）
26. 车七进一　…………

红可先弃后取，如马一进三，以下车3进1，马三进五，车3平1，马五进七，炮8进2，兵七平八，车2进4，车七平六，马7进5，前车平五，车2平6，炮五平四，双方激烈争夺各有千秋。

26. ………… 炮1退1
27. 车六平八 车2进9
28. 马七退八 车3平9
29. 炮二进三 马7进5
30. 车七退一 炮8退4

如马5进6，则车七平四，车9平1，车四退二，车1进3，仕五退六，车1平2，炮五平九，象5进3，马一进三，红方子力占位较好，略优。

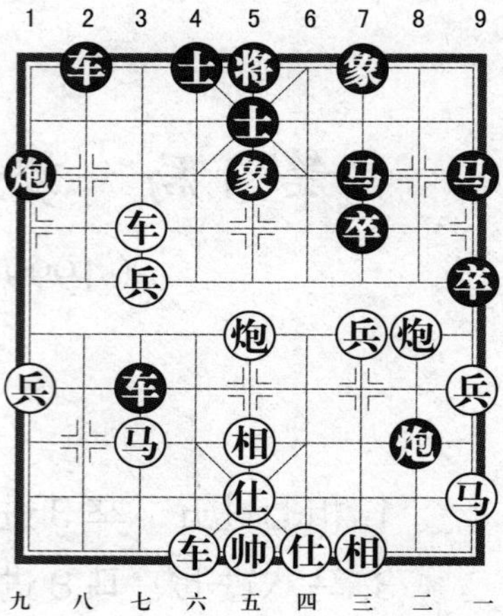

图3

31. 马一进二 炮8平9
32. 马二退四 车9平1
33. 兵七平六 车1进3
34. 车七退六 车1退5
35. 车七平六 炮9平8
36. 炮五进一 车1退1
37. 马八进七 卒7进1
38. 马七进五 卒9进1
39. 马五进七 卒7进1
40. 兵六进一 马5进7
41. 马四进三 炮8进2
42. 炮二退一 马9进7
43. 炮五进一 车1退1
44. 马七进八 车1平2
45. 车六平八 将5平6
46. 炮五平四 炮8退1
47. 车八平九 炮1平2
48. 炮二进一 士5进4
49. 马八进六 前马进5
50. 马三进五 炮8退1
51. 马五进七 炮2平5
52. 炮四平二 马7进6
53. 前炮进二 象7进9
54. 前炮平六 马6进8
55. 帅五平六 车2进4
56. 兵六平五 马5进3

如改走象5退3，则炮二平四，马5退6，兵五平四，车2退4，马六退五，马8退6，车九进五，红胜势。

57. 炮六退一 马3进2
58. 帅六进一 象5进3
59. 兵五进一 车2平3
60. 车九进九 炮5退1
61. 车九平五 将6平5
62. 炮六平七

第 3 章　纵横中象网

赵德志，1962年出生于黑龙江省齐齐哈尔市，高级工程师。早在读书期间，赵德志就对象棋的人工智能产生了浓厚的兴趣，并于1996年进行人机对弈软件“七星大师”的编写。经过一年多的不懈努力，该软件终于编写成功。1998年在中国象棋网上举行的吕钦应众擂台赛上，因战胜擂主开始闻名于棋界，此后又多次战胜数位象棋大师。后赵德志赴美留学，“七星大师”才开始淡出人们的视野。

中国象棋网创建上世纪末期，几乎算是大陆第一家象棋对弈网站。1999年举办的海虹杯象棋网络锦标赛成为大陆第一个网络锦标赛，成为当时互联网上最大的象棋网站。“七星大师”在这个象棋网如鱼得水，书写了很多传奇故事。

第 4 局　七星大师　先胜　吕钦

（1999年2月16日弈于中象网）

仙人指路转中炮对卒底炮飞右象

1. 兵七进一　炮 2 平 3　　2. 炮二平五　象 3 进 5

3. 马八进七　…………

本局对阵吕钦擂台赛的前五回合红方都是“七星大师”作者赵德志所走，他当时计划先马二进三，而后立即走马八进七强行上马，以便形成复杂局面。此时四方公司的周昭喜等一行六人到访敲门，便随即走了马八进七，被黑冲了 3 卒，赵德志认为是劣手。但红冲出左马，也有补偿，此种局面优劣还有待于不断的验证。

3. ………… 卒3进1　　4. 马七进六　卒3进1

“七星大师”从此正式接管局面。

5. 马六进五 …………

如马六进四，则马2进4，车一进一，车1平2，炮八平六，车2进4，黑大优。又如炮五进四，则士4进5，马六进四，马8进7，炮五退二，卒3平4，马四退六，马2进4，炮八平五，车1平2，车一进一，车2进3，大致均势。

5. ………… 马2进4　　6. 马五进七　炮8平3

7. 马二进三　马8进7　　8. 车一平二　车1平2

9. 炮八平九　马4进5

好棋，较不同的是如马7进5，就不能配合强兑左车，以压制红方火力。

10. 车二进四　马5进4　　11. 炮九进四　车9平8

12. 车二进五　马7退8　　13. 相七进九　卒3进1

14. 炮九平一 …………

这是一步惊人的着法，只有电脑才想出这种棋来。左翼正遭对方猛攻，它还有闲心打边兵，但是实践证明，此着完全可行。

14. ………… 卒3进1　　15. 炮一进三　马8进7

16. 炮五进五 …………

如果保守地相九进七，以下炮3平1，车九平七，车2进8，仕六进五，卒3进1，车七平六，卒3平4，车六平七，卒7进1，黑优。

16. ………… 马4进2　　17. 帅五进一　马2进4

18. 车九进一　马7进5　　19. 兵三进一　车2进4

不愧为特级大师，步步进逼。

20. 炮五平六（图4）…………

只有机器才能这样走，是为了保护看似毫无关联的主力车，并协助其投入战斗！

20. ………… 车2平8

21. 车九平六 马5进3

22. 帅五退一 …………

好棋！

22. ………… 马3退4

23. 仕六进五 前马退6

应车8进4，以下相三进五，后马进5，兵五进一，马5退6，炮一退四，炮3平4，炮一平六，马4退5，黑胜势。

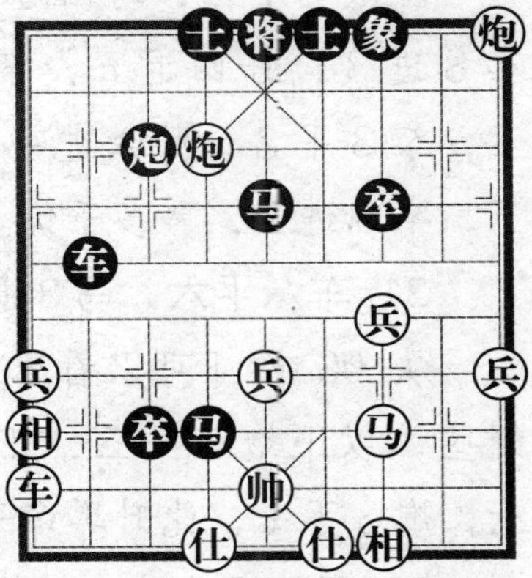

图4

24. 仕五进四 马4进3 25. 马三进四 …………

最顽强的防守方案，机器毫无畏惧地进行抵抗作战，这是计算机象棋的特点之一。“七星大师”已将开局的不利影响降低至最小，让对手付出了兵和象的代价。“七星大师”此着用时最多，72秒钟共搜索了3.28亿步！

25. ………… 马3进2

不明显的软着。“七星大师”LOG FILE当时认为黑方最强的手段是炮3平5，以下帅五平六，炮5平4，帅六平五，车8平5，仕四进五，车5进2，车六进四，车5退1，炮一退五，炮4平5，帅五平四，炮5进6，相九进七，炮5平3，车六平七，车5进4，帅四进一，炮3退3，黑胜势。

26. 车六进六 …………

严密的战术组合开始了！

26. ………… 炮3进2 27. 帅五平六 …………

“七星大师”在分析报告上说：“目前已基本持平”。

27. ………… 士4进5 28. 车六平八 马2退4

29. 车八进二 士5退4 30. 车八退五 马4退3

应炮3平4，马四进六（如帅六平五，炮4平5，帅五平六，车8进3，仕四退五，卒3进1，相九退七，马4进3，车八平五，卒3平2，帅六进一，车8退3，黑优），车8平4，帅六平五，卒3进1，黑多子优。

31. 车八平六　马3退5　　32. 车六进三　车8平5

从LOG FILE可以看出“七星大师”认为此着改走车8退4要略好些，以下炮一平三，士6进5，车六平五，车8平7，车五平七，炮3平1，此时黑多子，红多兵，两分的局势。

33. 马四退六　车5进2　　34. 马六进七　士4进5

35. 车六平七　马5进4　　36. 车七平三　士5退4

37. 仕四进五　…………

攻不忘守，渐入佳境。

37. …………　卒3进1　　38. 车三进二　将5进1

39. 车三退一　将5进1　　40. 车三退二　车5平3

41. 车三平七　…………

准确！如车三平五，将5平6，炮一退四，车3平1，车五平九，车1退3，马七进九，红方位置略好，但战线拉长，各有千秋。

41. …………　车3进1

黑方进车以求一逞，看似凶猛，实为空着，低估了红方的棋力。不如士6进5，以下车七平五，将5平6，炮一退四，车3平1，车五平九，红方虽处下风，但尚可周旋。

42. 炮一平六　…………

算度深远！

42. …………　车3平1　　43. 车七平五　将5平6

44. 帅六平五　车1平3　　45. 马七进六　…………

至此黑已回天无力。

45. …………　马4进6　　46. 车五平四　将6平5

47. 车四退二　马6进8　　　48. 马六进五

黑方认负。如续走将5退1，车四平五，将5平4，马五退四，将4进1，仕五进六，马8退6，车五进三，将4退1，车五平八，将4退1，车八平六，红精彩射门。

计算机首次战胜中国象棋特级大师，这是作者经过多年执着努力的结果。

第5局　七星大师　先胜　金松

（1999年3月6日弈于中象网）

仕角炮对右中炮

1. 炮二平四　炮2平5　　　2. 马八进七　马2进3

3. 车九平八　车1平2　　　4. 炮八进四　…………

进炮卒林封车，好棋！

4. …………　卒3进1　　　5. 马二进三　马8进9

如卒7进1，则车一平二，马8进7，车二进六，红方先手。

6. 车一平二　车9平8　　　7. 车二进五　…………

伸车控制河口制高点，使黑马不敢跃出。

7. …………　卒7进1　　　8. 仕六进五　炮5平6

应士4进5，以下兵三进一，卒9进1，车二平三，炮5平6，炮四平六，象3进5，车三平四，炮8平7，相七进五，炮7退1，黑在7路线有攻势，小先手。

9. 兵五进一　…………

黑方平炮士角后，使其中路空虚，红方抓住弱点，中兵骤挺，准备从中路突破，聪明。

9. …………　象3进5　　　10. 炮四平五　炮8平7

11. 车二进四　马 9 退 8　　12. 马三进五　士 4 进 5

13. 兵五进一　卒 5 进 1　　14. 炮五进三　…………

连续挺中兵强攻之后，红又弃出炮击中卒镇顶的有力着法，使红方优势进一步扩大。

14. …………　炮 7 进 1

如马 8 进 9，则兵七进一，马 9 进 7，炮八平四，车 2 进 9，马七退八，卒 7 进 1，兵七进一，卒 7 进 1，相七进五，红优。

15. 兵七进一　…………

红方开始吹起进军的号角！

15. …………　卒 3 进 1　　16. 马五进七　车 2 平 4

17. 炮八平一　马 8 进 9

应卒 7 进 1，以下前马进六，炮 6 退 1，马七进五，卒 7 进 1，相三进五，马 8 进 7，炮一平二，车 4 进 2，黑虽处下风尚能周旋。

18. 前马进六　炮 7 平 5　　19. 马七进六（图5）　车 4 进 1

败着！应马 9 进 7，以下前马进七，车 4 进 1，炮一平五，马 3 进 5，炮五退一，车 4 平 3，马六进五，将 5 平 4，双方相差不多。或者车 4 平 3，以下相七进五，炮 6 平 7，后马进五，马 3 进 5，炮五平八，士 5 进 4，炮八进四，车 3 进 1，无大碍。

20. 后马进五　马 3 进 5

21. 车八进九　士 5 退 4

22. 炮五平六

黑方认负。

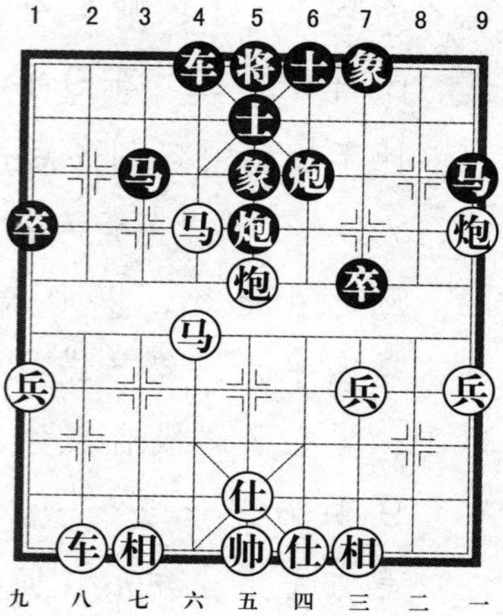

图5

第6局　薛文强　先负　七星大师

（1999年3月6日弈于中象网）

对兵局

1. 兵七进一　卒7进1　　2. 炮二平三　象7进5
3. 马二进一　马8进7　　4. 炮八平五　车9平8
5. 马八进七　马2进1　　6. 车一平二　…………

如车九平八，则车1平2，兵一进一，炮2平3，车八进九，马1退2，车一进一，炮8进6，相七进九，卒1进1，均势。

6. …………　车1平2　　7. 车二进六　炮2平4
8. 车九平八　车2进9　　9. 马七退八　士4进5
10. 马八进七　炮4进1　　11. 车二退二　炮4进1
12. 兵九进一　马7进8　　13. 车二平六　炮4平5

如炮4退2，则炮五进四，马8进9，炮三平四，卒9进1，车六平二，车8平7，炮五平九，卒7进1，车二退一，卒7平8，车二进一，红多两通头兵，视野开阔，易走。

14. 炮五进三　卒5进1
15. 炮三平五　炮8平9
16. 车六进二　卒7进1
17. 兵三进一　马8进9
18. 车六平三　车8进4
19. 马七进六　马9进7
20. 炮五平四　卒9进1

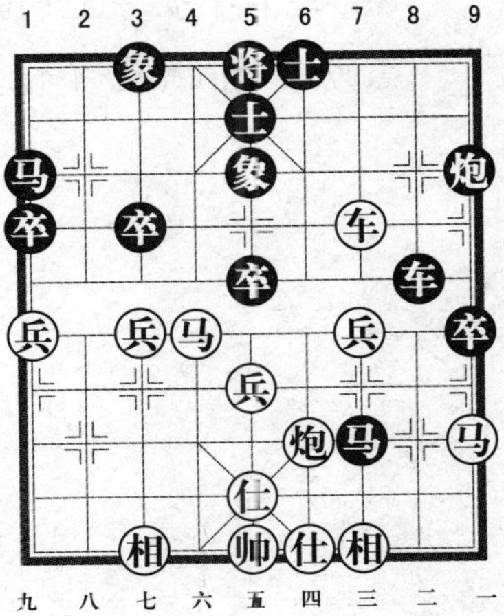

图6

21. 仕六进五　卒9进1（图6）　22. 马六退四　…………

应车三平一，以下炮9平7，兵三进一，卒9进1，车一退三，车8平7，车一进四，均势。

22. …………　卒9进1　23. 马一退三　炮9进3

24. 马三进五　炮9平3　25. 马五进七　…………

如车三平四，则车8进2，马四进五，炮3平2，前马进七，马1进3，车四平七，炮2进4，相七进九，车8平5，炮四进四，均势。

25. …………　炮3进4　26. 相三进五　炮3平1

27. 车三平四　…………

可相五退三，以下炮1退3，炮四平五，卒3进1，兵三进一，车8进2，马四进五，车8平5，兵三平四，马7退6，车三平一，马6进5，马七退五，车5平2，帅五平六，红方虽处下风，但尚可周旋。

27. …………　卒5进1　28. 马七进五　车8平2

29. 帅五平六　车2进5　30. 帅六进一　车2退3

31. 车四平六　车2平5　32. 马五进四　车5平6

33. 马四进三　车6退5　34. 马三退四　马1退3

35. 车六平七　士5进6

黑方多子且形势不错，红放弃对弈，认负。

第4章　征战ICCS团体赛

应该说ICCS是一个神圣的殿堂，一个无数剑客想在这里成就功名的神圣的殿堂。

于是ICCS创造了一个奇迹，它成了所有棋迷们最终论剑华山之巅。ICCS比赛从一开始，就成为网络的顶级赛事，等级分达到一定程度，你才有可能被邀请，被邀请本身就是一种无上的光荣，团体赛即是如此。

2000年伊始，在ICCS历史上又重重写下了一笔，那就是“七星大师”登录ICCS，参加兵传统赛事——ICCS团体赛。“七星大师”何许人也？一个名人？一个高手？一个大师？都不是。一位编辑形容它是“深蓝”级的中国象棋软件，不管恰当与否，它确实是一款的强大的智能象棋软件。它的作者“砍瓜切菜”来自秦皇岛，一位研究生毕业的象棋高手，一位计算机人工智能领域的专家。谈及“七星大师”，作者总能娓娓道来：“它拥有着先进优化的智能分析算法——α－β算法，历经几年的艰辛，这一著名的算法同中国象棋进行了完美的结合，‘七星大师’引擎不仅具有强大的深度，更多地体现了棋子间完美的战术组合。”软件编写后，首先应用的测试工具就是当时最强的商业象棋软件“将族”。难以置信的是“将族”竟无数次地被击败，更有无数次它竟真的被将“死”了——“死”机了（将族内部的Bug导致了死机）。当然“七星大师”也不是美玉无瑕，它的某些战术组合还有待于改进，对局面分析的功能还有待于加强。

千禧年的第一个ICCS团体赛于3月19日上午11时拉开了战幕。它的团体赛一般在每年上半年举行，由不同国家、地区的棋迷们

（受邀请的）自由组队，每队4人以上，队数不限，棋手多的地区可分成多队参赛，每队出场4人。比赛用时是45分钟包干制，采用亚洲棋规。参加此次大赛的有中国队、美国队、中国香港一队和二队、加拿大队、马来西亚队等六个棋队。受委托组建中国队的是原中象网著名的棋手——陕西的“大连万达”李启杰，多次网络大赛中获得骄人战绩，FXQ排行榜中雄居第一宝座达一年之久，1999年ICCS棋王赛上获得第六名，此次由他出任第一台。第二位是卢海腾，卢君系1998年中象网“一卡通”杯网络大赛冠军得主，1999年ICCS棋王赛第五名获得者，他来自广东省。第三位是陕西省老牌冠军叶锦山，1999年ICCS个人赛第六名，“叶君棋风稳健有力，对局中鲜有失手”，“万达”曾进行过如是的评价。第四位就是“七星大师”。要说“七星大师”到底能装多少“水”，不妨看看“七星大师”对职业大师的征战历程吧：1999年2月，“七星大师”在吕钦特级大师一对十的车轮战中获胜；3月在金松大师网络擂台上完胜金松，同月后手击败新疆著名大师薛文强。毋用再举例，这些足可以说明“七星大师”的功力了。怪不得“大连万达”组队时特邀这个“机器人”参赛。不过“万达”也表示，“七星大师”的开局实在是不敢恭维，这个“家伙”多数是靠强大的中残局力量将开局劣势扳回，看其对弈倒象走钢丝表演，往往让人心惊胆战。

第一轮中国队的对手是加拿大队。不巧的是由于ICCS通知的过于仓促，“砍瓜切菜”和叶锦山没有及时登场。这就意味着有两台未战已负。而加拿大的第一台选手是原中国内地的著名特级大师黄玉莹，该人系1988年中国大陆个人赛女子冠军，第一、三届世锦赛亚军，第四届世锦赛冠军，而且执红先行，无疑中国队的形式是凶险的。所幸的是“万达”君凭借顽强的毅力和深厚的功力，力克对手，卢海腾也相继胜出，从而使中国队以2：2战平对手，渡过了最难的一关。

按规则此次团体赛是每星期一轮，于是第二轮的比赛在3月26

日进行。此轮中国队准备工作做得很充分，悉数上阵，对手是香港一队。此轮系“七星大师”的第一次出场，他的对手则是香港的陈令辉大师（able），此人在香港就号称“和棋大师”，棋风小心谨慎，磨功甚佳，中外许多名手都曾在各种大赛上被其劣势“磨和”，足见其功力不凡。此番陈大师以稳健的士角炮开局拉开战幕，双方自始至终相持不下。行至1小时左右“大连万达”已同对手战和，卢海腾由于系统线路故障，和棋的情况下被判超时，叶锦山则轻取对手，这样看来，“七星大师”的这一局成了两队胜负的关键所在。至第37回合“七星大师”已形成车双卒士象全对车双士必胜局面，看来中国队胜利在望了。可行至第49回合“七星大师”莫名其妙地走了步卒7进1，被陈大师果断地车七进一，把黑卒逼成老卒，再兑车从容成和。事毕，我问“砍”兄：“形成胜势时为什么不自己走下去呢？“砍”兄笑曰：“想彻底检验一下‘七星大师’残局。”于是，中国队再次被对手逼平。不过许多棋迷们对“七星大师”的最终走法感到很失望，纷纷置疑是不是“七星大师”的残局不行，以后会不会再犯类似错误，答案是否定。既然没有完美的事物，何必求全于一个软件对某一个局面分析不清呢？话又说回来，对人类也许再简单的问题对机器来说有时却是最复杂最难判的局面。“砍”兄则坚决地说：“残局知识一定要修改！”虽然我们同处于网络时代的各个终端，但我仿佛看见“砍”兄正坐在计算机旁对着那“洋洋万言”的程序代码沉思着，思索着怎样将这样的一个“复杂”的局面形成“机器”可行的计算方案。

4月2日是比赛的第三轮。中国队的对手是此次大赛的香港二队，该队应该算是弱队，不过对手怎会轻易就范。果然开战伊始香港二队就进入了“一级战备”，子力全线出击，中国队面临的形势很不妙，其中“大连万达”在遭到对手“炮火”猛烈攻击下被抽一车，险些落马，历尽艰辛方才化解对方攻势，最终与对手言和。只有“七星大师”弈得相当顺利，对手（HOKP）以过宫炮开局，“七星大师”还以中炮，不久由于对手一步上马踏车“假棋”，被“七星大师”伸炮打车反失一马，尽管“HOKP”在中局一度有一些攻势，“七星大师”均一一化解，接着又是漏着白失一车，只好推枰认负。卢海腾和叶锦山也分别被对手逼和，至此中国队仅以一胜三和微弱优势胜出。

4月9日，美国队在第四轮“悍然”登场，此前美国队二胜一和，领先于各队，中国队二和一胜列第二位，两强相遇必是一番龙争虎斗。美国队的队员有牟海勤、纪中启、郑霖勤、郑熙明、“梦入神机”等。其中牟海勤（cccc）原系大陆著名棋手，后移居美国，1997年代表美国队征战世界杯并荣获第五名，“佛乘杯”世界棋王赛更以战胜“台湾棋王”吴贵临而闻名弈林，此番由他来迎战“七星大师”，显然对这一局很看重。

牟海勤执红以飞相局步阵，意在稳扎稳打。“七星大师”应以仕角炮。双方一直奉行平稳的着法。行至19回合，牟海勤经过长考后毅然边炮打出弃马以图从对方底线发动强大攻势，真是艺高人胆大。可与机器赛跑，凭的就是准确的分析与判断，尤其在连续的动作中要时刻保证进攻方向的正确性，稍有差错，吃亏的肯定是人类自己。不过牟海勤又岂是一般人等，弃马后攻势如潮，“七星大师”似乎有些招架不住了。但它依然不温不火地沉着应战，一只右车恰到好处的阻挡着三子归边的凶猛杀势，另双炮车有力地牵制对方的右翼。尽管“七星大师”的城墙已支离破碎，可对手就是久攻不下。牟海勤见“七星大师”左侧阵地依然故我并逐渐加强，便把左车调至右翼希望在“七星大师”另一侧撕开一道缺口，“七星大师”则稳步反击，一系列催杀后，设计了一套捉车的巧妙着数，待红车被逼平中后，被黑落下底士正入炮口，主力顿时被歼，牟海勤无奈，只好拱手投降。一场与机器的赛跑戛然而止，虽然这对如此激烈的局面来说多少有点遗憾，但是以己之短克敌之长，这又何尝不是人类常犯的错误。分析局面时人脑与电脑是不同的，人类往往把危险的局面和失败的局面联系在一起，铤而走险非常人所为，或不得已而为之，而机器则不会，只要认为无关生死，即便是人们看来是有危险的局面，它也会认为平安无事，此局结果不正认证了这一点吗？其他的台次中，“大连万达”和叶锦山分别战和了对手，卢海腾则胜出，于是中国队以二胜二和击败了第一号劲敌美国队，队员们长出一口气。

此次大赛共五轮，4月15日是最后的一轮，中国队的对手是马来西亚队。马来西亚华裔很多，象棋活动相当盛行，新中国成立前我国前辈棋手谢侠逊、周德裕都曾多次远涉该地进行“过江龙”与“地头蛇”的对抗赛，马来西亚队的实力由此可见一斑。此时中国队虽领先，但美国队的对手是实力最弱的香港一队，胜算在80%以上，而中国队若被对手逼平，由于小分少，冠军就要被美国队夺去，因此中国队只有战胜对手方可夺冠。

随着ICCS团体赛已近尾声，世界各地来此观战的棋迷们也越来越多，各地象棋网站有关赛事的介绍也日益火爆，尤其是海外站点。在大陆方面，海涛象棋论坛算是影响最大的了，此时最热门的话题就是议论ICCS的赛事，或就每一招数讨论得失，或预测下一轮的战况，聊天室的棋迷们则更是人声鼎沸。经过几轮大赛，参赛的棋手和观战者们都不再轻视“七星大师”，它虽不像“深蓝”那样强大，但它对每个棋手的威慑力是显然的。它的战绩是如此的好，非胜即和，多少让职业棋手感到一种“生存”的威胁。人类的发明创造往往是用来代替人所不能及的事物。而反过来这个发明一旦强大起来，人类好像又会不自觉地站在一起，无论朋友还是敌人。人们既希望机器获胜，也希望同类获胜，心情真是复杂。

此局“七星大师”执红先行布下中炮。Chilipadi进马出车，进而左炮封车反架中炮。许多棋迷们认为黑方回旋余地较少，除非有备而来。果然不久黑方反击得手，吃得红方一子，但双马被牵，形成双方互缠的局面。CCK在论坛上的贴子说：“黑双马受制，只要平炮打车即可解除牵制，以后慢慢来，走成封闭棋，可以有胜无败。”“万达”也说：如果没有意外黑将获胜。许多棋迷们也这样认为。也许是黑方得子后有些大意，也可能时间压力太大，走快棋时被“七星大师”吃回一子，而后着法更是凌乱，竟在最后三分钟兵败如山倒，电脑则在其间表演出美妙的杀法。看来人们认为唯一有希望获胜的一局再一次被“机器”改写了。其他台次中，“大连万达”战胜对手，卢海腾则被对手所算，叶锦山和对手弈和，这样马来西亚被最后击败。至此中国队以三胜二和的战绩获得冠军，美国队获亚军，3至6名分别为马来西亚队、加拿大队、香港二队、香港一队。

在象棋的历史上，软件参赛取得如此骄人战绩还是第一回，软件的胜利最终还是人类的胜利，骄傲的还是人类自己。那么“七星大师”到底相当于哪一级别的选手呢？这是众多棋迷所想知道的。带着这个问题我问“砍”兄，他笑曰：“强大师吧！以后可能成为特级大师。”随着计算机事业的发展，人类的科技成果战胜人类自己并不奇怪，顶尖高手、特级大师许银川年初也是这样评价计算机人工智能领域发展的。

“七星大师”横空出世，也使许多人对这个“机器人”产生了浓厚的兴趣，据悉一个美国的超级棋迷已邀请了包括特大徐天红、强大师张强、阎文清三位棋手共同“围剿”“七星大师”，这个对抗赛已经开始了。“七星大师”是人类智慧的一道美丽的景观，它必将使象棋事业的发展更加绚丽多彩。

第7局　牟海勤　先负　七星大师

（2000年4月9日弈于ICCS）

飞相进七兵对右士角炮

1. 相三进五　炮2平4　　2. 兵七进一　马2进1

3. 马八进七　车1平2　　4. 车九平八　车2进4

5. 炮八平九　车2平4　　6. 马二进三　卒7进1

7. 炮二平一　马8进7　　8. 车一平二　车9平8

9. 车二进六　炮4进1　　10. 车二退三　…………

“七星大师”本来指望对方车二退二，然后兑车，或者黑接走卒7进1，车二平三，马7进6，仕六进五，象7进5，黑方子力较易展开。

10. …………　士4进5

“七星大师”在上士和兑车之间犹豫不定，从以后局势的实际发展来看，似乎士6进5好些。“大连万达”（陕西名手李启杰）则认为，此棋应改走卒1进1。

11. 兵九进一　炮8进3

这是一步好棋，红方陷入长考。如象7进5，仕四进五，炮8平9，车二进六，马7退8，兵五进一，黑方反而无趣。

12. 车八进七　象7进5　　13. 兵九进一　车4平1

14. 炮一退一　炮4进5　　15. 车八退四　炮4平6

16. 兵五进一　炮6退1　　17. 炮一平九　车1平4

18. 前炮进五(图7)　象3进1

机器此时另一种选择是炮6平3，续走下去前炮进二，士5退4，马三进五，炮3进1，兵五进一，车4平5，兵三进一，马7进6，马五进四，车5平6，兵三进一，车6平7，仕六进五，红方易走，所以黑方还是以飞象吃炮为好。

19. 炮九进六　炮6平3

20. 马三进五　车4退2

21. 炮九进二　炮3平4

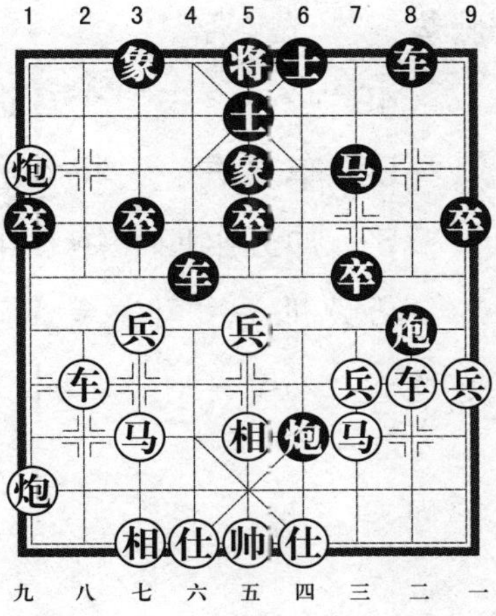

图7

22. 车八进六　士5退4　　23. 马五退七　炮4退1
24. 车二退一　卒7进1　　25. 仕四进五　卒7进1

机器此时另一种选择是卒7平6。

26. 马七进八　炮4平3　　27. 马八进九　车4平1
28. 炮九平六　炮3平9　　29. 马九退八　车1平4
30. 炮六退一　将5进1　　31. 炮六平九　炮9退1
32. 车八退一　将5退1　　33. 车八进一　将5进1
34. 马八进七　车4平3　　35. 车八退一　将5退1
36. 车八进一　将5进1　　37. 马七退九　炮9平5
38. 马九进八　车3平4　　39. 车八退一　将5退1
40. 炮九进一　车8进4

机器抬车后，输的风险几乎降低为零。

41. 兵七进一　车8平9　　42. 车二退二　炮8进1
43. 车八进一　将5进1　　44. 车二平四　炮8退6
45. 车八退一　将5退1　　46. 马八进六　将5平4
47. 马六进八　象5退3　　48. 炮九退九　车9平3
49. 车八平三　…………

如车四进四，则卒5进1，车八平三，士6进5，车四平三，将4进1，前车退一，车4平7，车三进三，车3进5，黑方得子胜势。

49. …………　士6进5　　50. 车四进四　炮5退1
51. 车三进一　将4进1　　52. 车四平八　车3退3
53. 帅五平四　炮5平7　　54. 车三平五　士5退6

巧设机关引君入瓮，至此得子胜定。

第5章 楚汉风云之QW2000

上篇：序幕之战——挑战权争夺赛

话说棋坛大势，分久必合，合久必分，2000年的网络棋坛已不再平静。新年伊始，ICCS就酝酿着传统赛中最大的活动——“棋王赛”。ICCS棋王赛始于1998年，第一届棋王获得者是中国广东籍著名选手刘星，第二届棋王获得者是中国特级国际大师徐天红，今年的第三届棋王赛适逢千禧之年，所以赛事规模也较以往更加宏大。此次大赛的组委会主席是来自香港的郑守贤先生，组委会委员包括冯如馨、谢文川、童增祥、郑勤霖、高维铉、郑熙明等知名人士。本次邀请赛邀请了历次ICCS棋战的佼佼者，包括QW99（1999年棋王赛）前六名、IT99（1999年个人赛）前六名、TT2000（2000年团体赛）六支参赛队的所有队员，还有弈游ICCS的国际大师（如曾益谦等）及其他一些尊贵的嘉宾，正是由于有了如此众多的专业棋手和名闻弈林的绿林好汉参与才使ICCS棋王赛更具挑战性、竞争性，也更吸引来自世界各地的棋迷好手。经过短期准备工作，23位来自世界各地的高手接受邀请参加此次棋王的角逐，按规定比赛采用亚洲棋规，分两个阶段进行，第一阶段是挑战权争夺赛，由参赛选手按瑞士积分制争夺挑战权。第二阶段是由挑战权获得者与上届棋王（徐天红）进行四番棋的棋王赛，胜者将获得第三届ICCS棋王称号。

美国东部时间6月17日22：00比赛正式拉开战幕，23位参赛者准时来到比赛现场，由执行裁判香港的冯如馨公布对弈双方并宣布比赛开始。气氛紧张而严肃，可一切又是在友好的氛围中进行着。

由于是比赛的第一轮，每个选手都弈得非常谨慎，也都拿出“看家的本领”。最引人注目的是来自美国的纪中启和“大连万达”（李启杰）之间的对局。纪中启是ICCS上届棋王赛的第三名获得者，他曾是一位来自北京的留学生，20世纪70年代末就与当今著名特级大师李来群一同出道，时称“弈林双星”，由于早年多次参加国内大型比赛，临场经验丰富且技艺高超，赛前就有人预测他将是“夺标”的热门人物。而李启杰则更为中国大陆网迷所熟悉，五次参加全国个人赛、团体赛，是两次“中象网”全国象棋大奖赛的前六名获得者。今番两强相遇必是一场激烈的搏杀，果然不出所料，双方竟大战了近四个小时，最后纪中启艰难胜出。此轮中，著名的计算机软件“七星大师”也以高超的技艺战胜组委会主席郑守贤先生。其他胜出者还有郑福祥、赖罗平、曾益谦、郑熙明、陆光铎、翁德强及陆建初。

6月24日是比赛的第二轮，“七星大师”再次以精湛的计算能力击败对手，马来西亚大师陆光铎也挫败香港名将赖罗平。令人遗憾的是来自大陆的TT2000(2000年ICCS团体赛)冠军队的队员卢海腾和叶锦山分别被香港“和棋大师”——陈灵辉和美国谢文川击败，众所周知的是卢海腾曾是1998年中象网“一卡通”杯的冠军得主，而叶锦山更是中国陕西省的老牌冠军，此番一败更见竞争异常残酷，非有高超的本领无法在棋王赛上立足。

第三轮“七星大师”以过宫炮击败老将郑福祥，携3战全胜的战绩成为“领头羊”，此时只有“七星大师”保持全胜，而同样前二轮全胜的陆光铎此轮却遭遇香港强将曾益谦。在20世纪50年代曾益谦就闻名于南粤棋坛，一直与棋坛泰斗“魔叔”杨官璘、“华南神龙”陈松顺为争夺“羊城第一把金交椅”各领风骚十数载，ICCS的棋迷们均尊称其为“老特大级棋王”，前两轮也是两连胜，而今两位海外名将各自使出浑身解数，直杀得天昏地暗，日月无光，最终握手言和。

第四轮，按瑞士积分制排在前两名的“七星大师”和陆光铎将一决高下。对于“七星大师”的了解，人们始于TT2000大赛，软件工程师CCK当时评论说：越是复杂的局面，“七星大师”越容易把握，而人类本身却刚好相反，只有走成“封闭式”局面，人类才容易控制局面。这位马来西亚大师机灵得很，布局伊始就来了个“老虎不出洞”，每步行棋均稳扎稳打，从不涉险，一有机会就强行兑子，至中后局阶段“七星大师”发现已是“不够赢”的局面了，遂罢兵言和。“七星大师”作者“砍瓜切菜”惋惜道：“虽是和局，陆光铎却胜在策略上，如果指令“七星大师”选择对攻激烈的变例或许比实战要好一些。”此轮的精彩对局还有郑熙明对翁德强的一战，翁德强来自香港，内地人尤其是广东人对其更为了解，因为每年的粤港两地对抗赛上时常有其身影的出现。而郑熙明也是近年来互联网上崛起的一员虎将，1998年由中国象棋协会与深圳棋院联合举办的首届因特网象棋擂台赛上他就以击败特级大师吕钦为棋迷所注意。而了解郑熙明的人知道他曾是原中国苏州象棋队的主力队员，七岁学棋，在北京市和全国电力系统大赛中均获得过优胜名次，20世纪90年代初留学美国，现为加州某软件公司的高级工程师，首届ICCS棋王赛他就获得第四名的好成绩，而今与翁德强“狭路相逢”，那只有“勇者为胜”了。两人从布局伊始就进行了激烈的争夺，最终郑熙明技高一筹，击败了悍将翁德强。此轮的胜者还有童增祥、李启杰等七人。随着赛程的推移，比赛越来越激烈，每场比赛所有选手均殚精竭虑。记得我们几个要好的棋友在一起侃棋时就说：“在ICCS下棋那才叫真正的累，对手劣势少子的情况下也会与你周旋到底，那种认真劲真让你折服。”

7月15日迎来了第五轮比赛，领跑的“七星大师”和陆光铎此番又是分别战胜对手，此时“七星大师”积4.5分，陆光铎多和一局积4分紧随其后，而后积3.5分的有陆建初、郑福祥、曾益谦等。此时棋迷们注意到教授级棋手童增祥先生也逐渐赶了上来，在ICCS

童先生是一位象棋推广的先锋人物，但许多人还“不识庐山真面目”，在这里不妨向棋迷们介绍一番这位受人尊敬的网络名人。童先生从1995年成立IXA(Internet Xiangqi Association，互联网象棋协会)起就一直担任副主席职务，几年来一直致力于互联网络象棋的宣传与推广，他早年是上海铁路大学的教授，1982、1984年曾获中国铁道部高校象棋锦标赛教工组冠军，1985年获中国高校象棋锦标赛教工组亚军，1995年获ICCS象棋锦标赛亚军。在ICCS他是一位令人尊敬的棋迷朋友，也是多次网络大赛的组织者，组织了著名的QW98、QW99及IT2000等网络大赛。童先生1985年移居美国，1991年获得俄亥俄州大学应用数学博士学位，现为美国俄亥俄州奥特本学院的终身教授，

第六轮比赛在7月22日举行，此时已进入最关键的阶段，对每个选手的考验也更加严峻了。此轮“七星大师”的对手是陆建初。赛前“砍瓜切菜”就对我说：中炮过河车对屏风马的布局体系中，黑高车保马的变例近年来大赛上出现得比较少，原因是黑方不容易把握，如有可能今番让对手来检验一下“七星大师”的应法。而实战中果不其然，双方走成了这一攻防体系，不过陆建初一直应对工整，并压迫黑的左翼。至第16回合由于对黑方空虚的左翼一直没有找到“突破点”红方陷入长时间思考，机器已分析出对手最佳的进攻路线，那就是马八进九直扑槽位。“砍”兄忧心忡忡地说：“不知道对手能不能走出来。”20分钟过后，陆建初终于找到了最佳的答案，而后炮镇中路，黑方形势变得相当恶劣，虽说对“七星大师”来说这已是常事，但要看对手能不能把这一优势保持到底，一个小小的失误都能给“机器”以无穷的机会，直至“翻盘”，可是此番“七星大师”很不幸，陆建初一直没有露出破绽，每一步皆万分小心，最后很巧妙地抽去黑车，此次比赛以来一直耀眼夺目的“七星大师”终于失色，惜败于对手。而此时陆光铎也被郑福祥逼和，积分榜上形势一下子变得扑朔迷离，积4.5分有“七星大师”、陆光

铎、陆建初，积4分的有李启杰、郑熙明、郑福祥，积3.5分更有6人之多，谁将获得挑战权，谁能进入前六名就要看最后一轮的较量。

7月29日激战的时刻终于来到，所有选手均严阵以待地迎接最后的“洗礼”。经过几个小时的拼杀，“七星大师”战胜了昔日TT2000的战友“大连万达”，陆光铎战胜强将陆建初，两位选手同积5.5分位列榜首。查小分陆光铎终以29.5脱颖而出获得棋王挑战权，本届比赛一直领先的“七星大师”仅以小分27.5屈居第二，让人扼腕叹息。其余各台次中郑熙明战胜郑福祥获季军，陆建初虽败也获得第四名，老特大级棋王曾益谦战胜陈灵辉获第五名，文礼山利用对手残局错误而获得第六名，前六名直接获得下一届棋王挑战赛参赛权。

下篇：胜者为王——棋王挑战赛

8月13日是互联网上一个“风和日丽”的日子，QW2000第二阶段赛事就从这一天开始，来观看的棋迷非常多，整个ICCS仿佛处于一片“沸水”之中。陆光铎早早地来到赛场，他知道今天他的对手是世界顶级高手徐天红。不用介绍，棋友们也该知道徐天红有何“分量”，他系大陆1989年全国个人赛的冠军得主——这是海内外棋界最高实力的象征，同时他也是荣誉最高的第三届世界杯的冠军得主。而对于陆光铎，处于“棋坛NBA”的大陆棋迷少有人听说这位“无名小卒”，殊不知他却是海外一位不可多得的盖世高手，在马来群岛他早已是一位闻名遐迩、妇孺皆知的国际大师。1989年陆君就以辉煌的战绩荣获全国少年冠军，在此之后多次位居全国赛三甲行列，曾四次代表槟城征战全国团体赛并四度称霸，在国际大赛上陆君也战绩显赫。这些无疑表明，徐天红与陆光铎之争是时下互联网上最激烈的王者之争，谁是新一届的棋王还要看最后的交锋。

按规定棋王挑战赛的四番棋分两阶段进行，前两局是慢棋，后两局是快棋。10时30分陆光铎执先以中炮过河车急进中兵吹响了进攻的号角，这对于双方来说都是一种严峻的考验，稍有差错，便是万劫不复。这位马来大师熟读大陆棋谱，中残功夫又是十分了得，看来他是想以暴风骤雨之势将徐天红斩于马下，可徐天红面对强手却稳如泰山，按棋谱黑方针对红方强烈的中路攻势应伸车压迫红二路底线，并在其三路线展开反击，徐特大今天没有这样做而是抢先变着，先是进马踏车又退至边隅，牢牢牵住红之三路线，陆光铎则以牙还牙，开出左车加强攻势。就在徐天红升车准备切断红六路马进攻路线时，陆光铎毅然弃马踏象发起总攻，徐天红进中卒威胁红中路之马炮，意在减轻压力，其实这本来是个非常隐蔽的骗着，红只要马五进三仍能控制局面，可是陆光铎当局者迷，走了步退马避战的着数，致使前面弃马攻势立即土崩瓦解，徐天红就此夺得先手，架起中炮开始反击，陆光铎劣势少子只有招架之功，并无还手之力，很快饮恨麦城！

第二局徐天红以飞相局开局，陆光铎还以中炮，这似乎完全出乎徐特大的意料，看来陆光铎准备放手一搏了，因为徐天红的快棋厉害得很，慢棋显然对陆光铎更为不利。陆光铎见红左车升至二路线，随时可迂回左右，便卸中炮巩固中防。兑去一车后，红的左翼略显空虚，陆光铎抓住这微弱的机会，进车打击红无根之左马，随后又在中路以马炮换掉对手双马，在兵种上占得实惠，又使红方中兵失去保护，但徐天红却在黑右翼集中了车双炮准备擒王，陆光铎并不躲闪，炮镇中路展开对杀。由于黑方攻势太猛，徐天红被迫兑去一炮，可车炮兵对车马双卒不宜久战，便疾进边兵助战。陆光铎则利用车马占位较好的特点，实施车马冷着，很快剥去红方一士又巧妙地捉死红方赖以赢棋的边兵，而后再施“冷箭”，以马换去黑双象形成车双卒单缺士对车炮单士的胜势残局，看来徐天红万难扭转乾坤，偏偏此时网络出现一些问题，徐天红怎么也发不出走子信息，最终被判超时作负。纵观以上两则对局，双方都弈出了高超的水平。其中陆光铎在先失一局的情况下以后手扳平，顽强的精神令观战的棋迷们为其击掌不已。

8月27日ICCS棋王赛最后两局快棋赛准时开战，陆光铎先手摆出中炮，徐天红还以半途列炮。陆光铎挺出三、七兵抑住黑双马的出路，徐天红则迅速开出右车加强左翼实力。双方你来我往，形成各攻一翼的激烈搏杀！此番由于陆光铎过于用强，疏于防守，右翼很快被红方打通，徐天红以精湛的计算进卒催杀，而后右马跃出攻击中路，陆光铎难于抵挡徐天红强烈的两翼攻势，再次先失第一局。第二局耐人寻味的是陆光铎也以半途列炮迎战徐特大，徐天红把进正马改成进边马，意在扩大左翼兵力的回旋余地。陆光铎则在背水一战的思想指导下先是在中路猛烈攻击红方阵地，又在左翼与红方展开激烈搏杀，一霎时满盘硝烟，战火连绵。陆光铎将局面搅得异常复杂，意在乱中取胜，徐天红则镇定自若，沉着应战。末了徐天红设计了一个巧妙的组合死死地牵住黑方车炮，又用炮封住对手攻击路线，双方的大子一下子搅作一团，谁也无法脱身，又战了十几个回合陆光铎见乾坤无法扭转，长叹过后罢兵言和。至此2000年的ICCS棋王赛画上了一个圆满的句号，以特级大师徐天红卫冕成功宣告比赛结束。整个赛程中徐特大精湛的棋力给大家留下了深刻的印象，而国际大师陆光铎虽以一胜二负一和的战绩与棋王称号失之交臂，也算是一位了不起的英雄。至此本届棋王赛的前三名获得者分别为徐天红、陆光铎、“七星大师”，奖金均由郑守贤先生赞助。

伴随着棋迷的一声声喝彩，ICCS的王者之争归于一统。虽然一切又恢复了往日的平静，但每天发生在这里的棋战及棋迷故事却如滚滚长江东逝之水日夜不息。每当新的一页ICCS棋史翻过眼前，每当一场场精彩的搏杀涌入脑海，登楼远眺，不禁浮想联翩，心潮澎湃，看那一抹山影斜印江中，那落日的余晖洒向一叶扁舟，不正是“青山依旧在，几度夕阳红”如诗如醉的画卷吗？

第8局 郑守贤 先负 七星大师

（2000年6月18日弈于ICCS）

五六炮过河车对屏风马

1. 炮二平五 马8进7　2. 马二进三 车9平8
3. 车一平二 卒7进1　4. 车二进六 马2进3
5. 炮八平六 车1平2　6. 马八进七 炮2平1
7. 兵五进一 士4进5　8. 兵五进一 炮8平9
9. 车二平三 卒5进1　10. 炮六退一 车8进6
11. 炮六平五 …………

如车九进一，则车2进4，炮六平五，车8平7，马七进五，马7进5，车九平六，卒5进1，马五进七，卒3进1，前炮进四，象3进5，马七进五，马3进5，车三平五，车7进1，马五进七，炮9平7，车五退二，车2退2，相三进一，双方激烈对峙，接近均势，各有顾忌。

11. ………… 车8平7　12. 马三进五 车2进4
13. 车九平八 …………

如车三平七，则马3退1，马五进七，卒5进1，后炮进三，炮1平5，车七平三，车7平3，前马退五，马7退9，红方优势更大。

13. ………… 车2进5　14. 马七退八 卒5进1
15. 马五进七 卒3进1　16. 后炮进三 象3进5
17. 车三平七 马7进5

如马7进6，则马七进五，马3退4，前炮平八，炮1平2，马八进九，车7平5，炮八进一，炮2退2，车七平一，马4进

3，车一平七，卒7进1，双方激烈对攻，各有千秋。

18. 马七进五　车7平5　　19. 前炮进二　车5退2

20. 前炮平九　马3进1　　21. 车七平九　车5进2

22. 马八进九　卒9进1　　23. 兵九进一　炮1平3

24. 马九进八　卒3进1　　25. 兵七进一　炮3进7

26. 帅五进一　炮9进4　　27. 兵七进一　炮9退1

28. 马八进六　车5退2　　29. 兵九进一　炮3平6

30. 马六进七　炮9平4　　31. 兵七平六　…………

如车九进三，则炮4退5，帅五平六，车5进2，发展下去红仕相不整有所顾忌。

31. …………　车5进2　　32. 马七退八　炮4进2

33. 马八进九　炮6退8　　34. 车九平四　炮6平7

35. 车四进二　炮7进8　　36. 车四退四　车5平4

37. 帅五平四　将5平4　　38. 车四平八　象5退3（图8）

39. 车八进五　…………

应马九退七，以下象7进5，车八进五，车4平6，炮五平四，红优。

39. …………　车4平3　　40. 兵六进一　车3进2

41. 仕六进五　炮4进1

42. 帅四退一　车3进1

43. 仕五退六　炮7平4

44. 兵六平七　象7进5

45. 炮五平二　…………

如车八退八，则后炮退7，帅四进一，车3退2，炮五进三，前炮平1，马九退八，车3退4，车八进三，车3进5，帅四进一，车3退2，炮五平一，车3平6，帅四平五，车6平5，帅五平四，

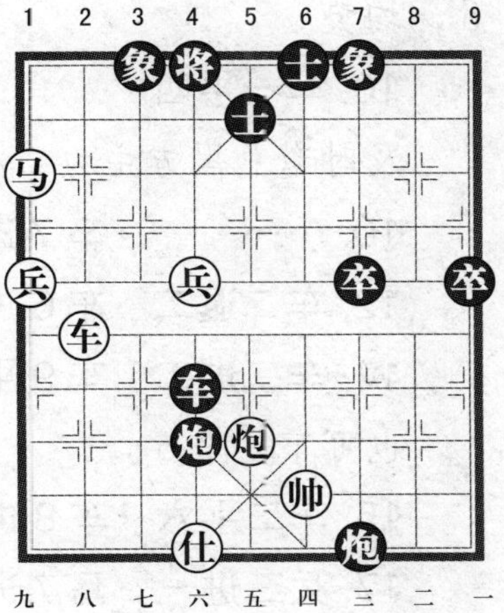

图8

士5进6，车八平六，象5退7，炮一进三，卒7进1，黑胜势。

45. ………… 后炮平3　　46. 炮二进七　象5退7

第9局　陆光铎　先和　七星大师

（2000年7月9日弈于ICCS）

飞相横车对右士角炮

1. 相三进五　炮2平4　　2. 车九进一　马2进3

3. 车九平六　马8进7　　4. 马八进九　车1平2

5. 兵九进一　车2进4　　6. 车六进三　车2平6

7. 马九进八　卒3进1

如卒7进1，则马二进一，卒3进1，兵一进一，车6退2，马一进二，炮8进5，炮八平二，黑较被动。

8. 马二进三　士6进5　　9. 仕四进五　炮8进2

如象7进5，则兵三进一，卒7进1，车一平四，卒7进1，车六平三，车6进5，仕五退四，马7进6，车三平四，车9平6，均势。

10. 车一平四 …………

及时邀兑黑方主力，准确！

10. ………… 卒7进1　　11. 车六平二　炮8进3

12. 车二退二　车6进5　　13. 仕五退四　象7进5

14. 车二进二　车9平8

也可车9平6。

15. 车二平六　车8进8　　16. 仕六进五　车8平6

17. 兵三进一　马7进6　　18. 车六平五　卒7进1

19. 车五平三　车6退2　　20. 炮八平六　车6平7（图9）

21. 车三退一 …………

如车三平四，则马6退7，车四平五，马7进6，车五平四，局面平淡，和棋。

21. ………… 马6进7

22. 相五进三 炮4进2

23. 马八进六 …………

换后已呈和势。如相七进五，则炮4平7，炮六平九，炮7平8，炮九进一，炮8退1，兵七进一，卒3进1，相五进七，炮8平7，处于僵持均势。

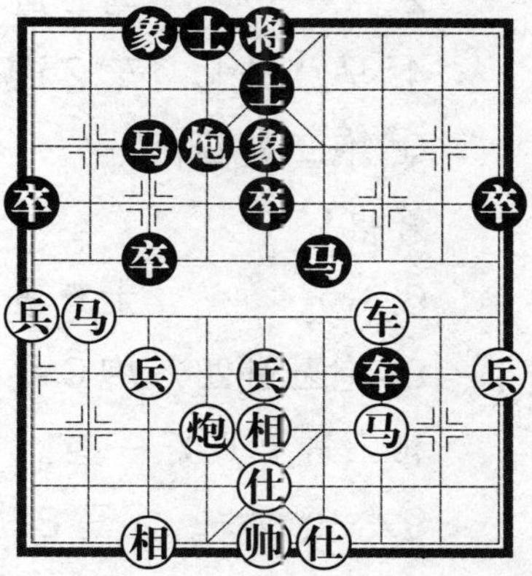

图9

23. ………… 马3进4
24. 相七进五 马4进6
25. 炮六平九 卒5进1
26. 炮九平六 马6进4
27. 炮六退一 马4进3
28. 兵七进一 卒3进1
29. 相五进七 卒5进1
30. 兵五进一 马7退5
31. 相七退五 马5进3
32. 帅五平六 后马退1
33. 仕五进六 马3退2
34. 仕四进五 马1进3
35. 马三进二 马3进2
36. 帅六平五

第10局 七星大师 先胜 郑熙明

（2000年7月16日弈于ICCS）

仙人指路对过宫炮

1. 兵三进一 炮2平6
2. 马二进三 …………

软件从此处脱谱，进入引擎计算中。

2. ………… 马2进3　3. 炮八平五　车1平2
4. 马八进七　车2进4　5. 车九平八　车2平6
6. 炮二进四　…………

好棋！

6. ………… 士6进5　7. 炮二平五　马3进5
8. 炮五进四　炮6平5　9. 相七进五　…………

相三进五更好一些！

9. ………… 马8进7　10. 炮五平九　车9平8
11. 炮九平三　炮8进5　12. 车一平二　车6进4
13. 兵七进一　炮8平5　14. 车二进九　马7退8
15. 马七进六　前炮平1　16. 仕六进五　马8进9
17. 炮三进一　马9进7

如车6退5，则兵三进一，车6平4，马六进四，车4进3，兵九进一，炮5进2，车八平六，车4平3，兵五进一，炮5平7，马四进六，炮7进2，马六进七，将5平6，车六进五，车3平6，红优。

18. 马六进七（图10）　马7进5

如炮1平5，以下帅五平六，车6退5，相三进五，车6平3，兵三进一，车3平4，帅六平五，炮5进5，仕五退六，炮5平1，兵三进一，车4平7，车八进二，炮1进2，仕六进五，车7退1，兵七进一，红多兵占优。

19. 马七退五　炮1平5
20. 帅五平六　前炮退3
21. 车八进六　前炮平4
22. 车八平一　…………

红车扫清最后一卒，净多五兵，已立于不败之地。

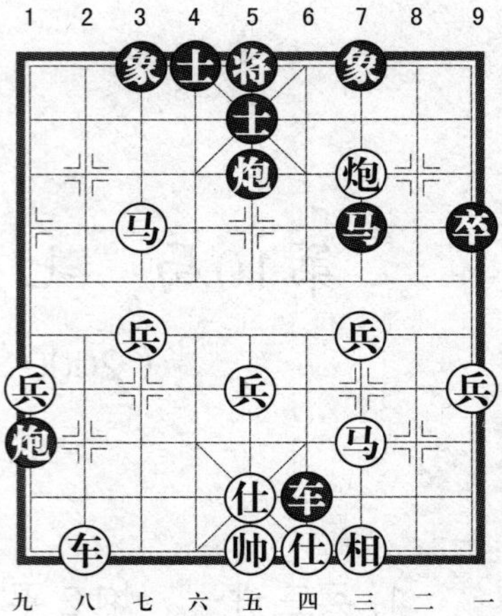

图10

22. ………… 炮4退3　　23. 车一进三　车6退5
24. 车一平三　士5退6　　25. 炮三退二　车6进1
26. 车三退三　车6平4　　27. 帅六平五　车4平2
28. 车三平五　炮4平7　　29. 相三进五　士6进5
30. 车五退二　士5进6　　31. 炮三进一　车2进5
32. 仕五退六　车2退6　　33. 炮三退一　车2进1
34. 车五进二　炮7平5　　35. 车五平二　后炮平6
36. 车二进二　炮6平2　　37. 车二进一　将5进1
38. 车二平六　炮2平4　　39. 车六平七　炮5进5
40. 车七退四　车2进4　　41. 马三进四 …………

红方跃马，黑已无法阻挡，余下只能由红方表演精彩的入门了！

41. ………… 炮5平1　　42. 车七平五　将5平6
43. 马四进五　将6退1　　44. 马五进六　士6退5
45. 车五进三

第11局　陆建初　先胜　七星大师

（2000年7月23日弈于ICCS）

中炮过河车对屏风马高车保马

1. 炮二平五　马8进7　　2. 马二进三　车9平8
3. 车一平二　卒7进1　　4. 车二进六　马2进3
5. 兵七进一　炮8平9　　6. 车二平三　车8进2
7. 炮八平七　象3进5　　8. 马八进九 …………

如兵七进一，则象5进3，马八进九，炮2退1，车九进一，炮2平7，车三平四，士4进5，车四进二，炮7平8，马九进七，炮9退1，车四退七，车1平4，马七进五，象7进5，均势。

8. ………… 车1平2

黑另有三种着法：

甲、炮2进4，以下马九进七，士4进5，仕四进五，车1平2，车九平八，炮9退1，车三平四，马7进8，马七进五，卒5进1，马五进三，车8平7，兵三进一，红优。

乙、炮2进1，以下车九平八，马3退1，炮七进四，车1平3，炮五平七，士4进5，相七进五，车3平4，车八进五，红视野开阔易走。

丙、炮2退1，车九平八，炮2平7，车三平四，马7进8，车八进七，炮7进1，车四进二，士4进5，兵五进一，马8进7，车四退五，车8进6，黑方反击力强，可抗衡。

9. 兵七进一 象5进3 10. 马九进七 炮2进4

黑另有四种着法：

甲、炮2进2，兵九进一，炮2进3，马七进五，炮2退6，车三平四，象7进5，车九进一，士4进5，车九平六，红优。

乙、车8进6，车九平八，车8平3，马三退五，马3退5，车八进六，炮9进4，马七退九，车3平4，马五进三，炮9进3，仕六进五，车2进1，兵三进一，卒7进1，车三退二，红优。

丙、炮2平1，车九进一，车2进6，马七进六，车8进3，兵三进一，车8平7，马六进四，车7平3，马四进三，将5进1，将被请出，红优。

丁、炮9退1，马七进六，炮9平7，车三平一，马7进6，车九平八，马6进4，炮七进二，炮7进5，相三进一，炮2进5，马六进七，车8平3，炮五进四，车3平4，黑反先。

11. 车三退一 …………

也可兵三进一，以下卒7进1，车三退二，马7进6，马七进六，车8平4，马三进四，红优。

11. ………… 象3退5

如炮2退2，车三进一，炮2平1，炮七平九，车2进6，马七进五，马3退5，炮九进三，卒1进1，马五进三，马5进3，前马进一，红略优。

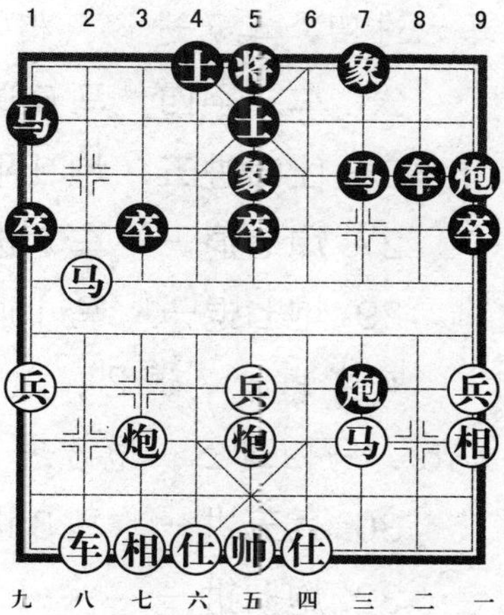

图11

12. 车三平八 车2进4

13. 马七进八 马3退1

14. 车九平八 炮2平7 15. 相三进一 士6进5（图11）

黑方由此转劣，应车8退1，马八进七，车8平4，马七退五，马7进5，炮五进四，士6进5，车八进五，车4进2，炮五退二，车4平7，双方对峙。如黑选择象5进3，则炮七进四，马7进6，车八进四，士4进5，车八平四，车8进2，炮七平一，象7进5，易发展成红多兵的态势。

16. 马八进九 炮9退1 17. 车八进四 炮7平1

可考虑车8进2，以下马九进七，炮9平3，炮七进六，马1退3，兵九进一，车8平7，黑暂无大碍。

18. 马九进七 炮9平3 19. 炮七进六 马1退3

20. 车八平三 卒3进1

疑问手，事后“七星大师”重新分析认为炮1退2较好，有望和棋。以下马三进四，则卒3进1，炮七退一，马3进4，车三进二，士5退6，相一进三，卒9进1，炮五平八，炮1平2，炮八平三，马7退5，炮七平九，马5退3，车三平五，士6进5，双方相持。

21. 马三进四 马7进6 22. 马四进六 车8平7

黑具有反击力的着法是炮1退2，以下炮五进四，车8平7，马六进四，车7进3，相一进三，卒9进1，战线将拉长。

23. 车三平四　马6退4　　24. 炮五进四　炮1平9

25. 仕四进五　炮9平8　　26. 帅五平四　炮8退6

27. 炮七退一　车7进2　　28. 马六进四　马3进1

29. 炮七退一　马1退3

可考虑车7退2，以下帅四平五，卒9进1，车四平二，车7平6，马四退三，炮8进2，暂时无大碍。

30. 兵五进一　马3进2　　31. 兵五进一　马4退3

32. 炮七进一　…………

好棋，至此红胜定，以后红兵五平六，再退中炮，黑无法挡住红马四进六的攻杀！

32. …………　马2进1　　33. 炮七平八　马3进1

34. 炮八进一　前马退3　　35. 马四进三　车7退3

36. 炮八平三

黑失车败定，余着从略。

第 6 章　千禧年IXPA个人赛

国际网络象棋促进会（IXPA）是由童增祥于2000年秋倡导成立的，并得到了享誉国际棋坛的郑守贤、郑勤霖等诸多象棋名人的响应与支持。这个协会每年举办个人、团体、棋王赛，成为当时互联网上最知名的赛事。2000年度个人赛于10月22日拉开战幕，比赛安排每个星期日上午10时进行一轮，共八轮，采用“45+30”的记时及亚洲棋规。来自世界各地的51名强手进行了激烈的争夺，最终前三名分别为邵文成（中国）、王向明（中国）、陆光铎（马来西亚）所获得。“梦入神机”软件以5胜1和2负位列第五，“七星大师”软件出战五场后退赛，取得4胜1负，最终位列第25位。

第12局　童增祥　先负　七星大师

（2000年11月12日弈于ICCS）

中炮巡河炮对屏风马

1. 炮二平五　马8进7　　2. 马二进三　车9平8
3. 兵七进一　卒7进1　　4. 马八进七　马2进3
5. 炮八进二　象3进5　　6. 车一平二　车1平3
7. 车九进二　炮2退1　　8. 车二进六　炮8平9
9. 车二平三　车8进2　　10. 马七进六　卒7进1

此时黑方选择较多，如炮2平4或炮2平7，各具繁复的变化。

11. 兵三进一　炮2平7

12. 车三平四　车8进6

13. 马六进七　马7进8

14. 兵三进一　…………

如车四进二弃子强攻，则炮7进6，炮八退二，炮7退1，马七进五，士4进5，炮八平七，炮9进4，炮五进四，车8平4，红不易打入！黑方得子反先。

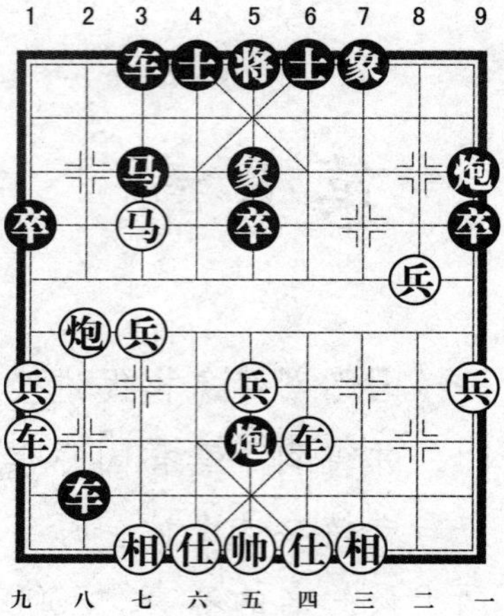

图12

14. …………　炮7进6

15. 车四退四　炮7平5

16. 兵三平二　车8平2（图12）　17. 车四进六　…………

应车九平五直接吃回失子，以下如马3退5（如马3退1，炮八进五，马1进3，炮八退七，红优），马七进六，车2退3，车四进六，车3进5，车五平四，炮9退2，仕四进五，象5进7，帅五平四，马5进4，马六退四，士4进5，马四退六，红略优。

17. …………　士4进5　　18. 车四退四　车3平2

19. 车九平五　后车进3　　20. 兵二进一　后车平3

21. 炮八退二　车3平2　　22. 炮八平七　马3进2

23. 车五平三　前车平3　　24. 炮七平四　车3进1

25. 炮四进七　马2进1

应士5退6，以下车四进四，象5进7，车三进三，炮9平3，车三进二，炮3退2，车三平五，将5平4，车五平六，将4平5，黑方多两子，防守坚实，长久下去，黑好。

26. 炮四退一　车2平4　　27. 车三进七　士5退6

28. 车三平四　将5进1　　29. 仕四进五

红认负，以下马1进3，帅五平四，马3进4，后车退二，炮9平6，后车平六，马4退5，帅四进一，马5退7，黑胜！

第13局 陈国良 先负 梦入神机

（2000年12月3日弈于ICCS）

中炮过河车互进七兵对屏风马平炮兑车

1. 炮二平五　马8进7　　2. 马二进三　车9平8
3. 车一平二　卒7进1　　4. 车二进六　马2进3
5. 兵七进一　炮8平9　　6. 车二平三　炮9退1
7. 兵五进一　士4进5　　8. 兵五进一　炮9平7
9. 车三平四　卒7进1　　10. 马三进五　卒7进1
11. 马五进六　车8进8　　12. 马六进七　…………

最常见的是马八进七，否则两翼更不平衡！陈国良是马来西亚名将，对此阵也是非常熟悉，吃马期望以暴风骤雨之势拿下对方。

12. …………　卒7平6　　13. 炮五进四　象3进5

也可马7进5，以下兵五进一（如车四平五，则车8平2，炮八平二，象3进5，仕四进五，卒6进1，仕五进四，炮7进1，车五平七，车1平3，炮二进五，车2平8，黑优），车8平2，炮八平二，车1进2，炮二进七，炮2进7，兵五平六，卒6平5，红成强弩之末。

14. 相七进五　车1平3

如马7进5，以下马七退五，车8平2，马八进六，车1平4，车四退三，车4进8，炮八平七，车2退4，车四平五，车4退5，仕六进五，双方接近均势。

15. 车四进二　车3进2　　16. 车四平三　…………

如仕四进五，则炮2退1，车四退一，车8平7，车四退四，炮7平8，马八进七，车7退4，车四进四，车3平4，兵九进一，车4进4，黑子占位较好，易走。

16. ………… 马7进5（图13）

17. 仕六进五 …………

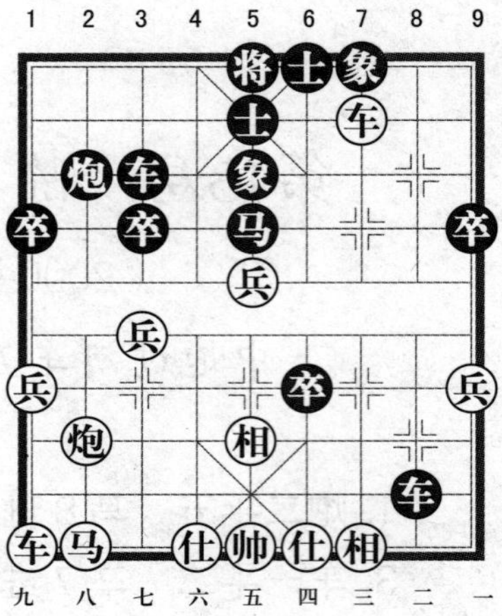

图13

应兵五进一，以下车8平2，马八进六，车2平4，仕六进五，炮2进4，车三平四，卒6平5，兵一进一，炮2退3，车四退二，大致均势。

17. ………… 马5进7

18. 马八进七 卒3进1

19. 兵五平四 …………

如马七进六，则卒3进1，马六进五，马7退5，兵五进一，车8退5，兵五进一，象7进5，车三平四，卒6平5，车九平七，卒5平4，虽暂无大碍，但黑多双卒如虎，红方败局是迟早的事了。

19. ………… 马7进8　　20. 炮八退一 马8进6

21. 帅五平六 …………

如仕五进四，以下车8平2，马七退六，车2退2，仕四退五，卒3进1，黑双卒过河，大优。

21. ………… 卒3进1　　22. 炮八平二 车3平4

23. 仕五进六 车4进5　　24. 炮二平六 炮2平4

25. 马七退八 车4平5　　26. 炮六平四 卒3平4

27. 马八进六 卒4进1　　28. 车三退六 卒4进1

29. 车九平八 卒6平5　　30. 车八进九 象5退3

31. 车八平七 士5退4

第7章 弈天擂圣战

弈天象棋网成立于2000年，以其独特的擂台制吸引了众多棋界朋友，迄今也是网络高手最集中的对弈网站。弈天网于2001～2002年举行了三届AAP大师擂圣战，吸引了众多的海内外高手，而“梦入神机”在这个擂台上最为活跃，获得其中两届擂圣称号。

AAP是弈天网站新颖的擂台积分制，第一届擂圣战始于2001年10月27日，至11月10日方落下帷幕，参加者为AAP英雄榜前32名棋手，阶梯式的淘汰制度异常残酷。决赛是在“梦入神机”和上海名手宇兵大师之间展开。第一局“梦入神机”先手布中炮左横车，宇兵还以屏风马右炮，不料打兵后7路炮很快陷入困境，宇大师遂弃子抢攻，无奈“梦入神机”滴水不漏，最后以炮碾丹砂杀法先拔头筹。第二局易边再战，开局波澜不惊，进入车炮三兵对车炮双卒时，一直把握小先手的宇大师，在准备不足时竟以炮破士，预计三车闹士，结果过高估计了自己的优势，车双兵尚未刺王即被牢牢盯死最后惜败。

这样“梦入神机”击退各路诸侯，斩获擂圣称号，下面为决赛的第一局。

第14局 梦入神机 先胜 宇兵

（2001年11月10日弈于弈天网）

中炮七路马对屏风马

1. 炮二平五　马8进7　　2. 马二进三　马2进3

3. 兵七进一　卒7进1　　　4. 马八进七　象7进5

5. 车九进一　…………

常见有车一平二着法，另有马七进六。

5. …………　炮2进4　　　6. 马七进六　…………

如车一平二，车9平8，兵五进一，炮8进4，车九平四，炮2平3，相七进九，车1平2，兵三进一，炮8平5，马七进五，车8进9，马三退二，车2进7，车四平七，炮3平9，兵三进一，炮9进3，转成黑双炮过河定式，双方对攻，各有顾忌！又如兵五进一，车9平8，兵五进一，士6进5，马七进六，炮8进4，炮五进四，车1进1，车九平六，车1平4，车一进一，车8进5，马六退五，车4进7，车一平六，车8平3，黑方略主动。

6. …………　炮2平7　　　7. 炮八平七　车1平2

8. 相三进一　车2进5　　　9. 车一平二　车9平8

10. 车二进四（图14）　车2平3

置车于险地，为失子埋下祸根。应炮8平9，车二平四，士6进5，马六进七，车2进1，车九平六，车2平3，车六进一，车8平6，车四平二，车6进8，两军相峙。

11. 相七进九　车3退1　　　12. 炮七退一　炮8平9

13. 车二平四　马3退1

如马3退2，以下车九平八，马2进1，马六进五（如相九进七，则车3平1，车八进三，车1进2，马六进五，士4进5，车四退一，马7进8，马五退六，卒3进1，炮七进一，车8进3，双方各有千秋），马7进5，炮五进四，士6进5，车四进一，车3进3，车四平三，炮7平8，炮七平

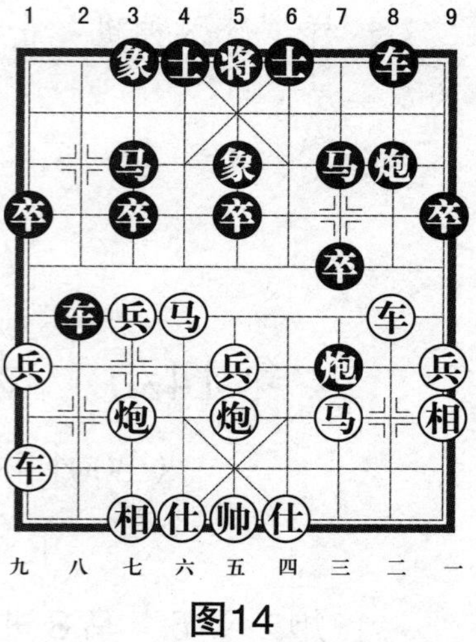

图14

二，车8平6，炮二进一，车3退3，车三退二，炮8退2，兵五进一，红优。

14. 车九平八　车8进1　　15. 相九进七　车3平1

16. 马六进七　车1平4　　17. 车四退一　车8进4

如马7进8，则炮五进四，士4进5，车八进八（也可车八进七），马1进3，车八平七，车4退4，车七平六，马3退4，炮五平九，象5退7，炮九进三，马4进3，炮九退四，马3进5，炮九平二，车8进3，炮七平五，车8退1，车四平三，炮9平7，炮五进五，车8平5，马七退六，车5进1，马六退四，红方得子得势，胜定。

18. 车四平三　车8平3　　19. 马七进八　炮9退1

20. 车三平四　士4进5　　21. 炮七平三　车4退1

此时黑另有三种应着：

甲、车4进3，相一退三，炮9平8，马三进二，车3平7，车四进五，炮8退1，炮三进一，车4退4，相三进一，车7平8，炮三进五，炮8平7，红优。

乙、马7进6，炮三平二，炮9平8，炮五进四，车3退4，兵五进一，马6退7，车四进五，车4退1，车四平二，车4平5，仕四进五，红优。

丙、车3平4，仕四进五，后车平6，车四进二，马7进6，炮五进四，车4退2，炮五退一，炮9平2，车八进七，马1进2，炮三进四，将5平4，炮三平二，马6退7，炮二进三，马2进3，炮五平七，车4进1，炮七进二，士5进4，红优。

22. 车四进五　炮9退1　　23. 马三进四　马7退8

24. 车四平一　车3平6　　25. 车一进一　马8进6

26. 仕四进五　车6进1　　27. 车一退三　车6平5

28. 炮五平七　马1进2　　29. 车一平四　马6进8

30. 车四平二　马8退7　　31. 炮七进五　马2进3

如车5平3，则炮七退一，马7进6，炮七平九，马2退1，车二平四，车3退5，炮九平五，马1进2，炮三平二，马6退8，车八平七，车3进7，炮二平七，马2进4，车四退一，车4平5，车四平六，红方胜定。

32. 炮七平九　士5退4　　33. 车二平四　士6进5
34. 炮九进二　马7进8　　35. 车四退二　马3退5
36. 车八进六　卒7进1　　37. 车四退二　卒7进1
38. 车八平五　车5平2　　39. 车五平二　卒7平6
40. 车二进二　士5退6　　41. 炮三进八

以下士6进5，炮三平六，士5退6，炮六平四，象3进5，车四平七，黑方难以抵挡炮碾丹砂的杀着遂认负。

2002年1月26日弈天网冬季擂圣战拉开战幕，16位9段以上高手全部登场，进行新一轮的擂圣挑战权的争夺赛，至2月3日福州名将"天下七十"陈日端经过七小时的艰苦奋战夺得向"梦入神机"挑战权。

挑战赛于2月24日举行，第一局激战至残局，"梦入神机"以单车士象全对车双兵，在本可吃兵和定的局面下居然吃相任红双兵轻易渡河，此后，"梦入神机"如吃了迷魂药汤，频现低级劣手，在怎么走都可和的情况下，居然落败，白白送给对手一分。第二局"梦入神机"摆下五九炮攻击"天下七十"的屏风马，陈日端中炮设下弃象的香饵，"梦入神机"果然上当，随后被套牢，最后落败。第三局，陈日端有如神助，乱战中劫得一子再次将"梦入神机"挑落马下，就这样，"天下七十"陈日端最终以3:0击败"梦入神机"夺走擂圣称号。

下面为挑战赛第二局。

第15局　梦入神机　先负　陈日端

（2002年2月24日弈于弈天网）

中炮过河车互进七兵对屏风马平炮兑车

1. 炮二平五　马8进7　　2. 马二进三　卒7进1
3. 车一平二　车9平8　　4. 车二进六　马2进3
5. 兵七进一　炮8平9　　6. 车二平三　炮9退1
7. 马八进七　士4进5　　8. 炮八平九　车1平2
9. 车九平八　炮9平7　　10. 车三平四　马7进8
11. 车四进二　炮7进5　　12. 相三进一　炮2进4
13. 兵五进一　卒7进1　　14. 车四退五　炮2进2
15. 车四退二　炮2退2　　16. 车四进二　炮2进2
17. 相一进三　象7进5　　18. 车四退二　炮2退2
19. 车四进二　炮2进2　　20. 车四平六　…………

红可考虑炮五进一，则炮7平5，马七进五，炮2退2，马五退七，炮2进1，车四平二，双方形势相当。如仕四进五，以下车8平7，相三退一，车7进4，炮九平八，炮2平3，炮八进五，卒3进1，车四平八，士5退4，马七进六，卒3进1，马六进五，车7平6，双方激烈对攻，各有顾忌。

20. …………　车8平7　　21. 兵五进一　…………

可以考虑相三退一避一下，以下马8进6，马三退二，车7进4，车六平四，马6退8，车四退二，炮2退4，双方相峙。

21. …………　车7进5　　22. 车六进五　马8进6
23. 兵五进一　马3进5（图15）　　24. 炮五进五　…………

黑方并不保象，这分明是一个巨大的香饵，“梦入神机”果然上当，打象自跳陷阱。应马七进五，马6进5，相七进五，车7平

4，车六退三（如车六退四，马5进4，相五退七，车2进7，炮九进四，马4进6，炮九进三，士5退4，马五退四，车2平7，车八进一，车7平6，车八平六，炮7进3，仕四进五，车6进1，黑胜势），车4退1，马五进六，马5进4，仕四进五（如炮九平六，则马4进3，车八平九，炮2进1，相五退七，炮2平4，车九进二，炮4退5，车九平七，车2进6，炮六退一，炮4平5，车七平六，黑小先手），马4进5，炮九平六，虽属黑优，但红方面临的局面比实战容易应付。又如改走车六退七，则马6进7，车八进一，车2进8，车六平八，炮7平8，车八平二，炮8平3，炮九进四，炮3进3，仕六进五，马5进6，炮九进三，象3进1，炮五平六，马6进5，红被动。

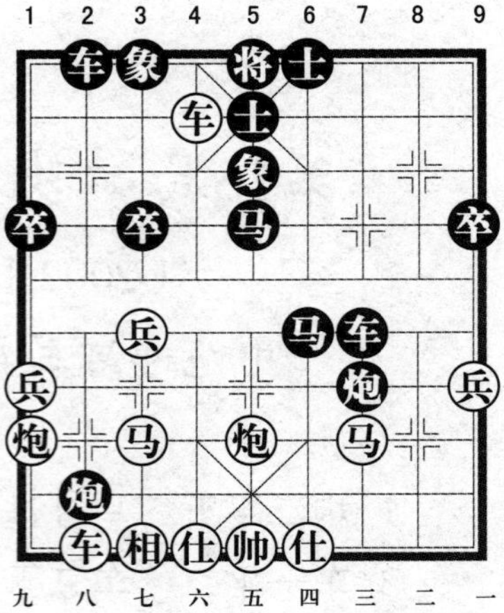

图15

24. ………… 士5进4 25. 车六退一 …………

如马七进五，则车7退3，炮九平五（如马五进四，车7进2，炮九进四，炮2退5，车八进三，炮7平8，仕四进五，炮8平4，车六退一，车7进3，黑多子大优），马6进5，相七进五，车7平5，马五进四，车5平6，车六平三，车6进2，车三退五，车2进4，红方依然失子失势。

25. ………… 车7退3

如炮7平8，则炮五平三，士6进5，车六退六，车7退3，车八进一，车2进8，车六平八，马6进7，红失子。

又如象3进5，则马七进五，车7退3，马五进四，车7平6，炮九平四，炮7平5，炮四退一，车6进2，马三进五，车6平5，车六平五，士6进5，仕四进五，车5进2，车八进一，车

2进8，炮四平八，车5平9，红方亦失子。

26. 炮五平四　士6进5　　27. 车六退六　炮2退1

28. 炮四退二　马6进7

黑完成得子，胜利在望。

29. 车六平二　车7平6　　30. 车二进八　士5退6

31. 车二退三　炮7退5　　32. 车二平五　炮7平5

33. 相七进五　车6进2　　34. 仕六进五　车6进2

35. 车八平六　车6平1　　36. 马七退八　马7退6

37. 车五平六　象3进5　　38. 后车进四　炮2退1

39. 马八进七　车1进1　　40. 后车平四

2002年5月18日弈天春季擂圣战开战，经过七轮的争夺，6月8日，失去上届雷圣称号的“梦入神机”软件夺得挑战权。6月15日，“梦入神机”与陈日端再次争夺擂圣称号，记得上届擂圣战，“梦入神机”三战皆北，这回真是仇人见面分外眼红。

第一局，“梦入神机”利用对方炮位不佳，以炮打士撕开突破口，一举获胜。第二局陈日端以中炮急进中兵暴风骤雨般的抢回一局，第三局“梦入神机”全程把握先手，再次领先。第四局，志在必得的陈日端再次布下急进中兵的拼刺刀手段，结果“梦入神机”应对得当，终以和棋收场。就这样，“梦入神机”以二胜一和一负击败对手夺回擂圣称号。下面为对战第一局的较量。

第16局　梦入神机　先胜　陈日端

（2002年6月15日弈于弈天网）

中炮过河车互进七兵对屏风马平炮兑车

1. 炮二平五　马8进7　　2. 马二进三　卒7进1

3. 车一平二　车9平8　　4. 车二进六　马2进3

5. 兵七进一　炮8平9　　6. 车二平三　炮9退1

7. 马八进七　士4进5　　8. 炮八平九　车1平2

9. 车九平八　炮9平7　　10. 车三平四　马7进8

11. 车八进六　卒7进1　　12. 车四退一　卒7进1

13. 马三退五　象7进5　　14. 马七进六　马8进9

15. 马六进五…………

如相三进一，则炮7平8，炮五平二，炮8平9，炮二平五，马9退8，车八平七，马8退7，车四退一，马3退4，炮九平六，炮2进5，炮五平八，车2进7，马五进七，车2进1，相一退三，车8进7，仕四进五，车8退3，炮六平五，双方基本相当。

15. …………　炮2平1　　16. 车八进三　马3退2

17. 车四平八　马9进8　　18. 炮五平八　车8进3

19. 相三进五　车8平5　　20. 炮八进七　士5退4

21. 车八平六　士6进5　　22. 车六平二　马8退9

23. 车二进四（图16）　士5退6

应炮7退1，以下马五进七，马9进7，车二退五，卒3进1，兵七进一（如马七进六，车5平2，炮八平九，卒3进1，后炮平三，卒7进1，相五进七，卒7进1，相七退五，车2平6，兵五进一，卒7平6，黑方主动），马7退5，马七进五，车5进3，兵七进一，炮1进4，炮九进四，双方形势相当。

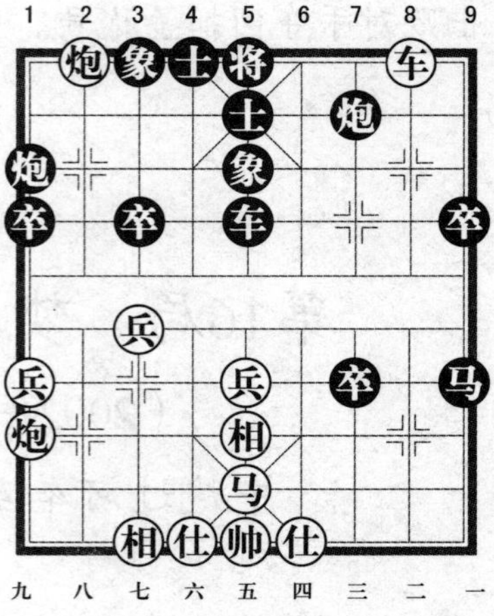

图16

24. 炮八平六　车5平6

25. 炮六退五　炮7平5

26. 炮六平五　炮5进4

27. 兵五进一　卒3进1　　28. 兵七进一　象5进3

29. 马五进七　车6进2

如马9进7，则仕四进五，马7进9，兵五进一，马9退8，炮九退一，车6平4，车二退二，双方各有顾忌。

30. 兵五进一　炮1平3　　31. 马七退九　车6平5

32. 炮九进四　车5退1　　33. 炮九进三　象3进5

34. 炮九平四　将5进1　　35. 炮四平九　车5进2

如象5进7，则车二退一，将5退1，马九进八，象3退5，车二进一，将5进1，马八退六，卒9进1，炮九退五，卒9进1，大致均势。

36. 兵九进一　象5进7　　37. 车二平三　炮3平5

不宜轻易弃象，应炮3平8虚晃一枪，以下车三退一，将5退1，车三平二，炮8平5，仕六进五，卒7进1，炮九退三，车5平4，车二进一，将5进1，炮九平五，将5平4，黑方可寻找制衡机会。

38. 仕六进五　车5平4　　39. 车三退一　将5退1

40. 车三退三　将5平4

如马9进8，则车三平五，卒7进1，马九进七，卒7平6，马七进八，车4平2，马八进七，卒6进1，车五平六，炮5平7，车六平五，炮7平5，车五平六，炮5平7，车六平五，炮7平5，车五平六，根据亚洲棋规和棋。

41. 马九进七　马9进8　　42. 车三平五　卒7进1

43. 马七进八　车4退3

面对红马渡河攻击，不如马8退6，以下仕五进四，车4进3，帅五进一，卒7平6，马八进七，车4退1，帅五退一，卒6进1，马七进八，将4平5，兵九进一，将5进1，炮九退三，将5平6，炮九平四，炮5平8，车五平二，炮8平5，车二平五，红方不得不长跟炮，黑方可根据亚洲棋规谋得和棋。

44. 兵九进一　将 4 进 1　　45. 兵九平八　马 8 退 6
46. 仕五进四　车 4 进 6　　47. 帅五进一　卒 7 平 6
48. 兵八平七　车 4 退 1　　49. 帅五退一　车 4 进 1
50. 帅五进一　车 4 退 1　　51. 帅五退一　炮 5 平 3
52. 马八进六　卒 6 进 1　　53. 车五进一　炮 3 平 6
54. 车五平一　炮 6 平 5　　55. 车一平五　炮 5 平 6
56. 相五进三

第 8 章　2001年IXPA个人赛

2001年11月25日，IXPA个人赛在弈天棋缘和ICCS（加拿大服务器）隆重举行，92名来自海内外的弈林高手参加了角逐，经过八轮激烈角逐，最终来自中国的金松（辽宁）、陆建洪（江苏）、刘明（宁夏）获得前三名。著名的象棋软件“梦入神机”和“象棋世家”参加了这场大赛，“象棋世家”以3胜3和2负获第30名，“梦入神机”以4胜1和3负获得第36名。

第17局　梦入神机　先胜　尹海峰

（2001年12月30日弈于弈天网）

中炮七路马对屏风马双炮过河

黑方尹海峰曾获辽阳市象棋冠军，在棋友杯大奖赛以击败名手聂铁文的精彩棋局被选刊于《棋海新友》杂志，棋风刚猛，是一位绿林悍将。

1. 炮二平五　马8进7　　2. 马二进三　车9平8
3. 兵七进一　卒7进1　　4. 马八进七　马2进3
5. 车一平二　炮2进4　　6. 兵五进一　炮8进4
7. 车九进一　炮2平3　　8. 相七进九　车1平2
9. 车九平六　车2进6　　10. 车六进六　象7进5
11. 车六平七　士6进5　　12. 仕四进五　炮8退1
13. 兵三进一　炮8平5　　14. 车二进九　马7退8

15. 马三进五　卒5进1

此类布局前面变化之著述汗牛充栋，故不再累述。此着应考虑卒7进1，以下车七进一，卒7平6，车七平六，卒5进1，炮五进二，卒5进1，马五退六，炮3平1，车六退二，卒9进1，车六平七，炮1平9，红多子，黑多卒，各有千秋。

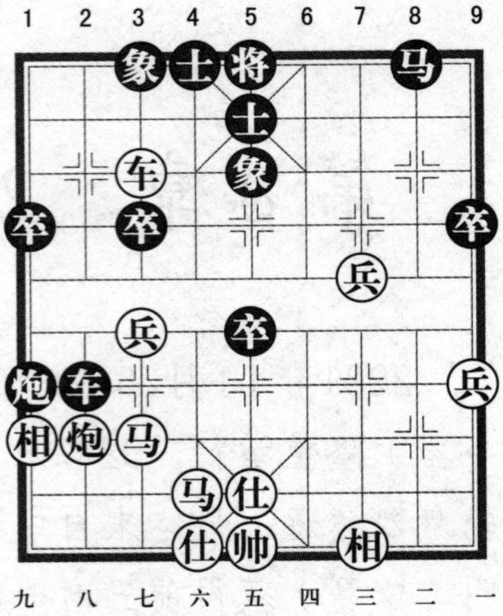

图17

16. 兵三进一　炮3平1

如马8进7，则车七进一，炮3平1，兵三进一，炮1平5，马七进五，炮5进2，相三进五，马7退8，马五进六，车2进1，车七退二，红优。

17. 炮五进二　卒5进1　　18. 马五退六（图17）　车2平7

如炮1平9，则车七退一，炮9进3，仕五退四，卒9进1，兵七进一，马8进9，兵七平六，车2平7，马六进四，卒5平6，马七进六，车7退2，车七平四，卒6平5，马四进五，车7进5，帅五进一，黑方攻势瓦解，红方多子占优。

19. 相三进一　车7退2　　20. 车七退一　马8进7

21. 炮八进二　炮1平8　　22. 炮八平五　炮8进3

如车7进2，则车七平二，将5平6，兵七进一，卒9进1，炮五退二，象3进1，兵七平六，象1退3，炮五进一，强兑炮，红方多子胜定。

23. 炮五平三　马7进8　　24. 马六进五　炮8平9

25. 马五退四　…………

也可车七平二，此时黑已并不容易打入了。

25. …………　马8进9　　26. 马四进二　炮9平8

27. 车七平一　马9进7　　28. 炮三平五　车7平5

29. 车一进三　士5退6　　30. 车一退五　士4进5

如士6进5，则车一平三，将5平6，车三退二，车5进1，车三平四，将6平5，马二进三，红方多子胜定。

31. 车一平三　卒1进1　　32. 兵七进一　象5进3
33. 相九进七　象3退5　　34. 炮五退二　马7退8
35. 马二进四

第18局　象棋世家　先胜　苏志勇

（2002年1月6日弈于弈天网）

顺手炮

1. 炮二平五　士6进5　　2. 马二进三　炮8平5
3. 车一平二　马8进7　　4. 马八进七　炮2平4
5. 车九平八　马2进3　　6. 炮八平九　卒3进1
7. 兵三进一　车9进1

苏志勇系马来西亚好手，上士后变成顺炮，可能意在打破庞大的软件开局库。可是此时可以看到黑的一步上士，导致了以后两车均未出动，且路口被红车占据，失先多多，可谓得不偿失。此时如卒9进1，则车二进五，卒9进1，车二平七，卒9进1，马三进四，车1进2，马四进三，红优。

8. 车二进六　车9平6　　9. 车二平三　象7进9
10. 仕六进五　车6进5　　11. 炮五平六　车6退2

如车6退4，则车八进六，车1平2，车八进三，马3退2，车三平五，车6进7，帅五平四，马7进5，炮六平五，马5进4，炮五进五，象3进5，马七退六，马炮争斗，各有千秋。

12. 兵九进一　车1平2　　13. 车八进九　马3退2

14. 炮九进四　炮 4 平 1　　15. 兵九进一　卒 3 进 1

如炮 5 平 3，以下炮九平六，卒 3 进 1，兵九进一，卒 3 进 1，兵九进一，炮 3 进 5，车三进一，炮 3 平 7，车三平一，象 3 进 1，双方激烈对峙，各有千秋。

16. 兵七进一　车 6 平 1　　17. 炮九平七　炮 5 平 4

18. 马三进四　…………

如马七进六，以下炮 4 进 5，车三进一，士 5 进 4，车三进一，车 1 平 4，仕五进六，车 4 进 1，相七进五，士 4 退 5，大致均势。

18. …………　车 1 平 6　　19. 马四退六　炮 4 进 5

20. 车三进一　士 5 进 6　　21. 车三进一　炮 1 进 7

22. 相七进九　马 2 进 1　　23. 兵七进一　…………

又如仕五进六，以下马 1 进 3，兵七进一，马 3 进 1，仕六退五，士 4 进 5，车三退二，红占位好兵力集中，占优。

23. …………　炮 4 平 7　　24. 车三平一　马 1 进 3

25. 兵七进一　车 6 平 2（图18）

如炮 7 平 1，则车一进一，将 5 进 1，马七进八，后炮退 1，帅五平六，车 6 平 2，车一平六，后炮平 3，车六退五，炮 3 进 3，帅六进一，炮 1 退 8，兵七进一，炮 3 平 7，兵七进一，红优。

26. 马七进八　炮 7 退 1

27. 兵五进一　象 9 退 7

28. 车一退二　象 3 进 5

29. 帅五平六　炮 7 平 5

30. 车一平四　炮 1 平 2

31. 车四进一　炮 2 退 3

32. 车四退五　炮 2 平 3

33. 马八退七　车 2 平 4

34. 马七进五　…………

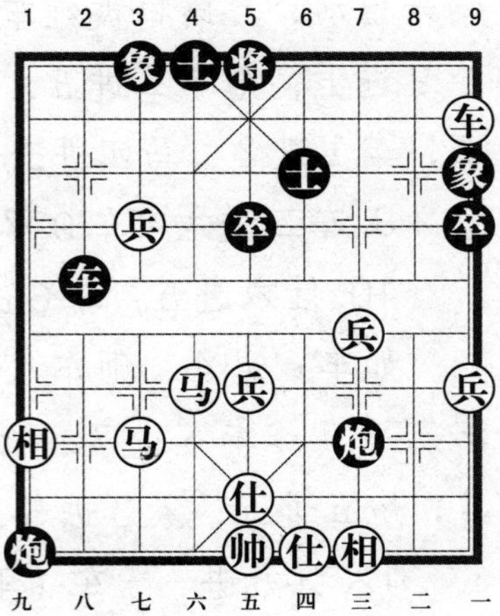

图18

可以车四平六，以下士4进5，兵一进一，车4平1，兵七平六，车1进3，马六进七，炮5平6，后马退八，车1进2，车六平八，炮6退6，红优。

34. ………… 车4进2　35. 车四平六 车4进1

36. 仕五进六 炮3平9　37. 马五进七 炮9退3

38. 兵七平六 炮9进2　39. 兵六平五 炮9平5

40. 兵五平四 …………

交换后，红方已胜定，余着从略。

第19局　潘振波　先胜　梦入神机

（2002年1月6日弈于弈天网）

对兵转兵底炮对左中炮

1. 兵七进一 卒7进1　2. 炮二平三 炮8平5

3. 炮八平五 马8进7　4. 马八进七 马2进1

5. 车九平八 车1平2　6. 马二进一 车9平8

7. 车一平二 车8进9　8. 马一退二 士6进5

9. 炮三进三 …………

如改走仕六进五，则卒1进1，炮三进三，马7进6，炮五进四，炮2进4，兵三进一，象7进9，炮三平九，将5平6，炮五平四，亦是红优。

9. ………… 炮2平3　10. 车八进九 马1退2

11. 炮三进一 卒3进1　12. 马七进六 卒3进1

13. 马六进四 炮3进1

急于兑子以解套被乓的7路马，不合算。应卒3进1，以下仕六进五，炮5平4，马四进三，炮3平7，炮五进四，象7进5，炮五平一，马2进3，黑方形势不差。

14. 炮五平三　炮3进6

15. 仕六进五　炮5平2

16. 后炮平八（图19）　象7进5

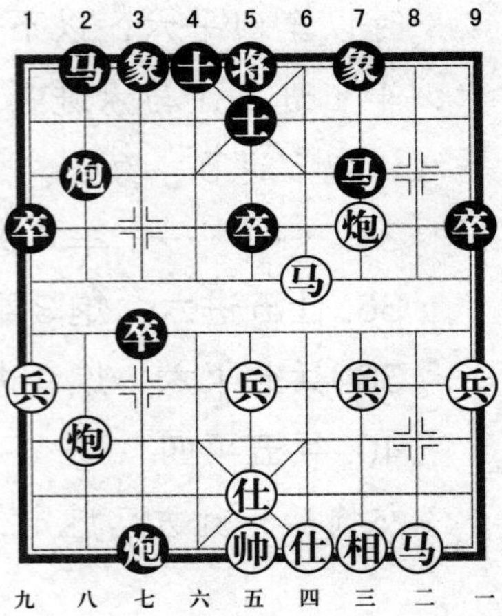

图19

应马2进3，以下相三进五，炮3退3，相五进七，炮2进1，马二进四，炮2平7，前马进三，卒9进1，炮八平一，象7进5，相七退五，大致均势。

17. 相三进五　炮3平1　　18. 相五进七　炮2平4

19. 炮八进五　马7退8　　20. 马二进三　炮4进6

应马2进1，以下马四进二，马8进6，炮三平一，卒1进1，兵三进一，马1进2，炮八进一，炮4退1，马二退四，虽然红优，但黑马不致被困，可以在下风再寻找机会。

21. 炮八进一　炮4平2　　22. 帅五平六　炮2进1

23. 帅六进一　炮2退7　　24. 兵三进一　卒9进1

25. 炮三平四　炮2平1　　26. 马四退六　后炮进4

27. 兵三进一　前炮平2　　28. 马六进五　马8进7

29. 马五退四　马7进9　　30. 兵三平二　马9退7

31. 兵五进一　炮2退5　　32. 炮四平三　炮1退1

如象5进3，则兵五进一，炮1退2（如炮2平5，则炮三平八，红方得子胜定），马四进五，马7进5，兵五进一，炮2平8，炮三平九，红优。

33. 兵五进一　炮1退1　　34. 兵五进一　炮2平6

35. 兵五平四　炮6平5　　36. 兵二进一　炮1平2

37. 兵二进一　马7退6　　38. 炮三平一

第9章　四斗陆建初

国际大师陆建初1968年出生于马来西亚，祖父那代从广东清远下南洋到了马来西亚，自小受到父亲的熏陶，走上象棋之路，如今已成了大马棋坛闻名遐迩的棋王。

2002年陆建初与台湾地区郑明政先生研发的“幻思”软件进行了持续一个多月的四局对抗赛。第一局弈于6月30日晚，陆建初以单提马迎战“幻思”的头炮，“幻思”一直紧握先手攻势如虹，而陆大师则在一翼埋下伏兵，以车双炮突然发难，抢得头局。第二局因ICCS服务器故障迟至7月21日举行，陆大师摆出五六炮进中兵，一时满盘硝烟。乱战中“幻思”反击得手回敬一局，双方扯平。第三局于7月29日举行，“幻思”以中炮攻击大马棋手最喜用的半途列炮，中局“幻思”进中兵巧妙得子从而获胜。最后的一局弈于8月4日，双方以老式顺炮横车对直车互提巡河炮开局，在河界争夺激烈。落后一分的陆大师此番先手志在必得，可惜中盘处理不当，被“幻思”击中底象，随后双象尽失。陆建初遂双炮控制三五路弃其他于不顾，面对“幻思”的窝心马本有双炮叠于中路抢攻之棋，但时机瞬逝，被“幻思”飞象拦车抢先杀王。就这样，“幻思”以三胜一负击败了陆大师，获得了此次对抗赛的胜利。

下面为对抗赛的第四局。

第20局 陆建初 先负 幻思

（2002年8月4日弈于ICCS）

顺炮横车对直车巡河

1. 炮二平五　炮8平5　　2. 马二进三　马8进7
3. 车一进一　车9平8　　4. 车一平六　车8进4
5. 马八进七　马2进3　　6. 炮八进二　炮2进2
7. 炮八平七　炮2平3　　8. 车九平八 …………

双方演成老式顺炮横车对直车巡河，红另有三种应着：炮七进二、车六进五、兵三进一。

8. …………　卒1进1　　9. 兵三进一　卒7进1
10. 马三进四　卒7进1　　11. 马四进六　马3退5

应车1进2，以下炮五平三，马7退9，车六进三，炮5平7，炮三进五，马9进7，车八进六，象3进5，相三进五，卒5进1，车八平七，马3进5，车七平六，士6进5，后车平三，双方形势大抵相当。

12. 马六进五 …………

红方最有力的手段是炮七平五！以下车8平6（如卒1进1，兵七进一，炮3进3，车八进八，马5进3，马六进四，士6进5，马四退二，红得车胜定；又如炮3进3，车八进八，马5进3，前炮进三，象7进5，马六进四，士6进5，马四退二，红得车胜），前炮进三，象3进5，马七退九，车1进2，兵七进一，车1平4，兵七进一，卒3进1，马六退七，车4进6，马七退六，卒3进1，黑虽有两卒封住红方河口，但红方多子发展下去易走。

12. …………　象3进5　　13. 车六进七　车8进4

14. 兵五进一 …………

如炮七进二，以下炮3平7，马七退五，车8平6，马五进七，炮7进5，仕四进五，炮7平8，车八进五，车6平7，炮七平八，车7进1，仕五退四，车7退3，仕四进五，炮8退8，车六退一，车1平2，炮五平六，车7进3，仕五退四，车7退2，炮八平六，车2平3，黑方易走。

14. ………… 炮3平7　　15. 炮七平三 …………

失误，至此门户洞开。应仕四进五，以下车8进1，炮七平八，车8平7，仕五退四，炮7平2，炮八平九，卒1进1，车八进五，车7退3，兵九进一，车7平3，车八退三，卒3进1，炮五退一，卒7平6，炮五平七，车3平9，车八进二，卒6进1，激烈对峙，双方各有千秋。

15. ………… 炮7进5　　16. 仕四进五　车8进1

17. 车八进五　炮7平4　　18. 仕五退四　炮4平6

19. 帅五进一　车8退1　　20. 帅五退一　炮6平3

21. 兵五进一　车8进1　　22. 帅五进一　车8退1

23. 帅五退一　车8退1　　24. 帅五进一 …………

如车八平六，则马7进8，帅五平六，马5进7，前车进一，车1平4，车六进四，将5进1，炮五进四，马7进5，兵五进一，车8平5，车六退一，将5退1，马七退九，炮3平1，车六进一，将5进1，车六平四，马8进9，炮三退一，马9进8，炮三退二，车5退4，黑胜势。

24. ………… 炮3退3（图20）

此时黑方面临悄然而来的危机，应马7进8，以下兵五进一

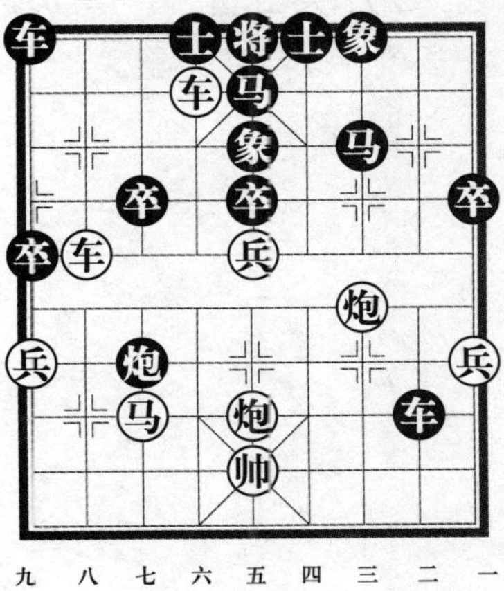

图20

（如炮五进四，则车8平3，车八退一，炮3平8，炮三平二，车3退1，帅五平六，马8退7，炮二平五，车3平1，黑优），马8进6（如马8进7，则车六退六，象5进3，黑优），炮五进三，卒3进1，马七进五，车8进1，帅五退一，车8进1，帅五进一，车8退3，马五进四，马6进7，帅五平六，炮3平9，车八退三，马7进6，炮五退五，炮9平5，车八平六，炮5退3，帅六退一，炮5平4，后车进一，车8平4，车六退五，车1平2，帅六平五，车2进9，车六退三，车2平4，帅五平六，马6退5，帅六平五，后马进3，红光帅，黑优。

25. 帅五平六 …………

应炮三平五，这是难得的机会，以下车8进1，帅五退一，车8退3，车八平六，象5进3，前炮退一，马5进6，兵五进一，马6进5，后炮进二，车8平5（如士6进5，则前炮进四，车8进4，帅五进一，车8退1，帅五退一，士4进5，后车平三，车8进1，帅五进一，车1平2，兵五平四，士5进6，车三平五，将5平6，兵四进一，车2进8，车六退七，车2平4，帅五平六，车8平6，兵四平三，红胜），后车退一，车5退1，前车退三，车5进2，马七进五，士6进5，马五进三，红胜。

25. ………… 象5进3　　26. 炮五进一　车8平3

27. 兵五进一　马7进6

第10章　快马战飞刀

2004年是“象棋世家”软件棋力从“业余”向“专业”过渡的最重要一年，在这一年许多大师参与了对它的对抗测试，演绎了许多精彩的对局，同时也为“象棋世家”的发展提出了许多宝贵的意见和建议。

这一年的10月2日晚7时30分，号称“飞刀加工厂”的陈孝堃大师与“象棋世家”进了两局对抗测试赛。首局“象棋世家”摆出中炮进三兵，陈大师还以左炮封车转列炮。“象棋世家”拍马跃出，上演了快马对飞刀的一场好戏，中后局本来和势甚浓，但陈大师误以为红左翼空虚可以偷袭成功，实则红有妙着解围。“象棋世家”弃士弃象，车斩中士大刀剜心，而底马巧妙护住帅头，令陈大师双车无功落败。折了头阵的陈大师，第二局起马还中炮，中路一时硝烟四起，甚是精彩，但双方不断兑子，最后各余炮兵奋战成和。

第21局　象棋世家　先胜　陈孝堃

（2004年10月2日弈于弈天网）

中炮进三兵对左炮封车转列炮

1. 炮二平五　马8进7　　2. 马二进三　车9平8
3. 车一平二　炮8进4　　4. 兵三进一　炮2平5
5. 马三进四　…………

快马扬鞭，是尽快投入战斗，攻击敌方，但不足之处就是子力发展不均衡。此消彼长，各有优劣。

5. ………… 马2进3　6. 马四进六　车1平2

7. 马八进七　马7退5

黑另有车2进2、马3退1、炮8进1的变化。

8. 炮八进四 …………

如车九进一，则卒3进1，马六进五，象3进5，车九平二，炮8进3，车二进八，炮8平9，车二退九，炮9退1，车二进一，炮9退1，车二进一，炮9平5，炮八平五，车2进6，炮五平三，双方形势相当。

8. ………… 卒3进1　9. 炮八平七　车2进3

10. 炮七进三　马5退3　11. 马六进七　卒5进1

12. 车九平八　车2平3　13. 前马进八　卒3进1

如马3进4，则车二进二，士6进5，车八进四，车8进5，炮五平三，车3平6，相七进五，象7进9，兵七进一，双方互相牵制，对攻激烈！

14. 兵七进一　车3进2　15. 炮五进三　士6进5

16. 车二进二　马3进4　17. 炮五进一　马4进3

18. 马八退七　马3退5　19. 前马退五　车3平7

20. 相七进五　车7进1　21. 仕六进五　车8进5

22. 车八进三　卒9进1　23. 车八进二 …………

如马七进六，则车8退1，马五退四，车8进1，马六进五，车7平6，车八进三，车6平5，马四进三，车8退2，马五退三，炮5平4，双方互缠。

23. ………… 炮5进4　24. 车八平一　车8平3

25. 马五退六　炮5退4　26. 车一进四 …………

应车一平五，以下车3进1，马六进四，车7平6，马四进五，象7进5，相五退七，象5退7，兵一进一，车6平7，车五平二，车7平4，形势相当。

26. ………… 士5退6　　27. 车一平二 …………

如车一平三，以下车7平4，车三退二，炮5退1，车三平五，车3进2，车二进一，车4退1，车二平四，卒7进1，仕五退六，车3退5，车五退二，卒7进1，车四进三，车3进2，车五进二，车4退3，车五退一，炮5进1，车四进一，车3退2，仕四进五，士6进5，黑方多子优。

27. ………… 车7平1

应炮8平1！以下后车进五，车7平4，前车平三，车3进2，车二平五，士4进5，车五平八，炮1进3，车八进二，士5退4，车三平四，将5平6，车八平六，将6进1，马六进五，将6进1，车六退六，车3进2，车六退三，车3平2，马五退六，炮1平4，黑胜！

28. 后车进一　车1进3　　29. 马七退六　车3平4

30. 后车平五　士4进5　　31. 车二平三(图21)　炮5平4

以为红左翼空虚可以偷袭成功，实则红有妙着解围。此时应炮5平2，以下车三退三（不能急于相五退七，否则车1平3，仕五进六，车3退8，马六进八，车4平2，车五平七，车2平5，仕六退五，车3进5，马八进七，车5平3，马七退五，车3进4，仕五退六，炮2进7，黑大优），炮2平4，相五退七，车1平3，车三平九，炮4进7，车九进三，车4退5，车九平六，将5平4，车五平六，将4平5，仕五退六，和棋。

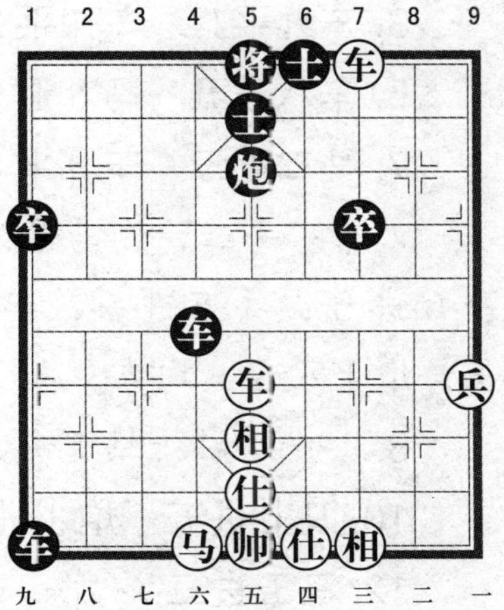

图21

32. 仕五进六　炮4进5

中计！应炮4平2，仕四进五，炮2进7，相五退七，车4退2，车三退二，卒1进1，车五平八，炮2平4，仕五退六，车1退

4，均势。

33. 相五退七　车4退4　　34. 车五平四　炮4平5

35. 相三进五　车4进7　　36. 车四平七　将5平4

依然是认为红的左翼有漏洞可能入局，但也加速了自己的败局。此时如改走车1退5，则车三退三，车1平5，车七退一，卒1进1，仕四进五，车5进2，兵一进一，车5平9，车三退二，士5退4，车三平五，士6进5，相五退三，车9平7，相三进一，车7平6，车七平二，少子的黑方依然难逃败局。

37. 仕四进五　车1退1　　38. 车七进六　将4进1

39. 车七退一　将4退1　　40. 车七平五

第22局　陈孝堃　先和　象棋世家

（2004年10月2日弈于弈天网）

起左马转边炮对进3卒

1. 马八进七　卒3进1　　2. 炮八平九　马2进3

3. 车九平八　车1平2　　4. 车八进四　炮2平1

5. 车八进五　马3退2　　6. 炮二平五　马8进7

7. 马二进三　车9平8　　8. 车一进一　…………

如车一平二，则马2进3，兵三进一，炮8进4，兵五进一，士6进5，兵五进一，卒5进1，马七进五，马3进5，炮五进三，炮1平5，均势。

8. …………　马2进3　　9. 兵五进一　象7进5

10. 马七进五　炮1进4　　11. 兵五进一　卒5进1

12. 马五进三　…………

如炮五进三，则士6进5，马五进四，马3进5，炮五退三，卒7进1，马四进六，炮8退1，兵七进一，卒3进1，马六退七，炮1平2，车一平八，炮2平6，车八平六，红方小有主动。

12. ………… 卒5进1　　13. 前马进四　炮1平7

14. 相三进一　马7进5　　15. 马四退五　炮8平7

16. 车一平四　前炮平8　　17. 车四进五 …………

可考虑车四进七，以下士4进5，马五进六，炮7进5，马六进七，将5平4，炮九平三，炮8进1，炮三退二，红优。

17. ………… 炮7进5　　18. 炮九平三　炮8平5

19. 仕六进五　车8进5

如马3进4，则车四退一，马4进6，马五进七，马6进7，马七进五，车8进6，马五进七，均势。

20. 炮三进二　马3进4　　21. 车四平三　车8退4

22. 马五进三　马5进6　　23. 车三平六　马4进3

24. 马三进四　车8平6　　25. 马四退五　士6进5

26. 车六平一（图22）　马6进5

如车6退1机会更多一些，以下炮三退四，马3进5，相七进五，马6进5，车一平二，炮5退1，炮三进六，马5进3，帅五平六，马3退4，炮三平五，炮5平4，帅六平五，马4进3，帅五平六，卒1进1，双方各有顾忌。

27. 相七进五　马3进5

28. 车一进三　车6退1

29. 马五进四　士5进6

30. 炮三平五　士6退5

31. 车一平四　将5平6

32. 炮五退二　卒1进1

33. 帅五平六　卒1进1

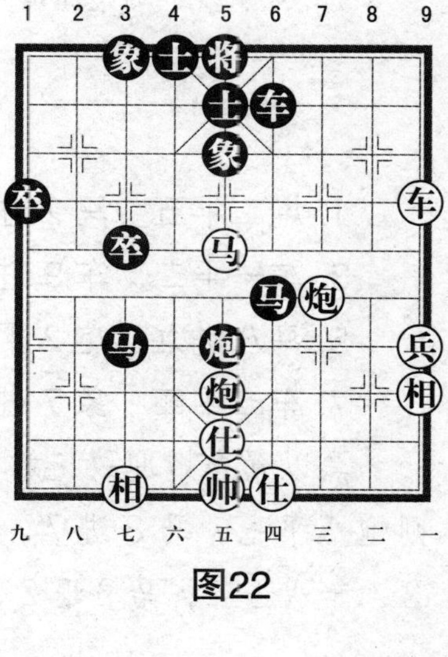

图22

第11章　征战在八段赛上

2004年10月23~24日，台湾象棋协会举办了启泰杯升八段象棋赛，共有五位选手参加，计有陈振国（七段）、张正安（七段）、张鸿钧（七段）、林益世（七段）、“象棋世家”（荣誉六段，第七届将帅杯七段赛获第三名升荣誉六段、2004启泰杯七段赛第四名），由于软件尚不具七段证书资格，所以仅为陪练性质，成绩不列入大分计算。因为参赛人数不足八位，所以最后仅决定出挑战吴贵临棋王的人选而不晋升八段。经过六轮比拼，名次依次为张鸿钧、林益世、张正安、陈振国。“象棋世家”不计名次，成绩为：平张鸿钧（两和）、平林益世（一负一胜）、胜张正安（一和一胜），胜陈振国（两胜）。

第23局　象棋世家　先胜　张正安

（2004年10月24日弈于台湾）

中炮对鸳鸯炮

1. 炮二平五　马2进3　　2. 马二进三　炮2退1
3. 车一平二　车9进2　　4. 车二进四　卒7进1
5. 马八进九　炮2平7　　6. 车九平八　马8进7
7. 车二平四　象7进5

黑以鸳鸯炮迎敌，意在避开红方庞大开局库。此时如马7进8，则炮八平七，马8进7，车八进四，马7进5，相三进五，车1平2，车八进五，马3退2，兵九进一，局面趋于平淡，基本均势。

8. 炮八进二　车1进1

如卒3进1，则车四进四，车9退1，炮八平九，黑方难应付！

9. 炮八平七　卒7进1　　10. 兵三进一　马7退5

如车1平3，则车八进七，马7进8，车四退一（如兵三进一，则马8进9，马三进一，炮7进8，帅五进一，士4进5，马一进二，车9退1，车四平三，炮7退5，马二进三，炮7平3，车三平二，车3平4，帅五退一，车9平8，炮五平二，黑失子失势），卒3进1，炮七进三，炮8平3，炮五进四，士6进5，车八退五，红略好。

11. 马三退五　卒3进1　　12. 炮七平九　车1平4

13. 车四进四　炮7进1　　14. 兵三进一　车4进4

15. 兵三进一　…………

也可兵七进一，以下车4平3，兵三进一，炮7退2，炮五平四，炮8退2，相七进五，车3平8，炮九平三，炮7进5，相五进三，车8进2，车八进四，炮8平9，马五进七，车9平8，车八平四，后车退2，红优。

15. …………　炮7退2

16. 车八进八　炮8进7

可考虑卒1进1，以下炮九平八，马3进1，车八退二，马5进3，兵七进一，车4平3，炮八退三，士4进5，炮八平七，车3平4，双方对攻激烈，红方必有顾忌。

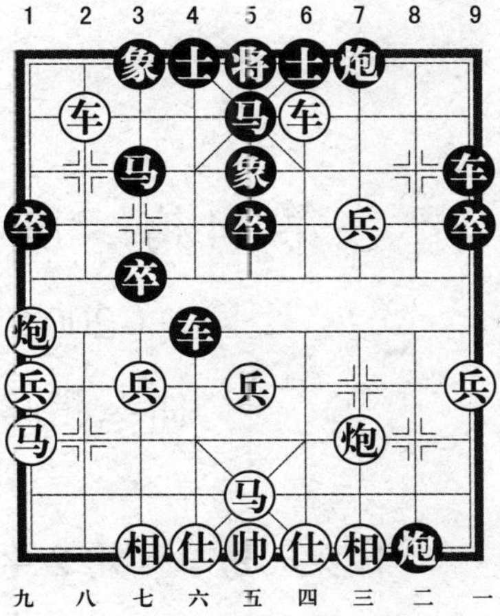

图23

17. 炮五平三（图23）　象5进7

应炮7进7，以下马五进三，炮8平9，相七进五，卒1

进1，炮九平八，车9平8，仕六进五，车8进5，马三进四，车8进1，马九退八，车4退2，双方对攻。如车4平7，则炮九平四，车7退2，炮三平四，炮8退9，前炮进五，炮8进9，后炮平三，车9平8，车八退六，双方对攻激烈，红方略优。

18. 兵三进一　炮7平9　　19. 马五进四　马5进4

无奈，如象3进5，则车八退七，马5退3，车八平二，黑无法应付。

20. 马四进三　士4进5

如炮9平7，则马三进四，士6进5，车四平五，将5平6，炮三平四，车4平6，车五进一，炮7平5，马四进六，红方迅速巧胜。

21. 兵三平二　车4平7　　22. 兵二平一　…………

红得车胜定，黑只是尽最后的抵抗之力。

22. …………　车7进2　　23. 车四平三　车7平6

24. 仕六进五　车6平3　　25. 车八平六　车3进2

26. 仕五退六　卒3进1　　27. 车六退二　卒3平2

28. 马三进二　炮9平8　　29. 马二退四　后炮进4

30. 车三退三　士5进6　　31. 车三平二

第24局　陈振国　先负　象棋世家

（2004年10月24日弈于台湾）

仙人指路转中炮对卒底炮飞右象

1. 兵七进一　炮2平3　　2. 炮二平五　象3进5

3. 马二进三　卒3进1　　4. 车一平二　卒3进1

5. 马八进九　车9进1　　6. 车九平八　车9平4

7. 仕六进五　车4进4

8. 炮五进四　士4进5

9. 炮五平一　马8进9

10. 炮八平四　马2进4

11. 相七进五　炮8平7

12. 炮一退二　卒7进1

13. 炮一平七　…………

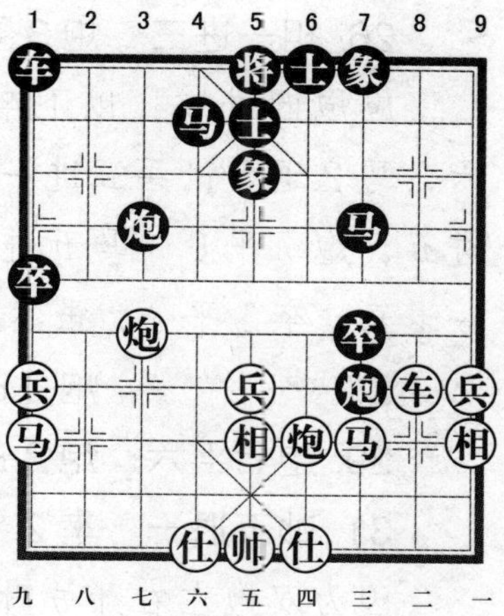

图24

如车二进六，则车4进1，炮四进一，车4退2，炮四进五，车1平2，兵五进一，车2进9，马九退八，马4进2，双方激烈对峙，各有千秋。

13. …………　卒1进1　　14. 车二进六　炮7进4

15. 相三进一　炮3进1　　16. 车八平六　车4进4

17. 仕五退六　马9进7　　18. 车二退三　卒7进1（图24）

19. 相五进三　…………

可考虑兵五进一，以下车1平2，相五进三，车2进6，仕六进五，车2平1，炮七退一，车1进1，车二平三，马4进5，炮七退三，马5进7，双方对攻，大致相当。

19. …………　炮7平1　　20. 车二进二　卒1进1

21. 车二平六　马4进2　　22. 相三退五　…………

如车六平八，则马2进4，车八平六，马4退6，仕六进五，车1进4，车六平九，炮1退2，相三退五，卒1进1，黑优。

22. …………　车1进4　　23. 车六平九　马2进1

24. 炮四进二　…………

如炮七退三，则炮3平5，相一退三，马1退3，炮七平三，马7进5，炮四进六，象5进7，黑优。

24. …………　炮1平4　　25. 兵五进一　炮4平7

26. 相一进三　炮3平2　　　27. 马九退七 …………

应炮四进二，以下卒1进1，马九退八，马1进2，马八进六，马2退3，兵五进一，炮2进1，马六进五，炮2平5，仕六进五，炮7平6，马五进六，马7进9，相三退一，马9进8，相一退三，卒1平2，虽然红处下风，但较实战的失子要强很多。

27. …………　炮2进4　　　28. 马三进五　卒1平2

29. 炮七平六　炮2进2　　　30. 帅五进一　炮2退1

31. 帅五退一　卒2平3

因为双炮左右开弓叫杀，红相不能离位去卒，所以红炮必失，故投子认负。

第12章　绿林英雄的手段

陈寒峰，1977年出生，浙江嘉兴人。从小受为当地名手的父亲陈鑫源影响及启蒙学习象棋，后入选省队，多年来是浙江队主力队员。1995年获首届全国象棋等级赛第2名，晋升棋协大师称号；2004年1月荣获“湘安杯”全国新秀邀请赛冠军；2005年5月在全国象棋等级赛上以8胜4和1负积10分的战绩夺得冠军，同时因胜率超过76%晋升为象棋大师；2005年获得全国个人赛第10名。2007年全国象棋大师冠军赛获得冠军，胜率超过76%，晋升为特级大师。

2004年11月28日（周日）19时30分，由杭州王棋友促成“象棋世家”与陈寒峰在弈天网进行两场测试对抗赛，“象棋世家”设置为200秒11层，机器为CPU Mark：180，结果陈大师以一胜一和胜出。

第25局　象棋世家　先负　陈寒峰

（2004年11月28日弈于弈天）

五八炮对反宫马

1. 炮二平五　马2进3	2. 马二进三　炮8平6
3. 车一平二　马8进7	4. 兵三进一　车9进1
5. 炮八进四　卒3进1	6. 马八进九　车9平4
7. 炮八平三　象7进5	8. 车九平八　车1平2
9. 车八进四　炮2平1	10. 车八进五　………

如车八平四，则士4进5，兵三进一，车4进7，车四平三，马3进4，车二进四，象5进7，车三平六，车2进8，炮五进四，炮6平5，仕四进五，双方激烈对峙。

10. ………… 马3退2　　11. 炮五进四　士4进5

12. 炮五平一　马7进9　　13. 车二进六　马9退8

14. 车二进二　车4进2　　15. 炮三进二　车4平7

16. 相三进五　炮6进4　　17. 车二退五　车7进2

18. 马三退五　…………

应炮三平一保留炮较好。

18. ………… 车7退4　　19. 车二平四　马2进3

20. 马五进七　马3进5　　21. 兵五进一　马5进7

22. 车四平三　车7平6　　23. 车三进一　车6进3

24. 兵九进一　象5退7　　25. 仕六进五　炮1平7

26. 车三平二　马7进6　　27. 车二平三　马6退7

28. 车三平二　马7进6　　29. 车二平三　马6退7

30. 车三平二　象7进5　　31. 兵五进一　…………

白白送兵，可惜！可以考虑车二退二，以下车6进2，兵七进一，卒3进1，相五进七，车6平7，马九进八，马7进6，相七退九，车7平9，车二平三，马6退7，车三平二，马7进5，相七进五，黑方虽有攻势，但红方无大碍。

31. ………… 车6平5　　32. 马九进八　马7进6

33. 车二平四　…………

如车二退三，则车5进1，马八退六，炮7进4，马六退四，炮7平3，兵一进一，车5平9，车二进五，车9平1，黑占优且多两卒，发展下去前途光明。

33. ………… 马6进7　　34. 帅五平六　象5进7

35. 车四退三　车5进1　　36. 兵七进一　卒3进1

37. 相五进七　车5平3　　38. 车四进四　…………

如兵一进一，则车3进1，仕五进四，马7退8，仕四退五，象7退5，车四进五，炮7进7，帅六进一，车3平2，车四平五，车2进2，帅六进一，炮7退2，车五退三，马8进6，相七进五，马6退5，相五进三，马5退3，黑优。

38. ………… 炮7平4　39. 车四退四　炮4平7
40. 车四进四　象7退9　41. 车四退四　马7退8
42. 车四进二　炮7进7　43. 帅六进一　马8退7
44. 车四进三　炮7平3　45. 车四平九　马7进5
46. 车九平一　车3退3　47. 马七进六　车3进3
48. 马六退七　车3退3　49. 马七进六　车3进3
50. 马六退七　车3退4　51. 马七进六　炮3退7
52. 帅六退一　车3平4　53. 马八进七　车4平2
54. 马六退七　车2进5　55. 前马退八　炮3进4
56. 马八退六　炮3退4

如车2进1，以下车一平五，马5进7，马七进五，马7进5，帅六进一，车2平1，黑胜势。

又如黑将5平4，帅六平五，车2进1，黑胜势。

57. 马六进八　炮3平4　58. 帅六平五　马5退7
59. 车一平三　马7进6　60. 车三退二　士5进6
61. 马八进六　炮4退1　62. 马六退五　车2平3
63. 车三平四　炮4平8　64. 仕五进四　炮8平5
65. 帅五平六　车3平4　66. 马五退六　将5平4
67. 帅六平五　将4平5　68. 帅五平六　炮5平4
69. 马七进五　马6进8　70. 车四平七　象3进1
71. 仕四退五　马8退6　72. 仕五进四　马6退7
73. 仕四进五　马7进8（图25）　74. 兵九进一　…………

应车七退一，以下车4退1，帅六平五，马8进7，帅五平四，红不能以炮换双马，那样车双兵双士可和车马。如黑选择不交换则战线将拉长，对红来说是期望得到的局面。

74. ………… 车4平1
75. 马六进七 车1进3
76. 帅六进一 车1退5
77. 帅六退一 马8进7
78. 车七进四 炮4进1
79. 车七退一 士6进5
80. 车七退三 车1平5
81. 马五退四 马7退6

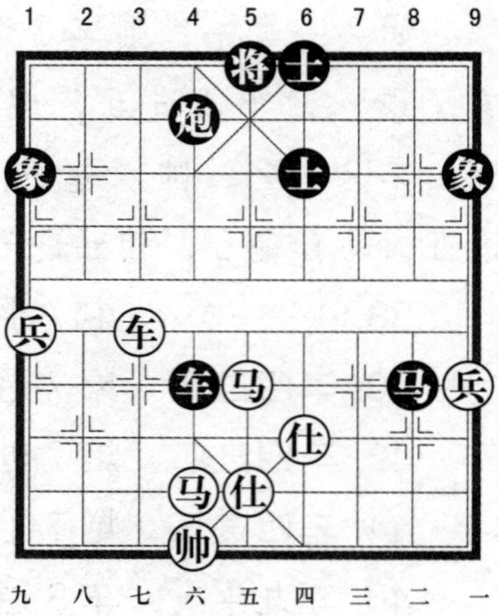

图25

82. 车七进三 炮4进4
83. 车七平九 马6进4
84. 马七退六 马4进6 85. 帅六平五 马6退8
86. 车九退四 马8退7 87. 车九退一 炮4退4
88. 马六进七 车5平3

第26局 陈寒峰 先和 象棋世家

（2004年11月28日弈于弈天）

过宫炮对进左马

1. 炮二平六 马8进7 2. 马二进三 车9平8
3. 兵三进一 炮8平9 4. 马八进七 卒3进1
5. 炮八进四 炮2平3 6. 相七进五 车1进1

此时黑方选择较多，另有马2进1、卒3进1及象7进5的变例。

7. 仕六进五 马2进1 8. 炮八进一 车1平7

如象7进5，则车九平八，车8进4，车一平二，车8进5，马三退二，炮9进4，炮六进五，马7退8，炮六退一，车1平6，各攻一翼，各有千秋。

9. 马三进四　炮3进1

10. 车九平八　…………

如炮八平一，则象7进9，车九平八，卒7进1，兵三进一，象9进7，车一进二，车8进5，车一平四，象7退5，均势。

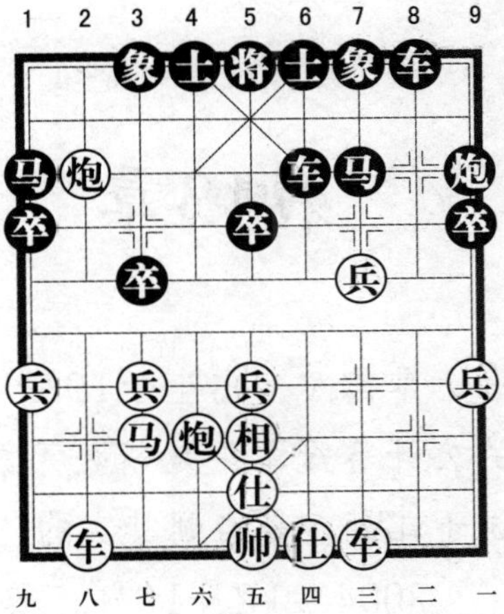

图26

10. …………　车7平6

11. 马四进三　炮3平7

12. 兵三进一　炮7进6

13. 车一平三　车6进1（图26）

14. 炮八平三　…………

应炮八退三保持攻击子力，以下士6进5，炮八平一，车8进6，兵三进一，马7退6，车八进四，车8平5，炮一平三，红优。

14. …………　车6平7

15. 车八进六　车7平4

16. 兵七进一　卒3进1

17. 相五进七　士4进5

18. 炮六平五　炮9进4

19. 炮五进四　象7进5

20. 相七退五　车8进7

21. 兵三平四　炮9进1

22. 马七退六　车4进6

23. 兵五进一　炮9平5

24. 炮五退四　车8平5

25. 车八退五　…………

如兵五进一，则车5退1，均势。

25. …………　车4平2

26. 马六进八　车5退2

27. 车三进六　车5平2

28. 马八进六　车2进4

29. 仕五退六　车2退5

30. 车三平九　车2平6

31. 车九平一

第13章　酣战羊城绿林王

黎德志，出生于1972年，多次获得广州甲州赛冠军，至于其他的公开赛冠军更是斩获无数。然而广东棋坛藏龙卧虎，黎君只能弈游于江湖，是名副其实的“羊城绿林王”。

2004年12月10日，黎君与知名软件“棋海无涯”做了两局对抗赛，此时“棋海无涯”尚在发展时期，与黎君水平尚有一小段差距，但留下宝贵的两局棋却见证了一个软件发展所留下的坚实足迹。

首局“棋海无涯”布下中炮直横车，黎君应以屏风马两头蛇，一番大战以和收场，次局黎君知人脑难抵软件开局库，故起手上马，然后双马屏风出横车，果然开盘不久即让软件脱谱，此后放开手脚，紧抓黑7路炮的弱点不放，软件久峙不下弃炮食马，顿时造成左翼空虚，最后被黎君车兵联手攻陷王城。

第27局　棋海无涯　先和　黎德志

（2004年12月10日弈于弈天网）

中炮过河车七路马对屏风马两头蛇

1. 炮二平五　马8进7	2. 马二进三　车9平8
3. 车一平二　卒7进1	4. 车二进六　马2进3
5. 马八进七　卒3进1	6. 车九进一　炮2进1
7. 车二退二　象3进5	8. 兵七进一　炮8进2
9. 兵三进一　炮2进1	10. 车九平七　…………

另有最常用的变化为车九平六。

10. ………… 士4进5　　11. 马七进六　炮2进1

12. 兵三进一　象5进7　　13. 马三进四　炮2平4

14. 马四进二　炮4退1　　15. 炮五平三　车1平2

如马7进8，则兵七进一，炮4平5，相三进五，象7退5，兵五进一，炮5平6，车七平二，车1平2，前车进一，车8进4，车二进四，炮6退2，兵七进一，红优。又如象7退5，炮三进四，卒5进1，炮八平三，马7进5，马二进三，马5退7，兵七进一，炮4退3，车二进三，红优。

16. 兵七进一　车8进4　　17. 车二进一　炮4平8

18. 炮八平七　象7退5　　19. 炮七进五　马7进6（图27）

20. 炮三平五 …………

如车七进二勉强力保中兵，则炮8平3，相七进五，车2进8，炮七退一，卒9进1，炮七平六，炮3平4，红为保中兵而纠结，难有发展，黑优。

20. ………… 马6进5　　21. 仕四进五 …………

如炮七退一，则马5退7，仕六进五，马7进8，车七进二，马8进7，车七平二，炮8平5，车二平五，均势。

21. ………… 炮8进5

22. 相三进一　马5进7

23. 仕五进四　马7退6

24. 车七进二　象5进3

25. 炮七退一 …………

如车七进二，则马6进4，车七平四，车2平3，炮七平六，车3进9，仕四退五，车3退2，相一进三，车3退2，黑优势。

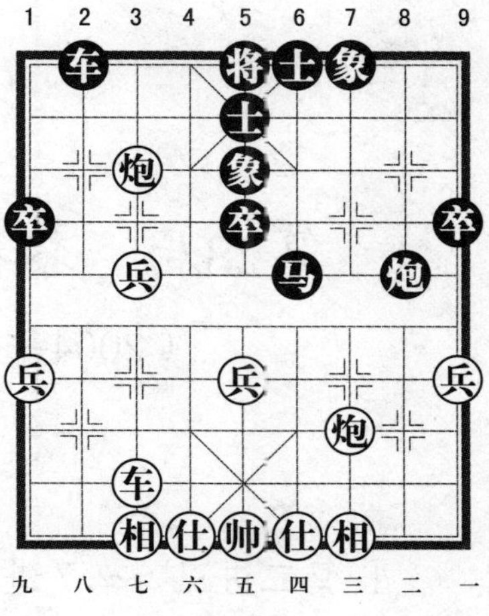

图27

25. ………… 卒9进1　　26. 仕四退五　象3退5
27. 车七平四　车2进5　　28. 炮五平四　马6退4
29. 车四平六　马4进6　　30. 车六平四　马6退4
31. 车四平六　马4进6　　32. 车六平四　马6退4
33. 车四平六　马4进6　　34. 车六平四　马6退4
35. 车四平六　马4退3

此种情况红应变着，但黎大师考虑还是不与机器计较，主动变着。

36. 相七进五　车2平3　　37. 炮七平八　卒9进1
38. 车六进三　车3进1　　39. 兵一进一　炮8退6
40. 炮四进四　马3进2　　41. 车六退一　马2进1
42. 兵一进一　车3退2　　43. 车六平七　象5进3
44. 兵一平二　炮8退1　　45. 炮四平一　炮8平2
46. 炮八退三　卒1进1　　47. 相一进三　炮2进3

如果黑方炮2平4期待保留马和边卒以期有更多的变化，则红炮一退一，黑依然难以达到两个子力都保留，其本和势。

48. 炮一退三　马1进2　　49. 炮八退一　卒1进1
50. 兵二平三　卒1进1　　51. 炮一退二　卒1进1
52. 炮一平八　炮2进3

第28局　黎德志　先胜　棋海无涯

（2004年12月10日弈于弈天网）

起马局

1. 马二进三　卒7进1　　2. 兵七进一　马8进7
3. 马八进七　车9进1　　4. 车一进一　马7进6

5. 车一平四　马6进7

如炮8进2，则炮二进二，炮2平7，相七进五，马2进3，炮二平四，象3进5，车九平八，车1进1，马七进八，双方对峙。

6. 车四进五　…………

如车四进三，以下炮8平7（如象3进5，则炮八进一，炮8平7，炮八平三，炮7进4，相三进五，车9平8，炮二进二，马2进4，车九进一，车1平2，车九平六，炮2进5，兵五进一，车2进6，均势），车九进一，车9平8，马七进八，马2进1，马八进九，炮2平5，马九退八，卒5进1，黑方主动。

6. …………　车9平7　　7. 车九进一　卒7进1

8. 相三进五　马2进3　　9. 炮八进二　卒7平6

10. 车四退二　马7进5　　11. 炮二平五　车7进6

12. 车九平二　士4进5　　13. 马七进六　车7退1

14. 马六进七　车7平9

贪吃！应炮8平6，以下车四平三，车7退1，炮八平三，象3进5，车二平八，炮2平1，马七进九，车1进2，兵七进一，马3退4，兵七进一，车1平4，炮五进四，车4进4，炮三平五，车4平3，车八进五，炮6进1，车八平九，炮6平3，相七进五，基本相当。

15. 兵七进一　车9平5　　16. 车四平三　车5平3

17. 车二进四　炮8平7

如车3进3，则仕四进五，炮8平6，炮八平九，车1平2，炮五平八，炮2平1，兵七平八，车2平1，炮八平三，象7进9，车二进三，车3退3，炮九进三，象3进1，马七进五，车1平3，车三平七，前车平7，炮三平七，红优。

18. 炮八平九　车1平2　　19. 炮九平八　车2平1

20. 炮八平九　车1平2　　21. 炮五平八　炮2平1

22. 炮九平八　车3平2

如车2平1，则前炮平七，车3进1（如炮1平2，炮七平九，象3进1，炮九进三，车1平3，炮八平四，红优），炮八退一，卒1进1，马七进九，炮7平5，仕四进五，车1进2，兵七进一，车3平2，炮八平九，车2平9，炮七平五，马3退4，炮五进三，象3进5，红方占位较好。

23. 兵七平八　炮1平2　　24. 前炮进三　后车进2

如炮7平2，则炮八平三，象3进5，马七退六，前车平5，仕四进五，车5退2，车二平五，卒5进1，兵八进一，炮2平1，兵八平七，马3退4，马六进四，车2进6，马四进二，炮1退1，兵九进一，黑方受制，红方优。

25. 车二退三　…………

正确。如车三平八，则前车退1，马七退八，马3退4，仕四进五，炮7进3，兵八进一，炮7平5，炮八平五，车2平7，车二平四，双方形势相当。

25. …………　马3退4

也可以马3退2，以下仕四进五，后车平3，兵八进一，炮7平6，炮八平七，车3平4，马七退八，象3进5，双方相峙。

26. 仕四进五　后车平3

27. 兵八平七　象3进1

28. 兵七平六　车3进1

29. 车三进三　象7进5

30. 炮八平三（图28）　车3进4

应象1退3加强防御！以下炮三进四，车3进3，炮三平二，车3平7，车三退四，车2平7，炮二平九，马4进3，炮九进三，士5退4，兵六进一，车7平1，车

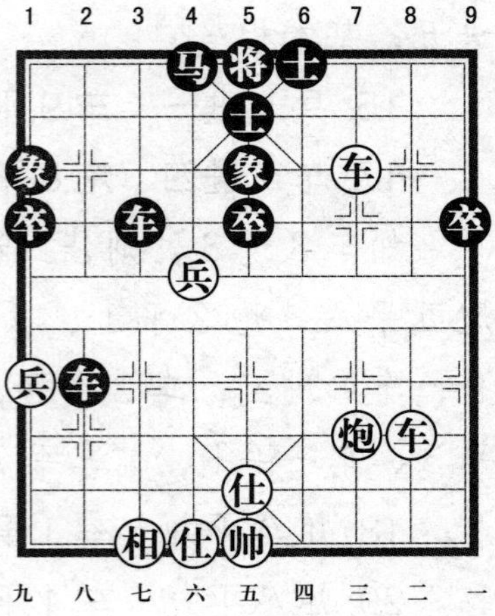

图28

二平九，车1进1，相七进九，卒5进1，兵六进一，马3进4，基本和势。

31. 炮三平五　车2平5

应车3退4，以下炮五平三，象1退3，炮三进四，车3进3，炮三平二，车3平7，车三退四，车2平7，基本和势。又如车3进2，炮五进二，车3退3，炮五平二，车3平7，炮二进五，象5退7，车二平三，车7进1，车三退五，车2平1，车三进七，车1平8，炮二平一，象1退3，红小优，但并不容易获胜。

32. 兵六进一　象1退3　　33. 兵六进一　车3退6

应果断士5进4，以下炮五进四，车5退3，车二平七，车5进3，车七平九，马4进3，车三退一，车5平3，相七进五，卒9进1，车三退二，车3退2，车九退二，士4退5，红边兵难渡，黑方可和。但兵卒类残局一向是软件的软肋，往往比人难以判断向和棋发展的大势。也可车3退1，则兵六进一，车3平4，红方并不容易打入。

34. 车二进六　卒5进1

黑中车被牵，无法离开，只能无奈进卒，坐以待毙。

35. 车二平四　卒5进1　　36. 车三退三　卒5平6
37. 车三进五　卒9进1　　38. 车三平四　士5退6
39. 车四平七　象3进1　　40. 兵六进一　卒9进1
41. 车七平九　象1进3　　42. 车九退二　卒9平8
43. 车九平七　象3退1　　44. 车七进一　象1进3
45. 车七退二　士6进5　　46. 车七进三

第14章　人机合一　天地争霸

象棋软件已经被研发应用多年，但它到底发展到了什么程度，和职业棋手还有多大的差距，这是广大象棋爱好者普遍关心的话题，不同的拥趸者也一直为此争论不休。为了进一步验证，由弈天网络华工联队元老棋友“国航”出面联系到有“棋坛梦之队”之称的广东省象棋队，促成一场万众瞩目的“网络华工联队人机大师对职业大师对抗赛”。当时的象棋软件由于大局观不强、残局差等弱点，还不具备完全对抗大师的棋力，于是一些棋手把人的长处和棋软的优点结合起来，由人有选择地参照软件分析的结果下棋，这就是“人机合一”。网络中最初由“涵弈人王”“凌未风天帝”“含笑至尊”拉开“人机合一”的序幕，“飞鸿踏雪人王”“小聪明天帝”“李谧至尊”等人的出现更是将“人机合一”的威力发挥到了极致，2005年度网上帮派超级联赛中的“弈海棋缘”帮派依靠人机结合夺冠，更是显示了“人机合一”的强大威力。

“人机合一”的出现，使许多职业棋手在网络棋赛中很难取得佳绩，故广东象棋队对此次对抗赛表现出高度的重视，派出了包括岭南双雄在内的特级大师吕钦、许银川及大师陈富杰、黄海林、李鸿嘉五位象甲联赛主力棋手，他们也都是当今中国棋坛的风云人物。而华工联队更是从弈天当红“人机”高手中精选出五名好手参加此次对抗赛，分别是“绝情刀人王”“飞鸿踏雪人王”“梅花雨至尊”“classic至尊”“含笑至尊”，他们都是笑傲网络弈林的顶级杀手。

9月24日上午，广州市假日酒店，“网络华工联队人机大师对抗赛”准时开赛，此时网络上已经聚集众多的棋友通过互联网直播观战。首轮交锋中，同执先手的吕钦、许银川特级大师不约而同选择了马八进七的起马局开盘，两位特级大师看来是想测试“人机”棋手阵形转换的功夫，而他们的对手“含笑至尊”“绝情刀人王”均应以卒3进1。吕钦特级大师艺高人胆大，交锋仅十三个回合就弃去右象展开激烈对攻，“含笑至尊”在左翼虽呈愚形，但依靠棋软强大的计算能力，兵来将挡水来土掩，一番交换后集车双炮于一侧形成攻势，并以精准的计算谋得一子，终令吕特大投子认负。

许特大则体现出一贯的许氏风格，马踏边卒后一路兵急速推进，以稳健的着法控制了右翼局面。而“绝情刀人王”以牙还牙，车炮马双卒联合作战控制住中路并窥视许特大的左翼。在对峙局面下，“人机合一”充分显示出细腻的中局功夫，以凶狠的着法破掉红方仕相并中卒疾进攻王，匆忙中许特大无法找到破城之法超时作负。

其他对局，“classic至尊”持先对阵李鸿嘉大师选择了稳健的五七炮进三兵，李鸿嘉在开局时一着不慎以致边马被困，便将局势扰得异常混乱以图火中取栗，然而这正适合棋软发挥强大的计算能力，得子后的“classic至尊”以犀利的弃子攻杀先下一城。“梅花雨至尊”的对手是陈富杰大师，双方以仙人指路对飞象开局，输攻墨守经过三十七回合的较量后波澜不惊地成和；黄海林大师和“飞鸿踏雪人王”选择了斗顺炮，持后手的“飞鸿踏雪人王”在处理双象上不够谨慎，导致双象被破后无法稳固防线而被黄海林大师击败！至此上午结束第一轮对抗后，广东象棋队方竟以一胜一和三负败北，其中尤以岭南双雄执先情况下双双告负令人瞠目。

作为网络象棋特有的产物“人机合一”，其中也一直都存在两种流派：一种流派认为“人机合一”中人占主要因素，不仅因为棋手可以修正软件的错误，而且棋手对局面的理解很重要，例如在是否兑子、在攻防转换和局势判断时的选择上都应完全由人来做主，这一观点持有者简称为“人派”，很有些剑为我用的侠士风范。“含笑至尊”就是“人派”的主要代表人物，他这回参赛所用的“棋隐”软件就是应用时间最长的象棋软件之一。论棋力，该软件和目前几款流行的商业棋软均有一定差距，可“含笑至尊”自身的棋力较强，再加上运用“棋隐”达到了炉火纯青的地步，在网络棋坛依然是顶级水平。

另一种观点认为“人机合一”中机器占主要因素，依靠高性能的电脑充分发挥棋软强大的计算能力，完全可以弥补人脑和技战术水平的不足，这一群体简称为“机派”。他们虽也肯定人的选择，但更多是依靠机器的算法做出分析，如同充分利用坦克大炮等重武器的优势去打击敌人，属于典型的野战部队攻坚作风。目前“人机”棋手中多数是“机派”，“classic至尊”与“绝情刀人王”在此次比赛中所使用的棋软是“象棋奇兵”1.04高级版，所使用的电脑更是双核CPU高性能机型，使得运算速度大幅度提高。

下午3时，双方换先再战。“含笑至尊”与特级大师吕钦以五八炮对屏风马开局，中局大兑子后形成炮双卒对马兵仕相全的残局，显然吕特大是想检测一下棋软的残局应对，结果一番纠缠后弈成和棋。“绝情刀人王”与特级大师许银川下的也相当稳健，双方由士角炮转顺炮拉开战幕，经过中局转换后，红多一象但黑兵种齐全，双方均难以进取握手言和。这两局吕许双雄虽竭力争胜，无奈“含笑至尊”与“绝情刀人王”走的十分稳健，终令岭南双雄无功而返。另外的三台比赛中陈富杰大师先手平稳弈和“梅花雨至尊”，李鸿嘉大师再度失手于“classic至尊”，而“飞鸿踏雪人王”持先大战黄海林大师，“飞鸿踏雪人王”急于扳回一局，而黄大师则想乘胜再下一城，两人杀得难解难分，黄海林大师一度以车马卒围攻帅府，攻势甚强，但均被“飞鸿踏雪人王”依靠棋软精准的计算能力一一化解，双方激战123回合成和。

至此两轮过后，广东职业大师队以3.5：6.5大比分溃败，如此悬殊的结果令人始料未及。“梦之队”轰然倒地，棋坛为之震惊。比赛虽已结束一些日子，没想到争论却愈演愈烈，大家对用时设定、临场对弈技巧方面提出很多不同见解：一方观点认为取得唯一胜局的黄海林经常上网下棋，熟悉“人机”特点，掌握对弈技巧，反方则认为“飞鸿踏雪人王”是此次派出的最弱选手，网上此前已经有评论分析认为只有他可能亏分。同时，熟悉广东队的人士则认为吕钦、许银川等人对“人机合一”不熟悉甚至存在认知误区，战略上有严重的判断失误。例如在中局部分和对手纠缠过多，而中局复杂局面计算则是计算机的最强项。的确，以上种种因素都对此次结果有直接的决定性影响。

但是，计算机软件的优势显而易见，不仅可以有效减少昏着、漏着的产生，也回避了棋手凭经验和感觉下棋的现象，尤其是中局复杂盘面下的精准计算令人侧目。据一些经常使用电脑下棋大师反映，以往一些已成定论的局面经过电脑的深度运算，却得到完全相反的结论。从国外的经验看，计算机软件的引入对国际象棋的推广、普及和整体水平提高，起到了极大的促进作用。

20世纪90年代号称“电脑象棋之父”的台湾大学许舜钦教授就曾预言电脑战胜人类的时间是2010年，而当时棋软只是达到业余好手的水平，电脑象棋战胜人类这是发展的必然，就像人类发明的汽车最终在速度上甩掉人类一样。那么中国象棋的魅力是否会消失呢？答案当然是否定。竞技体育的目标是更高、更快、更强，在“更深的蓝”电脑国际象棋软件击败当世最伟大的国际象棋棋手卡斯帕罗夫之后，国际象棋运动仍然是蓬勃地发展。

第29局　吕钦　先负　含笑

（2005年9月24日弈于广州）

起马局

“含笑”本名韩晓东，辽宁阜新人，此次所用软件为“雷霆”软件和“棋隐”两个软件合一。

1. 马八进七　卒3进1

吕钦采用起马局想避开黑方电脑强大的布局库，准备跟黑方较量散手棋。此步挺卒制马，同时自己马路通畅，是后手方采用最多的应着。

2. 兵三进一　马2进3　　3. 马二进三　车1进1

4. 炮二平一　…………

平边炮准备快速出动右车，这里也可以走车九进一，等待黑车的动向再做决定。

4. …………　车1平7　　5. 炮八进四　马3进4

6. 车一平二　象7进5　　7. 车二进五　卒7进1

8. 炮八平一　…………

如急于兵三进一，则车7进3，车二平三，象5进7，炮八退一，马4进3，炮八平三，炮2平7，黑方主动。

8. …………　马8进6　　9. 车九平八　车9平7

10. 车八进四　…………

前面这段着法，在前几年的比赛中也曾多次出现过。这时如改走前炮平九，则马4进3，车八进三，卒3进1，相七进五，卒7进1，相五进七，卒7进1，马三退五，前车进3，车二平三，车7进4，炮一平二，炮2平3，双方激烈对峙。

10. …………　马4进3　　11. 马三退五　炮2平3

12. 马五进四　炮8平7　　13. 兵三进一　…………

吕帅不惜弃相取势，强子齐聚右翼对黑方发起猛烈攻势。

13. …………　炮7进7　　14. 仕四进五　象5进7

15. 后炮平三　炮3平7　　16. 炮三平四　象7退5

17. 车八平四　…………

这时红如果继续走炮四平三打车，黑象5进7，炮三平四，双方不变作和。但是吕特大怎么会轻易拿个先手求和呢？

17. …………　后炮平9

黑方平炮弃子正确，不能马6进7逃马，因红有炮一平五，士6进5，车四进二，红大优。

18. 车四进四　前车平6　　　19. 炮四进六　车7进6

20. 炮四退二　炮7平9

黑方平边炮软着，看似无可非议，但还是改走炮9进4打兵更为积极。红接着可能是炮一平五，士4进5，炮四平二，车7平6，炮二进三，炮7退9，车二平七，将5平4，车七退二，车6平8，黑得回一子形势乐观。

21. 炮一平五　士4进5　　　22. 仕五进四　车7平6

23. 车二平七　…………

红平车杀卒随手，应炮四平二叫杀，黑只能将5平4，炮二进三，将4进1，炮二平七，卒3进1，车二退一，后炮进2，车二平七，后炮平5，仕六进五，车6平8，车七平六，士5进4，帅五平六，炮5平4，车六平七，红优。

23. …………　将5平4　　　24. 车七退二　车6退3

25. 炮五退一　后炮平8　　　26. 车七平六　士5进4（图29）

27. 兵五进一　…………

可能是时间紧张的缘故，红冲中兵马上露出破绽，被黑进车捉兵立即陷入困境，改走车六进一巡河较为顽强，以下车6进4，相七进五，车6平8，马七进八，车8进2，帅五进一，炮9退1，相五退七，车8退3，帅五平六，车8平5，车六平四，士6进5，炮五进三，炮8进6，帅六进一，车5平3，车四平二，车3进2，炮五平一，炮9退7，车二进五，将4进1，车二退一，将4退1，车二

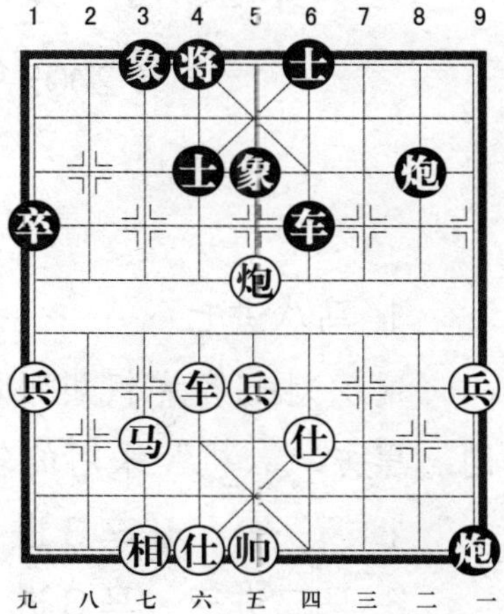

图29

平一，车3进1，帅六退一，红方易走。或者马七进八，以下车6平8，车六进一，车8进6，帅五进一，车8退1，帅五退一，车8退2，车六平五，红优。

27. ………… 车6进2　　28. 炮五平六　将4平5

29. 炮六平八　车6平5　　30. 车六平五　炮8进7

31. 帅五进一　车5平3　　32. 炮八进四　象3进1

33. 车五进四　士4退5　　34. 车五平二 …………

由于前面的失误，导致现在局面加速崩溃，现平车捉炮无奈，如果马七进五逃马，则车3进3，帅五进一，炮9退2，马五退三，炮8退2，车五平三，车3平7，黑胜。

34. ………… 炮8平3　　35. 车二平九　车3进2

36. 炮八退五　车3进1　　37. 帅五进一　将5平4

38. 炮八平六　车3退3　　39. 车九平六　将4平5

40. 车六退一　卒1进1　　41. 车六退一　炮3平1

42. 仕四退五　车3进2　　43. 仕五进六　炮1退2

第30局　许银川　先负　绝情刀

（2005年9月24日弈于广州）

起马局

1. 马八进七 …………

这次对抗赛许银川跟吕钦都不约而同的采用了起马局，意图相同。黑方“人机”采用的软件为“象棋奇兵”。

1. ………… 卒3进1　　2. 兵三进一　马2进3

3. 马二进三　马8进9

黑方跳边马形成单提马之势，是谋求稳健的选择，此时采用最多的是车1进1，然后平7路兑兵打通7路线进行反击。

4. 车一进一 …………

红没有采取兵一进一挺兵制马，而提横车快速出动大子，着法新颖。

4. ………… 象3进5

飞右象巩固阵地，也可车1进1。

5. 车一平四 车9进1 6. 马三进二 马3进4

进马避兑主动兑炮正确，打破红方左炮右调的计划。如炮8进5，则炮八平二，车1平2，车九平八，炮2进4，车四进三，红方易走。

7. 炮二进五 炮2平8 8. 车九平八 车9平2

黑方左车右调比较灵活，不过也可以考虑车1平2出动右车牵制红方左翼车炮，红如果接走车四进六捉炮，黑可以炮8进2，炮八进三，炮8平5，仕四进五，马4进3！黑方优势。

9. 马二进一 士4进5 10. 兵一进一 炮8平6

11. 兵一进一 车1平4 12. 马一进三 车2进5

也可直接马4进3踩兵实惠，以下红兵一进一，马9退7，兵一平二，车2进2，均势。

13. 兵一进一 马9退7 14. 兵一平二 马4进3

15. 兵二平三 马7进9 16. 前兵平二 马3退4

17. 车四进一 …………

含蓄之着，为下步退炮做好准备。

17. ………… 卒3进1 18. 炮八退一 …………

退炮是上步提车的连续手段，准备左炮右调，马上解决了左马将要面临黑方卒3进1的威胁。

18. ………… 车4进3 19. 炮八平三 …………

应炮八平五，以下黑车2进3，马七退八，马4进5，相七进五，将5平4，炮五平六，将4平5，车四进一，马5进3，马八进七，车4进5，相五进七，黑边马受困，红多兵好走。

19. ………… 车2进3

20. 马七退八　马4进5

21. 相七进五　卒5进1

22. 车四平二　车4平6

23. 马八进六(图30) …………

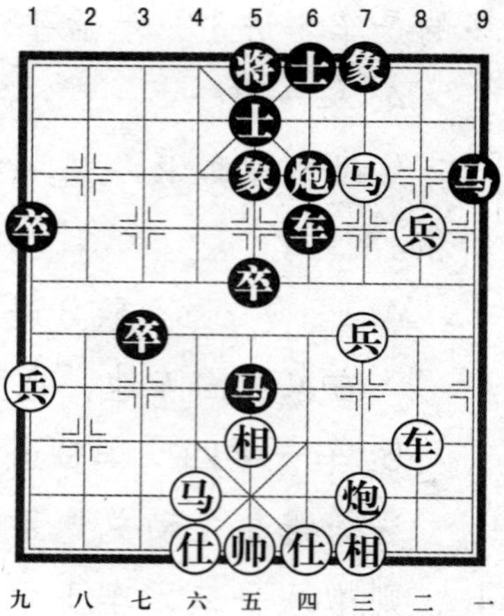

图30

如图形势，红上马捉黑马软招，错过了一个占优的机会，应炮三平五打马，黑卒5进1，兵二进一，车6平7，马八进六，马5进3，炮五平三，象5进7，炮三进四，红方优势。

23. ………… 马5进3　　24. 仕六进五　马3退4

25. 仕五进四 …………

如相五进七，则车6进3，车二平六，卒5进1，炮三进一，车6退3，双方对峙，大致相当。

25. ………… 马9退7　　26. 车二进一　卒5进1

27. 兵三进一 …………

过兵急躁，先相五进七消灭过河卒为好。

27. ………… 车6平4　　28. 仕四进五　马4退5

29. 兵三进一　马5进6　　30. 相五进三　炮6进2

31. 相三进五　炮6平7　　32. 炮三平四　卒3平4

33. 马三退一　炮7平5　　34. 兵三进一 …………

劣着，冲兵后自己的马兵位置反而十分尴尬，应马一进二！以下象5退3，车二平七，象3进1，炮四平三，卒4进1，车七平八，红方不差。

34. ………… 马7退9　　35. 炮四进三 …………

换马加速崩溃，应帅五平四躲开黑方的炮火。

35. ………… 卒5平6　　36. 马一进二 …………

还是应走帅五平四。

36. ………… 车4平3　　37. 马六进八　卒6平7

38. 马二退三　炮5退1　　39. 车二平八　车3进4

40. 兵二进一　车3平5

红方由于前面时间紧张，连续出现软招，被黑乘机吃掉双相，至此败势已定。

41. 帅五平六　炮5平4　　42. 帅六平五　卒7进1

43. 车八进三 …………

如车八进一，则炮4平5，帅五平六，卒7平6，车八进二，炮5进2，马三退五，象5退3，车八进三，象7进5，黑优。

43. ………… 炮4退1　　44. 马三退四　卒7平6

45. 帅五平四　卒4平5　　46. 马四进二　卒6进1

47. 车八进三　炮4退2　　48. 仕五进四　车5平6

49. 帅四平五　卒5进1

至此红已经无法防守，败势已定。

50. 马八进七　车6平8　　51. 马七进八　车8平5

52. 帅五平四　车5平3　　53. 马二进四　卒5进1

54. 兵三进一　象5退3

红方眼看着黑方下步冲花心卒做绝杀，但是却毫无办法不得不投子认负。此时黑落象是周全的防守之着，如急于卒5进1，则红马四进六捷足先登杀王。

第31局　黄海林　先胜　飞鸿踏雪

（2005年9月24日弈于广州）

中炮对顺炮缓开车

1. 炮二平五　炮8平5　2. 马二进三　马8进7
3. 车一平二　卒7进1　4. 马八进七　马2进3
5. 兵七进一　炮2进4

黑方采取飞炮过河是顺炮缓开车早期的下法，可以考虑走车1进1挑起比较复杂激烈的对攻，效果可能会对“人机”方有利。

6. 马七进六　炮2平7　7. 车九平八　车9进1
8. 炮八平七　车9平4　9. 马六进七　车4进2
10. 相三进一　车1平2　11. 车八进九　马3退2
12. 车二进四　炮5平3　13. 马七退六　炮3进5
14. 马六退七　象3进5　15. 兵九进一　车4进3

如车4进1则双方平稳。

16. 马七进六　马2进3　17. 仕四进五 …………

红补仕不够积极，应马上走马六进七压马，可以防止黑方上马挡住去路。

17. …………　士4进5（图31）

“飞鸿踏雪人王”跟着红方补仕随手，应当机立断走马3进4顶住红马去路，红方如果炮五平九，以下车4平3，炮九平六（如相七进五，则马4进2！炮九平六，马2进1！黑先手），车3平

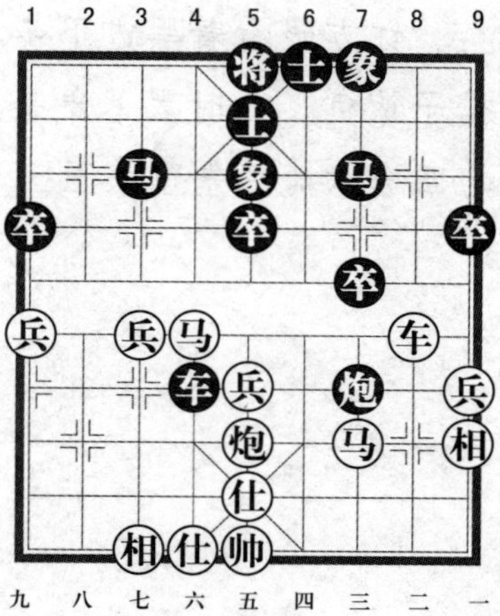

图31

4，黑方足可应付。

18. 马六进七　车4平2　　　19. 车二平四　车2退3

20. 炮五平七　车2进4　　　21. 炮七平六　车2退4

22. 马七退六　…………

由于这次比赛用的是亚洲规则，黑方允许一子分捉两子，所以黄海林主动抢先变招。

22. …………　车2进2

如改走马3进2，红方有马六退五捉炮抢先的连续手段，以下炮7平8，车四平二，炮8平6，车二进三，马7进6，兵七进一，象5进3，车二退四，马6进4，兵五进一，马4进5，车二平四，马5退4，车四平六！马4退3，炮六平八，马2进3，炮八平五！车2进3，炮五进一，红得子。

23. 相七进五　马3进2　　　24. 马六进七　车2进1

25. 车四退一　马7进8　　　26. 车四进五　车2平4

弃象失策，应走马2退4卡着红马吃象比较顽强。

27. 马七进五　马2进3　　　28. 马五进七　车4退5

29. 马七退八　马3进1　　　30. 炮六平八　马1退2

31. 车四退三　象7进5　　　32. 炮八平六　…………

平炮有点不够利落的感觉，可以即走车四平八捉马。

32. …………　马2进1　　　33. 炮六平八　马1退2

34. 车四平八　马2进3　　　35. 马八退六　卒5进1

36. 炮八退一　…………

这时红方还有更强的手段即兵五进一！黑方如果卒5进1吃兵，红马六进四，马8退9，马四退二，红方得子；再如走马3退4，红炮八平六！卒5进1，马六进五，马4进5，炮六进三！红方攻势猛烈，黑方无法防守。

36. …………　马3退4　　　37. 炮八平六　士5退4

黑方应卒7进1，以下相一进三，士5退4，马六进五，马4

进6，马五退六，车4平6，车八进二，激烈对峙。

38. 车八进二　卒7进1

黑冲卒无可奈何，逃象红车八平二，马8退7，车二退三，黑马被捉死。

39. 车八平五　士4进5　　40. 车五退二　马8进6

41. 车五退一　马6进7　　42. 车五平六　马7退5

43. 兵七进一　马5退4　　44. 炮六进四　车4进2

45. 炮六平五

最后由于红方优势太大，黑方无力抵挡投子认负。

第32局　Classic　先胜　李鸿嘉

（2005年9月24日弈于广州）

五七炮对屏风马

1. 炮二平五　马8进7　　2. 马二进三　车9平8

3. 车一平二　卒3进1　　4. 马八进九　马2进3

5. 炮八平七　马3进2　　6. 车九进一　象7进5

7. 兵三进一　卒1进1　　8. 车九平六　马2进1

黑方选择了马踩边兵捉炮，没有走流行的卒1进1兑兵通车变例，可能是想打乱红方的准备吧。

9. 车六平八　炮2平4　　10. 炮七退一　车1进3

11. 车八进二　卒1进1　　12. 车二进四　…………

升车既可以暗伏弃兵谋子的手段，又可以阻止黑方炮8进4的封锁，一举两得。

12. …………　车1平4　　13. 兵三进一　…………

弃兵继续贯彻得子的计划。

13. ………… 卒7进1　　14. 车二平九　车4进5

15. 车九平二 …………

平车右路老练，不能车二平一吃马，因为黑有炮4平1打车兑马得回一子，红反而吃亏。

15. ………… 炮4平1　　16. 炮七进一　车4退1

17. 炮七平八　炮8退1　　18. 车二平八 …………

如马三进四，则卒7进1，车二退二，炮8平5，车二进七，马7退8，仕四进五，车4退2，马四进三，车4平1，黑子力倾轧，红易走。

18. ………… 卒7进1　　19. 仕四进五　车4平3

20. 后车平九　卒7进1　　21. 马三退四　卒3进1

黑方冲卒错过了一个千载难逢的反击机会，应炮8进8！红方虽然有多种选择，但也难以找到理想的方案，如炮五平六，则士6进5！车九平八，车3进2，前车平三，炮1平4，车三平六，炮4进5，车六退二，炮8平9，红方缺相子力受制，虽多一子，但黑子力占位极佳，红方形势恶劣。再如走车八进四，炮1平4，炮八进五，炮8平9，炮五平六，炮4进7！红方立即崩溃。

22. 车八进三　士6进5

如炮8进8，以下马九退八，车3退1，车九进四，象3进1，车八平五，士4进5，车五平三，车3进3，炮五进四，士5进6，车三平四，车3平2，车四平五，将5平4，炮八平六，车8进3，红攻势不能长久，黑小优。

23. 车八平五（图32）…………

红方弃车砍象着法凶悍！由

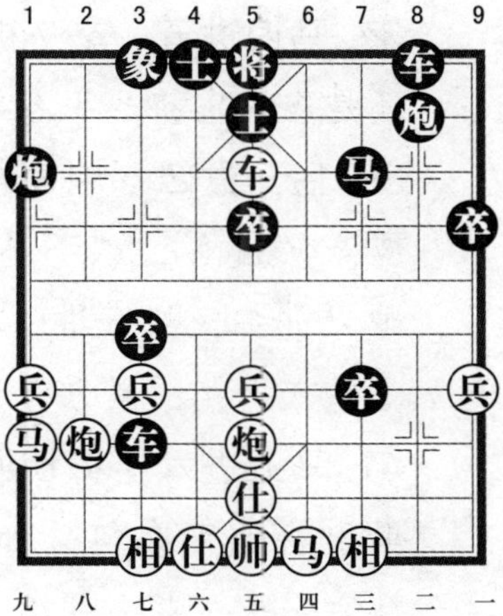

图32

此打破了黑方防线，是全局的精彩点！

23. ………… 象3进5　　24. 炮八进七　象5退3

25. 车九进四　车8平7　　26. 车九平七　车3平2

27. 车七进二　卒3进1　　28. 仕五进六　卒3进1

29. 炮五平七　车7平6

平车好像不如炮8进8牵制红马稳妥，红方如续走炮七进二，则车2退6，仕六进五，车7平6，炮八平九，卒5进1，黑可抗衡。

30. 炮七进二　车2退6　　31. 马九进七　车6进2

改走车6进6较为积极。

32. 马七进五　将5平6　　33. 仕六进五　炮8进5

软着，应车2进8沉底捉相叫杀，红炮七平六，车6平4，黑还可以坚持。

34. 炮七进四　炮8平5　　35. 帅五平六　将6平5

36. 炮七退五　马7进6

由于时间太紧，黑方没有走出最佳应着，现在应该将5平6出将，红方如果马五进三，车2退1！车七平八，车6平3！马三退五，卒5进1，相三进五，卒5进1，炮七平三，黑方有过河卒形势不差。

37. 马四进五　卒7进1　　38. 炮七平六　炮5平8

还是应该出将5平6躲开红炮威胁。

39. 后马进四　炮8进3　　40. 相三进五　马6进8

应卒7进1，以下马五退七，马6进8，马四进六，将5平6，帅六进一，将6进1，车七退五，马8进6，马六进七，马6退7，炮八平九，黑方努力将局面搅浑，红方必有所顾忌。

41. 马五进六　将5平6

黑出将无可奈何，如车2退1吃炮，红则车七平八，车6进3，炮六平七，将5平6，马六进五！车6平4，马五退三，将6

平5，炮七平五，车6平5，车八退五！红方胜定。

42. 马四进五　车6进7　　43. 帅六进一　车2进7

44. 车七退八　车2退8　　45. 仕五退四　炮8退1

46. 车七进三　…………

也可马五进三，黑方只能将6进1，然后红车七进三，黑无解。

46. …………　卒7进1　　47. 仕六退五　车2进8

48. 帅六退一

第15章 “梦之队”的人机训练

广东队以铸就棋坛的辉煌被称为“梦之队”，这辉煌的背后不仅仅是辛勤的付出，更离不开与时俱进的科学训练。早在象棋软件刚刚达到专业棋力的时候，广东队就密切关注并把软件引入训练之中。2005年十一黄金周，广东全队牺牲宝贵假期进入了比赛方式的集训，这次集训有一点不同的就是名将黎德志与软件“象棋奇兵”参加集训。

“人机合一”果然厉害！一口气过关斩将七连胜，令人惊骇！须知每位队员都是名闻弈林。“象棋奇兵”对庄玉庭的一局棋，软件巧设机关串打车马得子，并轻松解套，最终完美收官。

至第八轮“人机”的对手是等级分第一人特级大师许银川，这局棋该怎么下，无疑是备受全队队员关注的。只见双方以互挺三路兵卒拉开战幕，然后形成顺手相，许特大双炮齐发打破平静，左炮过河牵住“人机”方的车马，但“人机”方左冲右突巧妙解扣。最后形成马炮兵对双马卒的情况，“人机”虽小有优势，但难撼许银川，最终以和收场。

战平许特大后“人机合一”又是过关斩将，至24日“人机合一”与特级大师相遇，因吕特大公事繁忙，所以这局是补赛之局。

此局以中炮过河车对屏风马平炮兑车拉开战幕，吕大师双炮车攻击对手的右翼，攻势甚烈！“人机”准确地叫将吃炮，而且以车封住吕大帅的炮口，左车又千里回防，双方算度都十分深远，一招一式，都非常重要，稍有差错，满盘皆输！一场生死局在悬崖峭壁处上演！“人机”为摆脱困局，设计各种脱身之着，而吕大帅警觉异常，未有一丝漏洞，在少子少兵的情况下，全面控制局面，以精彩的着法上演了一场和局。

第33局　庄玉庭　先负　象棋奇兵&黎德志

（2005年10月7日弈于广州）

两头蛇对进右马转卒底炮

1. 兵三进一　马2进3　　2. 兵七进一　炮8平7
3. 马二进一　炮2平1　　4. 马八进七　车1平2
5. 车九平八　车2进4　　6. 炮八平九　车2进5
7. 马七退八　马8进9　　8. 炮二进五　象3进5
9. 炮九平七　…………

如车一平二，则车9进1，炮九平三，车9平2，马八进七，车2进3，相三进五，卒3进1，兵七进一，车2平3，马一进三，马3进4，马三进五，车3退3，红方主动。

9. …………　车9进1　　10. 兵七进一　车9平2
11. 马八进九　车2进6　　12. 炮七进四　马3退2
13. 相三进五　象5进3　　14. 车一平二　炮7平3
15. 炮七平三　…………

如炮七平六，则炮1平8，车二进七，车2退1，车二退四，车2平4，炮六平八，车4进2，黑优。

15. …………　象3退5　　16. 炮二退五　车2退1
17. 炮二进一　车2平5　　18. 马一进三　车5退2
19. 炮三平九　炮3退1　　20. 炮二进三　…………

如仕四进五，则卒9进1，车二平四，马2进3，炮九平八，士4进5，兵九进一，车5平8，炮八退三，马3进4，兵三进一，车8平7，马三进四，炮1平3，马四进六，前炮平4，激烈对峙，但双方形势相当。

20. ………… 马2进3

21. 仕六进五 …………

如炮九平七，则马3进1，炮二进一，炮1进4，仕四进五，马1进2，炮七平一，马2进4，马三退四，车5平6，炮二退四，马4退3，马四进三，车6平8，马三退四，黑优。

21. ………… 车5进2

22. 马三退四 车5平6

23. 车二进一 炮3平8

24. 炮二平三 炮8平4（图33） 25. 炮九平七 …………

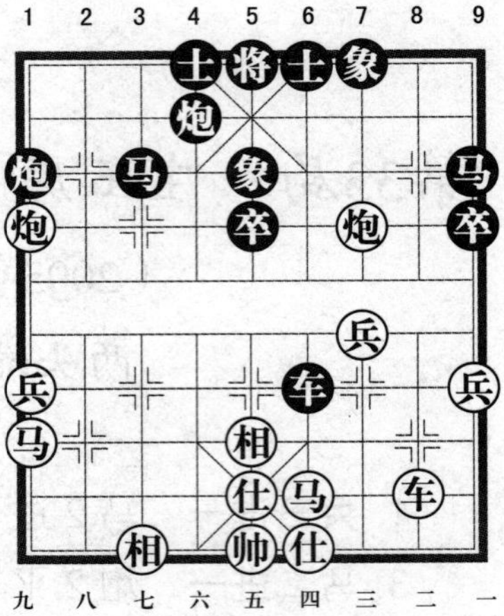

图33

应马四进二，则车6平8，炮三进一，马3进1，炮三平九，马1进3，车二退一，马9进7，兵三进一，象5进7，马二退四，车8平6，车二进六，马7进5，马四进二，车6平1，炮九平四，虽然黑优，但红方总比炮九平七要好一些。

25. ………… 马9进7 26. 炮七平三 车6退3

27. 兵三进一 …………

如炮三进一，则车6退1，炮三平二，炮1进5，相七进九，炮4进7，兵三进一，炮4平6，兵三平四，马3进2，车二平四，车6平8，黑优，但会增加黑取胜难度。

27. ………… 炮4进7 28. 马九进七 炮4平6

29. 马七进五 卒5进1 30. 马五退四 炮1进2

31. 车二平三 炮1平7 32. 车三进四 车6进4

33. 车三平五 车6平7 34. 炮三退二 车7退1

35. 兵一进一 炮6退3 36. 兵一进一 卒9进1

37. 车五平一 炮6平5 38. 炮三平二 车7平3

39. 帅五平六 车3平4 40. 帅六平五 马3进5

第34局 象棋奇兵&黎德志 先和 许银川

（2005年10月17日弈于广州）

对兵局

1. 兵三进一　卒3进1
2. 马二进三　马2进3
3. 相七进五　马8进9
4. 兵七进一　卒3进1
5. 马八进六　象3进5
6. 车九平七　车9进1
7. 车七进四　车9平4
8. 车一进一　马3进2（图34）
9. 马三进四　…………

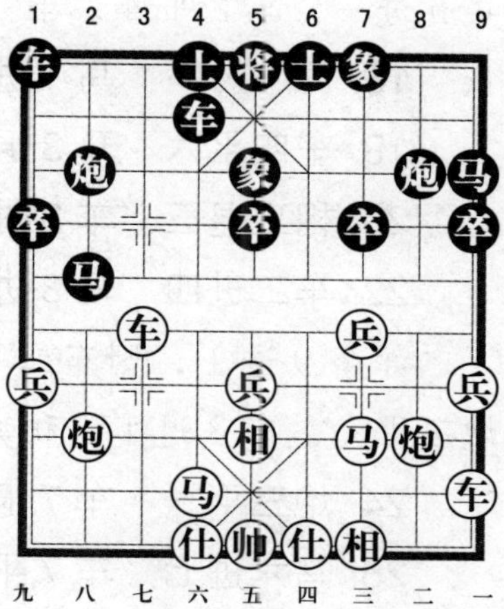

图34

如炮二平一，则士4进5，马三进四，炮8平6，车一平二，车4进2，炮八进五，炮6平2，马六进八，车1平4，仕六进五，炮2进5，炮一平八，马2进1，车七退一，前车平2，车七平九，车2进4，均势。

9. …………　炮2进5　　10. 马六进八　炮8进3

11. 炮二平三　…………

如车七平八，则马2退3，车八进三，炮8平6，车八平七，士4进5，车七退三，车1平4，均势。

11. …………　卒7进1　　12. 车一平二　卒7进1

13. 相五进三　马2进1　　14. 车七平五　…………

如车七退一，则炮8平6，车七平九，车1平2，相三进五，车4进4，仕四进五，士6进5，车二进二，卒5进1，车九进三，车2进6，车九平二，车4退1，双方相峙，各有千秋。

14. ………… 炮8平6 15. 车五平四 车1平2

16. 车二进一 …………

应车二平四，以下士6进5，相三退五，车4进3，前车平三，车2进4，车四进七，象5进7，仕四进五，卒1进1，车三平五，象7退5，车五进二，车4退2，车五平一，车4进2，车四平二，车4平7，炮三平四，马9退7，兵五进一，车2进1，兵五进一，车2平4，车一退二，车4退2，车一平四，红优。

16. ………… 马1进3 17. 仕四进五 车4进4

18. 车四平六 马3退4 19. 马八进七 车2平3

20. 相三退五 车3进4 21. 兵五进一 马4退3

22. 车二进四 马3进1 23. 马七退六 车3平7

如卒9进1，则车二平五，马9进8，炮三进四，马8进9，炮三平九，车3退1，和势。

24. 炮三平一 车7退1 25. 车二平一 马1退3

26. 马六进七 车7平9 27. 炮一进四 马3退4

28. 马七进六 卒1进1 29. 马六进七 士4进5

30. 仕五进六 卒1进1 31. 兵一进一 将5平4

32. 兵一进一 马9进7 33. 兵一平二 卒5进1

34. 兵五进一 …………

如兵二进一，则马7进8，炮一退五，卒5进1，炮一平六，马8进6，马七退八，卒1进1，马八进九，马6退4，仕六退五，士5进4，炮六进六，将4平5，马九退八，士6进5，和势渐浓。

34. ………… 马7进5 35. 炮一退五 马5进4

36. 帅五平四 卒1进1 37. 兵二进一 后马进3

38. 炮一平六 马3进5 39. 兵二平三 卒1平2

40. 兵三进一 卒2平3 41. 马七退六 将4平5

42. 马六退五 马4退6 43. 马五退七 马6退8

44. 兵三平二　马8退6　45. 兵二平三　马6进8
46. 兵三平二　马8退6　47. 兵二平三　马5退4
48. 马七进八　马4进3　49. 马八进九　马3退2
50. 炮六平三　象7进9　51. 仕六进五　马6进8
52. 兵三进一

第35局　象棋奇兵&黎德志　先和　吕钦

（2005年10月24日弈于广州）

中炮五九炮对屏风马平炮兑车

1. 炮二平五　马8进7　2. 马二进三　车9平8
3. 车一平二　卒7进1　4. 车二进六　马2进3
5. 兵七进一　炮8平9　6. 车二平三　炮9退1
7. 马八进七　士4进5　8. 炮八平九　车1平2
9. 车九平八　炮9平7　10. 车三平四　马7进8
11. 炮五进四　马3进5　12. 车四平五　炮7进5
13. 相三进五　炮2进6　14. 车五平七　…………

如马七进六，则车2进7，车五平七，象3进1，马六进四，车8进2，马四进六，车8平4，炮九进四，卒7进1，炮九退二，马8进6，双方激烈对攻。

14. …………　车8进2　15. 炮九进四　卒7进1
16. 炮九平八　炮2平8　17. 炮八退二　象3进5
18. 炮八平三　车2平4　19. 仕四进五　马8进6
20. 车七平四　马6进7　21. 炮三退二　炮8进1
22. 车八进六　车8进4　23. 帅五平四　炮7退4

算度深远，如炮7平9，则炮三平一，卒9进1，车八退一，车8平7，车四退二，车7进3，帅四进一，车7退2，车八平二，炮8平3，相五退七，车7平9，车二平一，车9平3，车一退二，车3进2，帅四退一，红双车三兵有胜无败，黑下风，求和不划算。

24. 车四平一　…………

应炮三进二，以下炮7平6，车四平六，车4进3，车八平六，车8平9，帅四平五，车9进3，仕五进四，炮8平4，帅五进一，炮4平8，炮三平五，车9退1，帅五退一，车9进1，车六平八，将5平4，相七进九，红优。

24. …………　车4进4

可考虑炮8平9，以下车一平二，车8平6，帅四平五，车4进4，车八平四，车6平9，炮三进二，车9进2，仕五进四，车9平3，马七进八，车3平7，车四进二，车4平7，车二退二，前车进1，帅五进一，前车平4，车二进一，车7退1，红帅位不安，顾忌黑双车炮的攻击。又如车8平6，则帅四平五，炮8平9，车一平四，车6平8，帅五平四，车8平9，兵五进一，炮7平8，车四平二，炮8平6，车二平六，车4平3，兵五进一，车9平7，车六平三，车7平8，车三平二，车8进3，帅四进一，炮9退8，炮三进六，车8平7，车八平三，车7平9，车二平一，车9退6，车三平一，红胜势。

25. 车一平四　炮7平6　　26. 帅四平五　炮8平9

27. 车八进三　士5退4　　28. 车四进一　车8进3

29. 车四退七　车4平6　　30. 炮三退二　车8退4

31. 车八退三　士6进5

如车8平6，则兵五进一，炮9平6，兵五进一，后车退2，车八平三，象7进9，车三退五，士6进5，兵一进一，将5平6，兵一进一，黑炮被拴住，双方僵持在一些点上，红方兵多易走。

32. 车八平三　将5平6　　33. 车三退四　…………

红方吃炮弃车再千里回防，算度深远，令人拍案叫绝。

33. …………　车8平6

如炮9平6，则红方巧妙地仕五进四，以下炮6平4，炮三平六，车6平2，仕四退五，车2进3，相五进三，红兵多将广占优。

34. 车三平四　前车进2　　35. 仕五进四　车6进3

36. 仕六进五　车6退2　　37. 兵九进一　将6平5

38. 兵九进一　…………

如炮三平二，则车6平8，相五退三，车8进4，车四进二，车8平7，仕五退四，车7退4，仕四进五，炮9平3，兵九进一，车7平3，红车虽脱身，但仕相零落，时刻受攻，并不见好。

38. …………　炮9平8　　39. 兵九平八　车6退1

40. 兵八进一　车6平2　　41. 兵八平七　车2平9

42. 马七进六　车9平5　　43. 兵一进一　车5进2

44. 马六进四　车5退3　　45. 马四进六　士5进4

46. 兵一进一　士4进5

47. 兵一平二　车5进1

48. 兵二进一　车5退1

49. 兵二进一　象5退3

50. 帅五平六（图35）　车5进1

红出帅意图摆脱被拴的车炮，吕大帅岂肯轻易让猎物脱手。

51. 兵二平三　象3进1

52. 帅六平五　车5平4

53. 兵三进一　象7进5

54. 兵三平四　象1退3

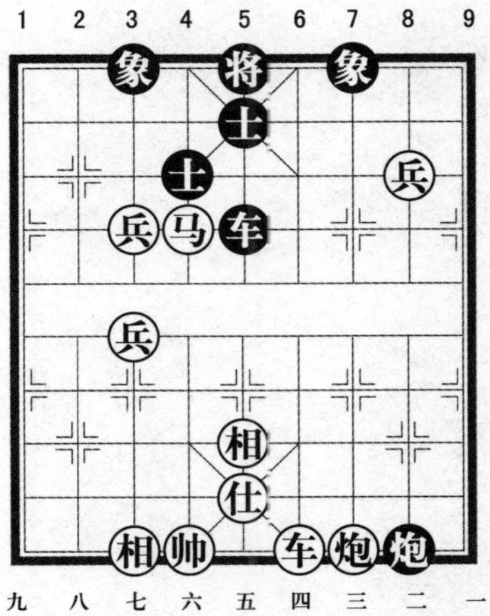

图35

55. 相五进三　象 3 进 1　　56. 相七进五　象 1 退 3
57. 相三退一　象 3 进 1　　58. 相一进三　象 1 退 3
59. 兵四平五　将 5 进 1　　60. 马六进四　车 4 平 8

非常准确地占据要津！

61. 前兵平六　炮 8 平 6　　62. 仕五退四　将 5 平 6
63. 仕四进五　将 6 进 1　　64. 炮三平四　将 6 退 1

第16章　轻取飞刀王

2005年12月31日晚，浙江电视台体育频道现场直播“象棋奇兵”软件与陈孝堃大师的两局对抗赛。

陈孝堃大师惯用新着上阵，使对手措手不及，以“飞刀王”的绰号闻名弈林。第一局陈大师摆出弃马局，“象棋奇兵”艺高胆大接受挑战，在布局阶段陈大师莫名其妙走出脱先的挺炮，致使“奇兵”得子且占优，此后陈大师再弃两子进行悲壮式的进攻，然处乱不惊的“奇兵”应对得当，最后轻松获胜。第二局陈大师执先以边马开局，意在躲开软件强大的开局库，最终“奇兵”软件凭借强大的计算能力再次获胜。

第36局　象棋奇兵　先胜　陈孝堃

（2005年12月31日弈于浙江电视台）

中炮对屏风马弃马局

1. 炮二平五　马8进7　　2. 马二进三　车9平8
3. 车一平二　卒7进1　　4. 车二进六　马2进3
5. 兵七进一　士4进5　　6. 马八进七　象3进5
7. 车二平三　…………

以制造布局飞刀闻名的陈孝堃大师摆出弃马局意在考验软件全方位的应对，而“奇兵”毅然以车压马接受挑战！

7. …………　炮2进4　　8. 兵三进一　卒7进1
9. 车三进一　卒7进1　　10. 马三退五　炮8进1

诡异进炮是脱先之着，为全局致败的关键点，通常走炮8进7，以下兵五进一，车8进6（如炮2平9，则炮五平一，车8进6，马七进六，炮9退2，车三退三，卒7平6，马五进七，卒6进1，炮八平四，车8进1，仕六进五，车8平9，双方子力相当），兵九进一，车1平4，炮五平二，炮2退2，兵七进一，卒3进1，车九进三，卒5进1，车三退四，车8退1，炮二平五，卒5进1，黑优（选自2009年首届振达·韩信杯象棋国际名人赛日本所司和晴先负中国吕钦）。

11. 马七进六　车1平4　　12. 车三退三　炮8进6

无奈进炮，否则被红牵住更无发展，足见前面挺一步炮是无效率的。

13. 炮五平六　车4平3　　14. 兵七进一　卒3进1

再弃一子，准备鱼死网破。可考虑炮2退1，以下马六退七，车8进8，炮六退一，车8退4，马五进六，炮2退5，兵七进一，马3退1，马七进六，车8进3，炮六平七，车3平4，仕六进五，车8平7，相七进五，车7平5，炮七平六，车5平7，炮八平六，车7进2，车三平二，车4进4，车九平八，车7平6，帅五平四，炮8平2，虽然少子处于下风，但易于纠缠比实战要好。

15. 马六退八　车8进6

16. 炮六平七　车3平4

17. 炮七进五　炮8平6（图36）

弃第三子后再弃炮打仕，进行悲壮式的进攻。如果是人，那胜负难料，但面对无生命的机器，结局几乎是无法改变的。此时黑如车4进2，以下炮七进一，炮8平6，马五进七，炮6退5，马八进

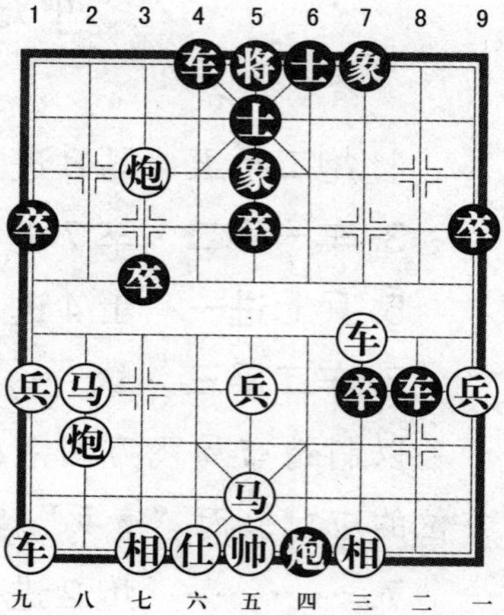

图36

六，炮6平5，相七进五，车4平3，兵五进一，炮5平8，炮七平九，车3平1，炮九平七，车1平2，炮八进一，卒7进1，炮八进一，红阵形稳定，黑依然无法打入。

18. 炮八平六　炮6退1　　19. 马八进六　车4平2

如车4平3，以下炮七平八，炮6平7，车三平四，卒3进1，马六进五，车3进3，车四平五，炮7平9，炮六平四，黑依然无法摆脱劣势。

20. 马五进七　炮6平9　　21. 车九平八　车2进9

22. 马七退八　卒7平6　　23. 马六退四　…………

以马换卒，此着是软件方最“人性化”的着法，彻底击碎了陈大师的梦想。按说软件是最不惧复杂变化的，事后分析红若马八进七，卒6进1，车三退三，红多三子，胜定。

23. …………　车8平6　　24. 车三平八　车6平5

25. 相三进五　车5平4　　26. 炮六平九　车4平1

27. 车八进五　士5退4　　28. 炮七平九　车1平8

29. 前炮进二　车8进3　　30. 帅五进一　卒5进1

31. 后炮退二　…………

以下软件以漂亮的组合演绎着射门的精彩。

31. …………　卒5进1　　32. 马八进九　卒5进1

33. 后炮进六　卒5平4　　34. 马九进八　卒4进1

35. 后炮平五　象5退3　　36. 炮九平七　将5进1

37. 帅五平四　车8退1　　38. 帅四退一　车8进1

39. 帅四进一　车8退6　　40. 车八退一　将5进1

41. 马八进七　将5平4　　42. 车八平六

第37局　陈孝堃　先负　象棋奇兵

（2005年12月31日弈于浙江电视台）

边马局

1. 马八进九　卒1进1　　2. 炮二平五　马2进3

3. 马二进三　车9进1

如卒7进1，则车一平二，炮8平6，车二进八，士4进5，炮八平六，红优。

4. 车一平二　车9平4　　5. 炮八平七　车1进3

6. 兵七进一　车4进6　　7. 炮七退一　车1平2

8. 仕六进五　车4退3　　9. 炮五平七　车2进4（图37）

10. 前炮平四　…………

应一如既往地冲击七路，即兵七进一，以下卒3进1，前炮平四，车4退2，相七进五，车2退2，车九平六，车4进7，帅五平六，车2平4，帅六平五，车4退3，黑方子力拥塞难以展开，红优。

10. …………　车2退1

11. 相七进五　…………

应炮四进五！以下炮8进2，炮四平八，车2退4，兵三进一，红优。

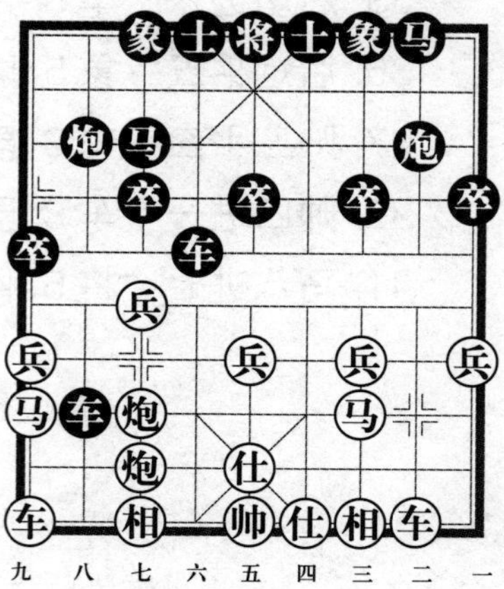

图37

11. …………　马8进9

12. 车九平六　车4进5

13. 仕五退六　象3进1

14. 兵三进一　车2平5

15. 炮四进五　车5平6　　16. 炮四平八　炮8平2

17. 车二进五　炮2进5　　18. 马三进二　车6平1

19. 相五退七　车1平8　　20. 车二进二　炮2退1

21. 马九进八　…………

失误，应车二平七，以下车8退1，炮七平五，士6进5，车七平三，车8退5，车三平九，双方各有千秋。

21. …………　炮2平5　　22. 车二平七　车8退1

23. 马八进七　车8进3　　24. 炮七进一　车8退1

25. 炮七退一　车8进1　　26. 炮七进一　车8退1

27. 炮七退一　象1退3　　28. 车七进二　马9退7

29. 马七进六　士6进5　　30. 车七退三　马7进8

31. 车七平五　马8进7　　32. 车五平三　…………

如炮七平八，则车8平5，仕六进五，车5平2，帅五平六，车2退6，马六退七，车2进7，车五退二，卒7进1，相三进五，炮5平8，黑得子胜定。

32. …………　车8平5　　33. 仕六进五　车5平7

34. 帅五平六　炮5平7　　35. 炮七平八　炮7进3

36. 帅六进一　马7进5

第17章　棋天大圣初涉江湖

2004年6月东北大学人工智能与机器人研究所成立了“棋天大圣”小组，目标是研发出以击败中国象棋世界冠军为目标的象棋软件。经过1年多的刻苦钻研和技术攻关，软件棋力迅猛提高。2005年9月在台北举行的第10届奥林匹克象棋软件比赛中，“棋天大圣”初出茅庐便勇夺季军。2006年3月12日，沈阳电视台演播室里举办了一场别开生面的“棋天大圣”挑战人类大师的现场直播节目，也是一场检验“棋天大圣”棋力之战。

第一局“棋天大圣”持后手迎战辽宁省赛女子冠军李晓春，双方以仙人指路对卒底炮开局，“棋天大圣”中局得子取胜。第二局先手迎战省赛男子冠军、棋协大师丰鹤，丰鹤棋力强悍、技术全面。为了另辟蹊径，丰鹤采用了弃马局反击“棋天大圣”，这对“棋天大圣”是一个全方位的考验，然而“大圣”食弃马后，全面控制局面，令黑方弃子后得不偿失，未获得反先的局面，最后导致全盘崩溃。第三局“棋天大圣”后手大战特大卜凤波，本已获得优势局面。但卜凤波一车换双后再弃炮食马，最后舍马砍双卒，以单车仕相全巧和双车。赛后卜特大做了精彩的点评：“软件的计算十分精确，很难逮到漏洞，人脑再厉害也很难有如此深远的计算！”

第38局　李晓春　先负　棋天大圣

（2006年3月12日弈于沈阳）

仙人指路转左中炮对卒底炮

1. 兵七进一　炮2平3　　2. 炮八平五　炮8平5

3. 马八进七　马8进7　　4. 炮二平四　车9平8

5. 马二进三　炮3进3

如车1进1，则仕六进五，车1平6，车九平八，马2进1，车八进五，车6进4，兵三进一，车6平7，车八平四，车7平3，黑得卒先得实惠。又如马2进1，则车九平八，卒3进1，马七进六，卒3进1，马六进五，车1平2，车八进九，马1退2，马五进七，马2进3，车一平二，车8进9，均势。

6. 车九平八　马2进3　　7. 兵三进一　车1平2

8. 相七进九　车2进9　　9. 马七退八　炮5进4

10. 仕六进五　炮3平5　　11. 马八进七　前炮平7

12. 马七进五　…………

随手落败！应炮四进一，以下士4进5，帅五平六，车8进4，炮四平七，车8平3，炮七进一，卒5进1，形势虽落后，但尚可周旋。

12. …………　炮7进3

13. 车一平三　炮5进2

14. 仕五进六　卒5进1

15. 马五进七　车8进6（图38）

16. 相九退七　…………

如马七进五，则马7进5，帅

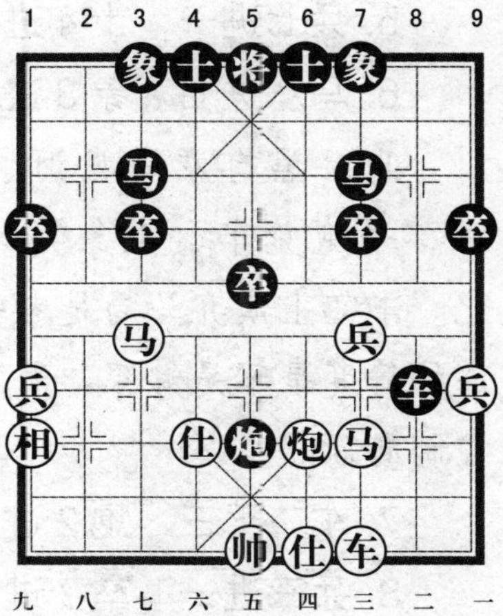

图38

五平六，车8平5（如车8平7，则炮四进一，炮5平1，马三退五，车7平9，后马进六，卒3进1，炮四平三，象3进5，马六进四，红方还可周旋，战线将拉长），马五进三，马5进4，相九退七，马4进3，帅六进一，车5平1，帅六平五，车1进2，帅五退一，车1进1，帅五进一，车1平3，炮四进一，车3退1，帅五退一，炮5退6，黑胜势。

16. ………… 炮5退2　17. 车三平二　车8平6
18. 车二进五　车6进1　19. 车二平五　马7进5
20. 车五退一　车6平7

第39局　棋天大圣　先胜　丰鹤

（2006年3月12日弈于沈阳）

中炮对屏风马弃马局

1. 炮二平五　马8进7　2. 马二进三　车9平8
3. 车一平二　卒7进1　4. 车二进六　马2进3
5. 兵七进一　士4进5
6. 马八进七　象3进5

此时黑有左马盘河、右炮过河、平炮兑车、上象弃马四大变化。丰鹤上演弃马局是考验软件引擎的算度是不是够深，能不能全面控制局面。

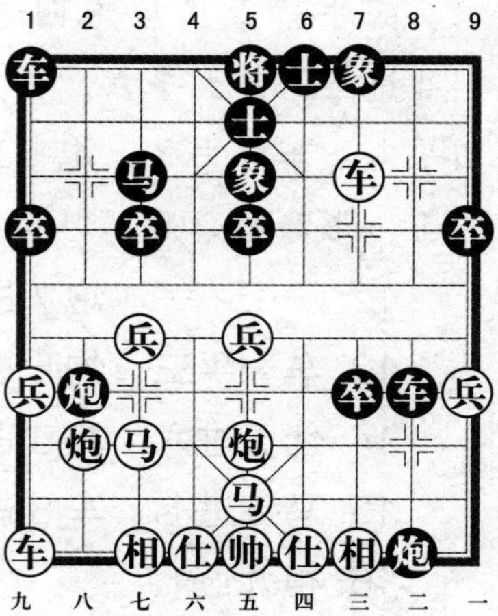

图39

7. 车二平三　炮2进4
8. 兵三进一　卒7进1
9. 车三进一　卒7进1

10. 马三退五　炮8进7　　11. 兵五进一　车8进6（图39）

目前的正确选择为炮2平9，以下炮五平一，车8进6，分成三种变化：

甲、车九平八，则车1平4，炮八平九，车4进4，车八进三，车4平6，马五进三，炮8平9，相七进五，车6进4，炮九退一，卒9进1，车三退三，卒1进1，炮一进三，前炮退5，车三平一，后炮平7，车一退一，炮7进3，车一平二，卒7平8，黑左翼空虚，红优。

乙、兵九进一，车1平2，车九进三，车2进4，车三退三，车2平6，马五进三，炮8平9，马七进六，车8进2，车九平三，车8平7，马六退五，车7进1，帅五进一，后炮退2，前车平四，车6进1，马五进四，车7退1，帅五进一，车7平4，黑小优。

丙、马七进六，车1平2，车九平八，车2进6，车三退三，车2平5，车三平四，炮9退2，相七进五，炮9平7，炮八进七，车8进2，炮一退二，马3退2，车八进九，士5退4，马六进五，士6进5，搏斗激烈，各有千秋。当然其间还有许多更加繁复的变化，不在本文讨论之列，这就是弃马局的魅力所在。

12. 兵九进一　车1平4　　13. 炮五平一　…………

如车九进三，以下车8进2，炮八退一，车4进8，马五进三，车4平2，车三退四，车8平7，车九平八，车2退2，车三平八，车7退1，均势。

13. …………　车4进8

如车4进4，则车九进三，车4平6，炮一平四，车8进2，马五进六，车8平7，相七进五，炮2退2，仕六进五，车6进2，炮八退一，车7退1，车三退三，炮8退3，马六进四，炮2进2，炮八平七，红不仅多食弃马并化解了黑方的攻势，胜势。又如炮8退1，车三退一，炮8平7，车三平四，车4进4，车九进三，炮2退3，车四退五，炮7平5，仕四进五，卒3进1，车九平八，炮2进4，兵七进一，车4平3，车八退一，黑攻势全消，红多子占优。

14. 车九进三　车8进2

如炮2平6，则以下有两种变化：甲、炮一进四，车4退4，炮一进三，车4平6，马五进四，卒7平6，车三平五，红胜势。乙、马五进四，卒7平6，车三退一（也可车九平八，炮8平9，车三退五，车8进3，马七退五，红多子胜势），车8平9，炮一平三，车9平8，仕六进五，炮8平9，炮三退一，车4退4，红优。

15. 马七进五　车4退1　　16. 车九平八　卒7平6

如车4平9，则后马进三，车9平7，马五退三，卒7进1，车三退五，红胜势。

17. 炮八退一　车8退2　　18. 后马进三　车4退2
19. 马三退二　卒6平5　　20. 马二进三　车4平5
21. 车三退一　前卒平6　　22. 相七进五　卒3进1
23. 兵七进一　象5进3　　24. 车三进三　象3退5
25. 车三退二

第40局　卜风波　先和　棋天大圣

（2006年3月12日弈于沈阳）

仕角炮转反宫马对右中炮

1. 炮二平四　炮2平5　　2. 马八进七　马2进3
3. 车九平八　马8进9　　4. 马二进三　车1平2
5. 炮八进四　卒3进1　　6. 车一平二　车9平8
7. 车二进五　卒7进1　　8. 车二平三　炮8进5
9. 炮四平五　炮5平6　　10. 车三平七　象3进5
11. 车七平四　…………

如车七退一，则卒9进1，车七平三，炮8平5，相七进五，炮6进5，马七退五，炮6退4，炮八进一，车8进7，黑优。

11. ………… 炮6平7　　12. 马三退五　炮8平3

13. 兵七进一 …………

应马五进七去炮，底线受攻不足为虑，以下炮7进7，帅五进一，士4进5，炮八退二，车2进4，车四退三，马9进7，炮八平三，车2进5，马七退八，炮7平4，马八进七，炮4退3，兵七进一，红方有惊无险，双方各有千秋。

13. ………… 炮3退1　　14. 兵七进一　车8进8

15. 炮五平三　炮7进5　　16. 马五进三　车8平3

17. 相七进五　炮3平7　　18. 兵七平八　炮7退2

19. 车四进一　车3退2

如卒5进1，则马三进四，车3退2，车八进四，士4进5，兵五进一，卒5进1，车八平五，节奏变缓，各有千秋。

20. 兵九进一　卒9进1　　21. 仕四进五　马3进4

22. 车四平五　炮7平2　　23. 车五平六　车3退2

24. 车八进三　马9进8　　25. 兵五进一　马4进3

26. 兵五进一　马3退5　　27. 车六退二　车3平5

应马5退7，以下炮八平三，车3平5，马三进四，马7退5，马四进五，车5退1，炮三退二，车5进1，黑多子胜势。

28. 车六平五　车5进1

29. 车八进二（图40） 士6进5

应象5进3，以下车八平七，车2进3，车七平二，车2平6，车二退二，车5平1，黑胜定。

30. 车八平二　车2进3

31. 兵九进一　卒1进1

32. 车二平九　车2平7

33. 车九平一　车7进4

34. 车一平四　车7退1

35. 兵一进一　车5平9

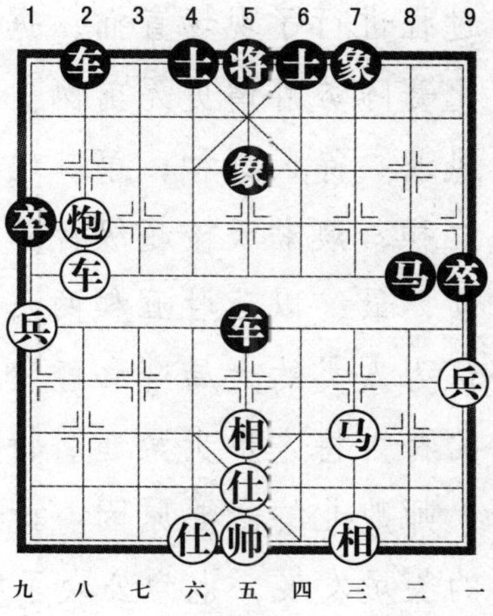

图40

第18章 浪潮天梭

2006年适逢中国人工智能学科创立50周年，作为学术纪念活动，中国首届象棋计算机博弈锦标赛暨2006中国机器博弈学术研讨会，以及中国首届象棋人机大战于8月上旬在北京隆重举行。本次活动是由中国人工智能学会主办，东北大学、清华大学、北京理工大学联合承办，并得到了浪潮集团的冠名赞助。机器博弈锦标赛云集历届世界象棋软件锦标赛的三甲代表队，也不乏“理志棋壮”等新秀露面。最终东北大学研发的“棋天大圣”不负众望，获得机器博弈冠军，二至五名分别为“象棋奇兵”“象棋旋风”“天机象棋”“将神传说”。

8月9日下午，精彩的人机大战隆重举行，由本次大赛前五名软件分别抽签挑战由柳大华、徐天红、卜凤波、张强、汪洋等组成的专业大师队。比赛分两轮，第一轮大师先行，第二轮计算机先行，采用45分钟包干的规则，也就是快棋。比赛现场悬挂着大棋盘实时展示对局情况，观众座无虚席，讨论和称赞声不断。新浪网对比赛过程进行了现场直播，据称有30万人在线观看，这么大的中国象棋比赛阵势可谓史无前例。最终第一轮张强胜，柳大华负，汪洋、卜凤波、徐天红和；第二轮汪洋胜，柳大华、卜凤波负，张强、徐天红和，浪潮天梭超级计算机凭借着从机器博弈中选拔出来的顶级棋软，最终以三胜五和两负的成绩战胜了人类大师。赛后大师们普遍认为人类的大局观和经验优于计算机，但计算机的高速度与不失误的特性将人步步紧逼。特别是比赛的时间限制对人类极为不利，是大师败北的主要原因。此次人机大战显示了国内人工智能领域技术的长足发展，也为公众了解人工智能学科开辟了一个鲜活的窗口。

棋天大圣　对阵　徐天红

“棋天大圣”的对手是素有“笑面虎”之称的特级大师徐天红。徐特大赛前用“形势不是很乐观”来预测比赛的结果。徐特大认为：“虽然这次比赛规则上对人不利，在一定程度上影响了比赛结果。但是，我相信机器终将会战胜人，这是必然的趋势。”第一局，双方争斗激烈，“棋天大圣”飞炮破仕，令人匪夷所思。徐特大稳住防线后净多一马占优，但时间压力较大，同意作和。第二局，徐特大也是小先手，最后以和收场。连下两轮比赛的徐大师略带疲态，但健谈的他面对镜头仍侃侃而谈。当主持人问到对人机大战的最大感受时，徐大师脱口而出：“时间是棋手的最大劣势，电脑的计算速度太快了！”他还以自己的棋举例说，他的两盘棋终局前均形势占优，但他还是主动选择了求和的下法。因为当时他的时间只有一分钟了，而电脑还有几十分钟，继续下去，万一因为超时或时间紧迫出现失误，就连下和的机会都没有了。徐大师还强调，如果对手是一个人而不是电脑，那他一定会继续下去。看来每秒最多可计算42亿步棋的天梭电脑确实是非人脑所能比的。

第41局　徐天红　先和　棋天大圣

（2005年8月9日弈于北京）

仙人指路转中炮对卒底炮飞右象

1. 兵七进一　炮2平3　　2. 炮二平五　象3进5
3. 马二进三　车9进1　　4. 车一平二　车9平2
5. 马八进七　马2进4　　6. 炮八平九　马8进9

7. 马七进六　士4进5　　　8. 炮九平六　车1进1

9. 兵一进一　卒7进1

如车2进3，以下车二进四，车1平2，马六进五，马4进5，炮五进四，卒9进1，兵一进一，前车平9，车二平六，卒3进1，均势。

10. 车二进四　炮8平6　　　11. 马六进五　马4进5

12. 炮五进四　车2平4　　　13. 仕四进五　车4进2

14. 炮五退二　车1平2　　　15. 相三进五　车2进5

16. 兵九进一　马9退7　　　17. 兵九进一　马7进8

18. 车二平四　炮3平1　　　19. 炮六平九　车4进1

20. 车四进二　马8进9　　　21. 兵九进一　炮1平4

22. 兵七进一　卒3进1

也可车4平3，以下炮九平六，马9进7，炮五进二，车3平6，车四退一，马7退6，车九进五，马6进5，车九平三，马5进7，炮六平三，将5平4，车三进一，均势。

23. 兵九平八　马9进7　　　24. 兵八平七　马7退5

25. 兵五进一　炮4平1　　　26. 炮九平六　卒9进1

27. 车九进四　…………

也可兵七进一，则炮1进4，兵七进一，象5退3，车九进二，卒7进1，车四平九，炮6进4，前车平三，炮6退5，兵五进一，车4进1，车三平九，车4进1，前车进三，红优。

27. …………　炮1平4　　　28. 兵七平六　车2退3

29. 兵六平七　车2进3　　　30. 车九进五　炮4退2

31. 车四平五　车2平7　　　32. 兵五进一　车4进1

33. 兵五平四　炮6平9　　　34. 车五平三　卒9进1

35. 车三平一　卒9平8　　　36. 兵四平三　…………

如兵四平五，则卒7进1，兵五进一，象5进7，炮六平九，卒8进1，车九退四，车7平3，兵七进一，卒7进1，车九平八，车3平1，马三退二，车1退3，双方互攻，各有千秋。

36. ………… 象5进7

37. 兵七进一 卒8进1

38. 车一平五 炮9平5

39. 兵七进一 车7平6（图41）

40. 车九平八 …………

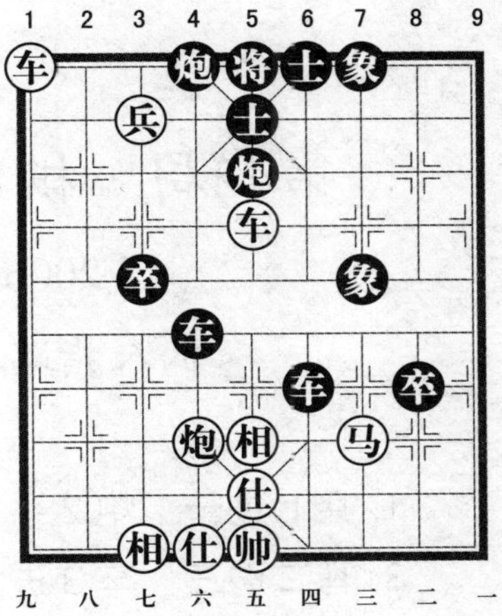

图41

如炮六平九，则卒8平7，马三退四，卒3进1，车九平八，车6平1，车八退一，炮4进9，仕五退六，车1退3，车五退一，车4退1，兵七平六，士5退4，车五进一，车4退1，车五退三，黑方并不能捉到红车，红优。

40. ………… 卒8平7　41. 马三退四 炮5平9

42. 车五平一 车6平1　43. 炮六平九 卒7平6

44. 车八退一 炮9平5　45. 车一平五 炮4进9

如卒3进1，则兵七平六，卒3进1，车八平七，卒3平4，炮九平七，卒6平7，车五退一，象7进9，红优。

46. 仕五退六 车1退3　47. 车五退一 车4退1

48. 兵七平六 士5退4　49. 车五退一 士6进5

50. 仕六进五 车1退3　51. 车五进二 车4进4

52. 马四进三 卒3进1　53. 马三进二 卒6进1

54. 仕五进四 车4平9　55. 马二退三 车9进1

56. 马三退四 卒3进1　57. 仕四退五 车9退1

58. 马四进三 车9进1　59. 马三退四 车9退1

60. 马四进三 车9进1　61. 马三退四 车9退1

如红方时间充分，则会主动求变。如红接走车八退三，象7进9，车八平四，车1进6，马四进三，车9进1，车四退五，红多子占优。

第42局　棋天大圣　先和　徐天红

（2006年8月9日弈于北京）

仙人指路转中炮对卒底炮飞右象

1. 兵七进一　炮2平3　　2. 炮二平五　象3进5
3. 马二进三　卒3进1　　4. 马八进九　卒3进1
5. 车九平八　车9进1　　6. 仕六进五　车9平4
7. 炮五进四　士4进5　　8. 炮五平一　马8进9
9. 兵一进一　车4进3　　10. 兵一进一　…………

应车一平二，以下卒1进1，车二进四，卒3进1，炮八平四，卒3平4，车八进八，炮8平6，兵五进一，红优。

10. …………　卒1进1　　11. 车一进四　马2进1
12. 相七进五　马1进2　　13. 相五进七　炮8平7
14. 炮八进二　炮7进4　　15. 相三进五　炮3平1
16. 兵五进一　车1平4　　17. 车一退一　前车进2
18. 马九退七　前车平1

也可前车平3，以下炮八退一，车3进2，车一平三，车4进4，车三平一，炮1进4，黑优。

19. 炮八退一　炮7平3　　20. 车一平六　车1进2
21. 车六进六　士5退4　　22. 马七进六　卒1进1
23. 马六进四　炮1进2

如车1进1，则车八平六，马2进4，炮八进四，卒7进1，兵五进一，炮3平2，炮一平九，车1平4，仕五退六，士4进5，兵一进一，马9退7，兵五进一，炮2平7，双方复杂对攻，各有千秋。

24. 兵一平二　车1进1　　25. 车八平九　炮1进5

26. 仕五进六　卒7进1

27. 马三进五　士4进5

28. 兵五进一　马2进4（图42）

29. 仕四进五　…………

如急于马五进六，则卒1平2，马六退八，炮3平5，仕四进五，马4进3，帅五平四，马3退2，马四进六，炮5退1，黑方得子占优。

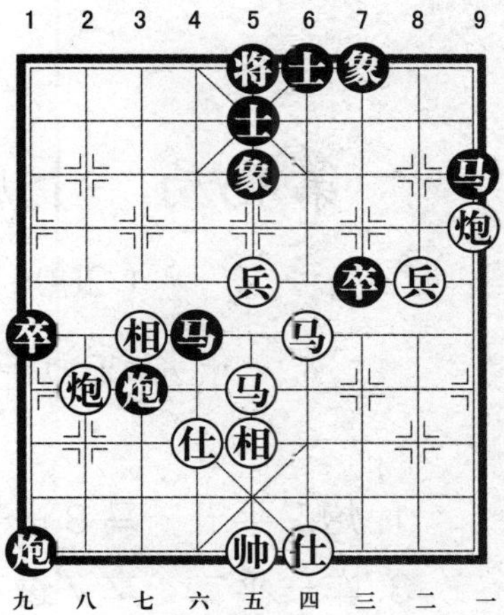

图42

29. …………　卒1平2

30. 炮八退二　炮3进3

31. 炮八退一　炮3退1

32. 炮八进一　卒2进1

33. 帅五平四　炮1退1

34. 兵二进一　卒2进1

35. 炮八退一　炮1进1

36. 仕五退六　马9退7

37. 兵二平三　炮3平7

38. 马四退三　卒2进1

39. 炮八平七　卒2平3

如炮1平2，则炮一退五，马4进6，兵五平四，卒7进1，炮一平八，卒7进1，马三进一，炮7退5，炮八进二，黑并不占便宜。

40. 炮七平八

象棋奇兵　对阵　卜凤波

特级大师卜凤波对阵“象棋奇兵”。卜特大开局占尽先机，得到了较好的局面，但随后“象棋奇兵”表现出了电脑强于人类的优势，丝毫不被劣势局面影响心情，扳回了局面，取得了和棋。第二局，卜凤波不敌奇兵软件凌厉攻势，很快败下阵来。

第43局　卜风波　先和　象棋奇兵

（2006年8月9日弈于北京）

中炮过河车七路马对屏风马两头蛇

1. 炮二平五　马8进7　　2. 马二进三　车9平8
3. 车一平二　卒7进1　　4. 车二进六　马2进3
5. 马八进七　卒3进1　　6. 车九进一　炮2进1
7. 车二退二　象3进5　　8. 兵七进一　炮8进2
9. 车九平六　士4进5　　10. 车六进七　车1平3
11. 兵三进一　…………

以上都是常见布局定式谱着。

11. …………　卒7进1　　12. 车二平三　马7进6
13. 兵七进一　炮8平3　　14. 马七进六　马6进4
15. 车三平六　…………

一般多走车六退四杀回马，双车联环于巡河，双车路宽畅，可仍持先行之利。而红方车三平六吃马，被黑方炮3平7利用调动，红先行之利消逝。

15. …………　炮3平7

16. 后车平三（图43）　车8进6

不同的奇兵版本在不同的机器上计算的结果是不同的，此着用软件计算多是车3平4邀兑红车。而参赛的奇兵先车8进6。目的是引高红炮。个人感觉黑方还是先兑车好，左车可待机而动。

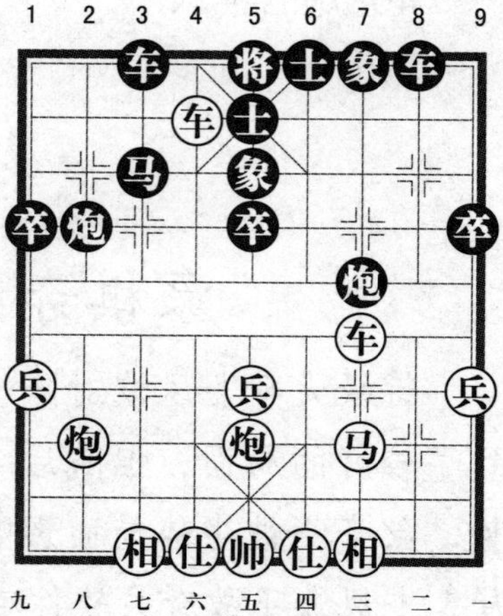

图43

17. 炮八进一　车8退3　　18. 马三进四　炮2进1

19. 炮八平七　车3平4　　20. 车六进一　将5平4

21. 炮五平七　炮2平5　　22. 相七进五　马3进2

23. 前炮平六　将4平5　　24. 仕六进五　炮5平6

25. 兵五进一　…………

残棋相持阶段，重点就是对兵卒的争夺。为何不先兵九进一保住边兵呢？急走兵五进一是为了限制黑卒5进1通车路，意义不大。

25. …………　马2进1　　26. 炮七平八　马1退2

27. 炮六平五　马2进3

也可卒1进1慢慢推进。

28. 炮八进四　卒5进1　　29. 兵五进一　车8平2

30. 兵五平四　马3进4　　31. 车三退三　炮7进5

32. 相五退三　马4退5　　33. 兵四平五　马5退3

34. 车三进一　马3退5

至此，黑残棋多一象一卒占优。如果这棋给杨老（杨官璘）拿着黑方，估计谁也难守和。而棋软的残棋在大师、特大眼里就如同小儿科般，以下只好欣赏卜特大巧妙兑子谋和法了。

35. 车三进一　将5平4　　36. 仕五退六　车2平6

37. 马四退六　马5进6　　38. 仕四进五　卒1进1

39. 马六退八　将4平5　　40. 马八进七　卒1进1

41. 马七进八　卒1进1　　42. 马八退七　卒1平2

43. 马七退六　马6进4　　44. 仕五进六　卒2进1

45. 仕六退五　车6平3　　46. 兵一进一　卒2进1

第44局　象棋奇兵　先胜　卜凤波

（2006年8月9日弈于北京）

中炮进三兵对左炮封车转列炮

1. 炮二平五　马8进7　　2. 马二进三　车9平8

3. 车一平二　炮8进4　　4. 兵三进一　炮2平5

5. 兵七进一　马2进3　　6. 马八进七　车1进1

卜特大避开车1平2的谱着，走出了车1进1冷僻着法，不知是想出奇兵，还是明知山有虎偏向虎山行？

7. 车九平八　车1平8　　8. 炮八进五　…………

进炮牵制住黑方的双马和中炮，黑无论兑炮还是不兑，均受制。这种怪着，只有软件才能走得出来。另红如炮八进一，以下炮8平2，车二进八，车8进1，车八进三，车8进3，车八进三，至此，黑双马呆滞，红有效步数为七，而黑为五步，红明显占优。

8. …………　前车进3

如炮8平7，则车二平一，前车进3，车八进六，卒7进1，车八平七，马7退5，炮八退一，卒7进1，炮八平五，马3进5，炮五进四，后车进3，相三进五，红略优。

9. 车八进六　卒7进1

10. 车八平七　马3退5

11. 炮八退一　卒7进1

12. 炮八平五　炮8平7（图44）

13. 车二平一　…………

奇兵软招，应改走车七平六

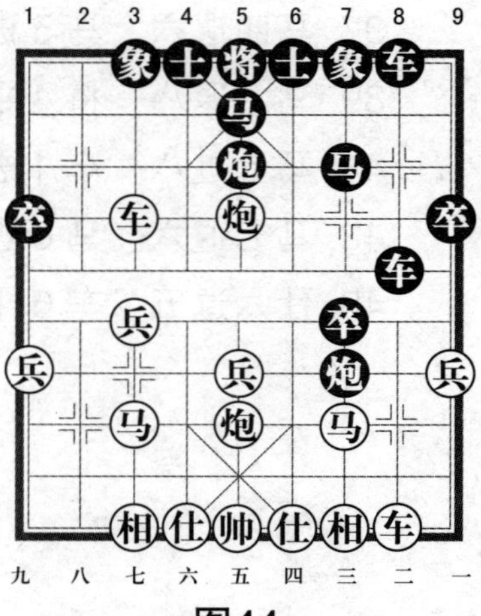

图44

弃子准备仕六进五出帅杀！红将大占优势。以下黑续走为前车退1，车二进六，车8进3，相三进一，马7进6，车六进二，马6退7，马七进六，马7进5，炮五进四，车8平5，马六进五，红大优。

13. ………… 后车进3　　14. 仕六进五　马7进5

15. 炮五进四　前车平5　　16. 马七进六　车5平4

17. 马六退五　炮7平1　　18. 兵五进一　…………

失大局感！应车一平二借邀兑之际抢出车来！

18. ………… 炮1进3　　19. 仕五退六　卒7进1

20. 马三进五　卒7平6　　21. 前马退七　卒6进1

22. 仕四进五　卒6进1　　23. 车一进一　车8平6

24. 车七平九　车4平7　　25. 相三进一　车7平8

26. 车一平四　车6进5　　27. 车九退六　车8进5

28. 仕五退四　车6退5　　29. 马七进六　车6平5

急躁，应车8退4，以下兵五进一，车6平5，兵五进一，炮5进5，马六退五，车8平3，车九进六，双方兑子后形势相当。

30. 马六进五　炮5进3　　31. 后马进三　马5进6

32. 马三进五　马6进5　　33. 马五退三　车8退4

34. 马三进四　将5进1　　35. 车九进二　将5平6

36. 马四退五　车8退2

应车8进4，以下马五进三，将6进1，仕六进五，车8退5，车九平五，车8平7，马三进二，车7退3，马二退一，车7平9，马一进三，车9平5，兵七进一，车5进1，黑虽处下风，但比实战要好，不致失马落败，可以慢慢周旋，寻找机会。

37. 车九平五　车8平5　　38. 车五进二　象3进5

象棋旋风 对阵 柳大华

特级大师柳大华对阵“象棋旋风”。第一局，柳大华执红先行，但不久就陷于被动局面。虽然评棋专家一再强调：“柳大华擅长防守”，但是形势的变化并没有印证这句评语。在强机咄咄逼人的攻势下，柳大师仍旧回天乏力，最终先失一局。第二局，柳大师仍然未能挽回颓势，再次被软件抓住了破绽。比赛结束，柳特大不得不接受两局全负的事实。这样的结果，令柳特大的支持者们感到意外。虽然败给了软件，但是柳特大仍未改大师本色，表情依旧坦然、刚毅。在赛后的新闻发布会上，柳大华回答记者提问时，表示自己不会认输，如果有机会，还将会再次挑战。

不少现场观众说：“今天，柳特大师有些不在状态。上午的表演赛上，柳特大一人对战25位业余高手，体力、精力都有不小的消耗。人机大战时，柳特大状态远非最佳。”柳特大相信自己调整到最佳状态时，软件也未必还能赢得轻松。

第45局 柳大华 先负 象棋旋风

（2006年8月9日弈于北京）

顺炮直车对横车

1. 炮二平五 炮8平5　2. 马二进三 马8进7

3. 车一平二 车9进1　4. 马八进七 马2进3

5. 兵七进一 车1进1　6. 炮八进一 …………

前面双方以顺炮直车对横车开局，红炮八进一是有意避开两头蛇对双横车谱着。准备诱黑车1平4，则炮八平七，实施乱战。其实中局乱战正是电脑强项，不如按谱行棋，渡过中局，后盘是电脑软肋所在，避实击虚。

6. ………… 车1平6　　7. 仕六进五　车6进7

车6进7属攻杀型风格，这步棋“奇兵”“棋天大圣”都选择车6进4倒骑河控制，以下炮五平四，车9平4，相七进五，车6退1，兵三进一，卒5进1，炮八进一，卒5进1，兵五进一，马7进5，兵五进一，车6平5，双方对峙。

8. 炮五平六　卒7进1　　9. 相七进五 …………

如车二进四，则车9平6，炮八平六，卒5进1，车九平八，士6进5，马七进六，后车进2，后炮退一，前车退3，车二平四，车6进2，后炮退一，车6退2，前炮平七，卒5进1，马六进七，车6平4，双方互缠。

9. ………… 卒5进1

如车9平4，则炮八退二，车6退7，炮八平七，炮2进4，马七进八，炮2平3，马八进七，炮5平6，炮七平六，车4平2，马七退六，炮6进6，后炮平四，车6进7，车九平七，炮3平7，兵七进一，红优。

10. 车二进四　卒5进1（图45）

11. 炮八退二 …………

应车九平七，则卒5进1，炮六退一，车6退4，马七进五，车6平5，马五退七，马3进5，炮八平五，车5平2，双方对峙。如兵五进一，则炮5进5，帅五平六，炮5平3，马三进五，车6平7，马五退七，车7退2，炮八平五，象7进5，炮五退一，炮2进

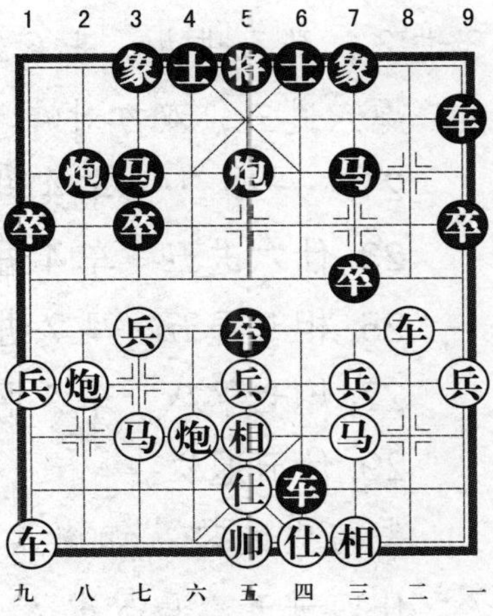

图45

4，兵五进一，卒7进1，车二进三，卒7平6，红受反击不易展开。又如炮六退一，则车6退3，车二平四，卒5平6，马七进六，马7进5，马六进五，马3进5，车九平六，卒6进1，炮六平七，车9平6，车六进六，马5退7，炮七进五，卒6进1，仕五进四，车6进6，炮八退一，车6进1，黑略优。

11. ………… 车6退3　12. 兵三进一　卒7进1
13. 相五进三　车6进1　14. 炮六进一　车6退2
15. 相三退五　车9平4　16. 车九平六　车6平7
17. 马三退一 …………

应车二平三选择复杂对攻以免处下风，以下车7进1，相五进三，马3进5，兵五进一，炮5进3，相三进五，马7进6，炮六进二，炮2平5，炮八进五，马6退7，炮八退二，前炮平2，马七进八，车4平3，炮六进二，炮5退1，炮六退六，马5进4，炮六平七，马7进5，车六进三，双方激烈对抗。

17. ………… 卒3进1　18. 车二平五　马3进5
19. 车五平二　炮2平3　20. 马七进八　炮3进3
21. 炮六平七 …………

红方这步炮六平七是一步假先手（准备兑车吃炮），被黑方乘虚而入，偷袭成功。可改马一进二，以下车7平5，炮八进二，炮3进2，马八进九，士6进5，双方互缠。也可马八进九，炮3进1，炮六进三，双方对峙。

21. ………… 车4进8　22. 仕五退六　车7平4
23. 仕六进五　车4进4　24. 相五进七　车4平2
25. 相七退五　马7进6　26. 炮七进六　士4进5
27. 炮七平八　车2平1　28. 车二退一　马6进5
29. 仕五退六 …………

失马成败势，如炮八平七，则车1进1，仕五退六，前马退7，仕四进五，马5进7，车二平四，后马进5，马一进二，马5

进4，帅五平四，炮5进6，车四平三，车1平4，帅四进一，炮5平1，马八退七，车4退1，帅四退一，马7进9，车三平六，马9进8，帅四平五，炮1进1，炮七退三，卒3进1，黑胜势。

29. ………… 车1平9　　30. 仕六进五　车9平6

31. 马八进七　前马进3　　32. 马七进五　象7进5

33. 炮八退八　车6退5

第46局　象棋旋风　先胜　柳大华

（2006年8月9日弈于北京）

中炮过河车互进七兵对屏风马平炮兑车

1. 炮二平五　马8进7　　2. 马二进三　车9平8

3. 车一平二　马2进3　　4. 兵七进一　卒7进1

5. 车二进六　炮8平9　　6. 车二平三　炮9退1

7. 马八进七　士4进5　　8. 炮八平九　车1平2

9. 车九平八　炮9平7　　10. 车三平四　马7进8

11. 炮九进四　卒7进1　　12. 车四退一 …………

此着退车为冷僻应着，常见的是红炮五进四，黑象3进5，红车四平三再吃回黑过河卒占优。

12. ………… 炮7进5

如卒7进1，则马三退五，马8退7，车四进一，象7进5，车八进六，炮2平1，车八进三，马3退2，马七进六，马2进3，均势；或象7进5，以下炮九平五，炮2进4，前炮退一，马8进6，马三退五，马6进4，后炮平六，马4退5，车四平五，卒7进1，马七进六，均势；或者炮2进4试红方应手均可。

13. 马三退五　马8退7

黑方回马踏车保中卒软着，此步流行着法是黑炮2进4封车有力！以下炮九退二，象7进5，炮九平三，马8进9，炮三进三，马9进8，炮五平三，车2进4，车四进三，士5进4，马七进六，车2平4，黑有攻势。

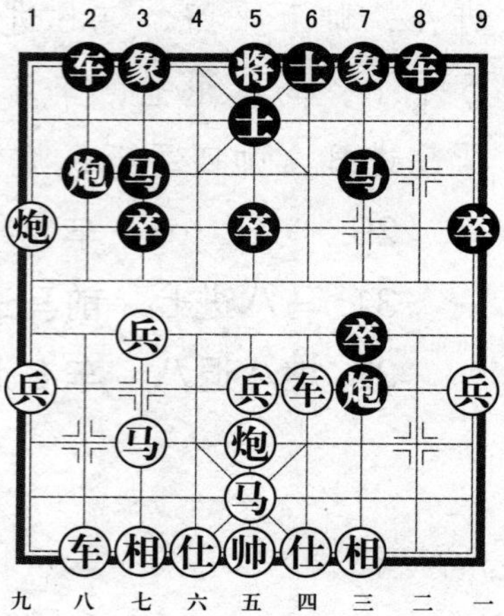

图46

14. 车四退二（图46）…………

退车跟炮，佳着。

14. …………　象7进5

还是应炮2进4封车，红如兵五进一，则炮2进2压车，黑尚可周旋。

15. 车八进六　炮2平1　　16. 车八进三　马3退2

17. 炮九退二　炮7进2　　18. 炮九平三　车8进4

19. 马七进六　…………

至此，黑方子力分散，而红方消灭黑过河卒除去隐患后，多兵占优势。

19. …………　马2进3

无条件地又失一卒，不如炮1平3牵制住红七路线较顽强。

20. 马六进七　马7进6

黑子力分散，且红多兵已难扭转。此时进马也无出路，如车8平7，以下炮五平七，车7进1，马七进九，象3进1，炮七进五，马7进8，相七进五，也是红优。

21. 炮五平四　马6退8　　22. 炮三进三　马3退2

23. 炮三平九　马2进1　　24. 马七进九　象3进1

25. 车四平三　炮7平8　　26. 车三进三　卒5进1

27. 炮四平八　马8退9　　28. 马五进三　车8退1

29. 马三进四

换车后红将净多三兵，黑遂放弃续弈认负。

天机象棋　对阵　张强

张强大师对阵“天机象棋”软件。当张大师首着走出兵三进一后，“天机”却匪夷所思的走了一步马8进7，面对电脑的怪着，张大师弈来紧凑有力，抓住电脑方双马不活的弱点逐渐扩大先手，当然“天机”软件与前三名的软件有明显的差距，故张大师弈得可算得心应手，最后利用叫闷之机逼迫电脑弃子解围，早早奠定胜势。而张强大师在首局获胜的情况下，第二局后手不愿弄险，平稳和局。

第47局　张强　先胜　天机象棋

（2006年8月9日弈于北京）

仙人指路对起马

1. 兵三进一　马8进7　　2. 相三进五　马2进1

3. 马二进三　车9进1　　4. 马八进七　象7进5

如卒3进1，则车一进一，车9平4，车一平四，炮2平3，炮八进五，象7进5，车九平八，车4进3，均势。

5. 车九进一　车9平6　　6. 兵七进一　车1进1

7. 炮八进二　车1平4　　8. 马三进四　卒3进1

9. 炮二平四　车6平8　　10. 兵七进一　炮8进7

11. 仕四进五　炮2平3　　12. 马四进六　车4平3

13. 马六进七　…………

也可车九平六，以下车8进5，车一进二，象5进3，马六进七，车3进1，车六进五，车3进1，车六平七，马1进3，马七进六，红小优。

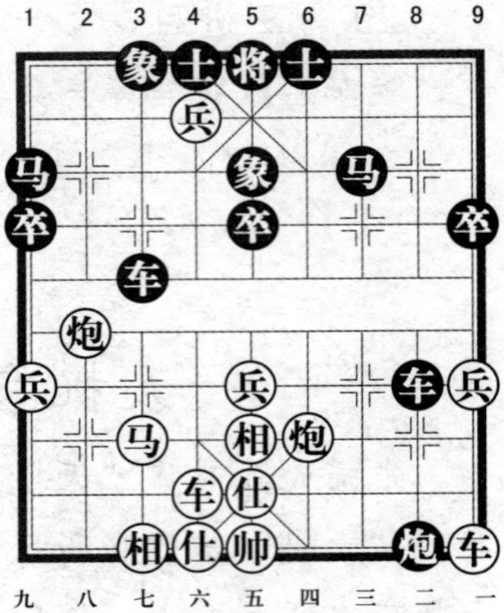

图47

13. …………　车3进1

14. 兵七平六　车8进5

15. 兵六进一　卒7进1

16. 兵三进一　象5进7

17. 车九平六　象7退5

如车3进2，则炮八退一，车3进2，炮八退二，车3平2，兵六进一，象3进5，马七进六，车2平5，兵六进一，红优。

18. 兵六进一　车3进2　　19. 兵六进一（图47）　士6进5

古语云："背补士切忌炮攻"，此时应士4进5，以下炮八退三，车3平6，车六进三，马7进8，车六平七，车6平3，车七进一，象5进3，马七进六，马8进6，黑势并不差。

20. 炮八退三　车3平8　　21. 炮八平七　象5进3

22. 马七进八　马1退3

失马且不占势，败局已定。此时如象3退5，以下马八进七，象5进3（如后车平3，则马七进五，士5进6，炮七进八，车3退4，兵六进一，红得车胜），马七进八，象3退5，兵六进一，士5退4，车六进八，将5进1，马八退九，红胜势。

23. 兵六平七　后车平7　　24. 马八进六　象3退1

25. 兵一进一　马7退6　　26. 炮七平八　车7退2

27. 炮四退一　象1进3　　28. 车六进三　车7平2

29. 车六平七　车2平4　　30. 兵七平六　车4退1

如车4进2，则兵六平七，车8进2，炮四进四，车4进4，炮八进八，马6进5，车七进一，红胜势。

31. 车七进一　卒5进1　　32. 炮八平六　象3进1
33. 炮六进七　象1进3　　34. 炮六平八　士5进6
35. 炮四进八　将5平6　　36. 炮八进一　士4进5
37. 马六进七　象3退5　　38. 马七退九　车8退2
39. 兵九进一　将6平5　　40. 马九进八

将神传说　对阵　汪洋

汪洋对阵“将神传说”。对软件比较了解的汪洋大师在与“将神”的散手较量中早早获得了有利的局面，只可惜也是由于时间的压力，难以开启入局之门，遗憾地被电脑逼和。第二局，汪洋后手反宫马弈来轻灵飘逸，布局很快就呈反先之势，令软件一时迷失了方向，最终缺乏大局感的软件走棋质量每况愈下，很快就兵败如山倒。

第48局　将神传说　先负　汪洋

（2006年8月9日弈于北京）

中炮对反宫马

1. 炮八平五　马8进7　　2. 马八进七　炮2平4
3. 车九平八　马2进3　　4. 兵七进一　…………

另一主要变例为炮二平四，以下车9平8，马二进三，炮8平9，兵三进一，卒3进1，马三进四，士4进5，车一进二，车1平2，车八进九，马3退2，炮四平三，象3进5，均势。

4. …………　卒7进1　　5. 炮二平四　车9平8
6. 马二进三　炮8平9　　7. 马七进六　士4进5

8. 马六进七　…………

不能急于马六进五，否则马7进5，炮五进四，炮4平5，炮五退二，车8进6，黑反先。

8. …………　象3进5　　9. 车一进一　车8进6
10. 车八进四　车8平7　　11. 兵七进一　卒7进1
12. 兵七平六　马7进6　　13. 车一平八　炮4退2
14. 马三退一　炮4平3　　15. 兵六进一　马6退4
16. 后车平六　炮3进3　　17. 车六进五　炮3进1
18. 仕六进五　炮3平9　　19. 炮四平一　前炮平7
20. 炮一平三　炮7平9　　21. 炮三平一　前炮平8

顿挫着法细腻。

22. 炮五进四　…………

如车六退二，则车1平2，车六平三（如车八平七，车2进9，炮五平六，炮8进1，车六平三，车2平3，车七退四，车7退1，黑优），车2进5，车三平八，车7平5，炮五平六，黑小优。

22. …………　马3进5　　23. 车六平五　车1平3
24. 相七进五　炮9进4　　25. 炮一进四　炮9平5
26. 车八退四　卒7平6
27. 炮一平九　卒6进1
28. 车五平八　车7进2
29. 前车进三　车3平2
30. 车八进九　士5退4
31. 帅五平六（图48）…………

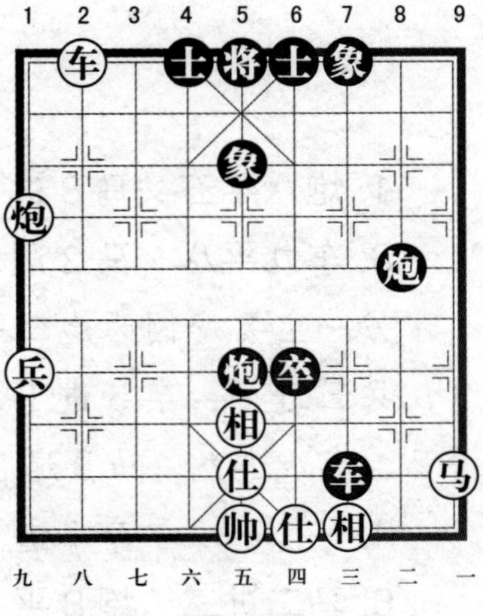

图48

失误！应炮九平五，以下士6进5，车八退四，炮8进5，车八平六（红欲出帅后以一将一要杀的亚洲棋规谋和），炮5进

2，炮五退五，车7平9，车六平二，炮8平9，车二退五，红势并不弱，战线将拉长。

31. ………… 车7平9　32. 车八平六　将5进1
33. 车六平四　车9退5　34. 车四退六　车9平4
35. 帅六平五　车4进3　36. 兵九进一　将5平4
37. 炮九平六　炮8平2　38. 车四进五　将4退1
39. 车四进一　将4进1　40. 车四退三　炮2进5
41. 车四进二　将4退1　42. 车四进一　将4进1
43. 车四退三　炮2平4

巧妙赶炮，红无法解局，遂认负。

第19章　决战紫禁之巅

2006年8月9日，运行在浪潮天梭计算机上的强悍象棋软件，以三胜五平两负（总比分11：9）的战绩击败了柳大华、徐天红、卜凤波、张强、汪洋等五位大师级高手团队，但毕竟没有许银川、吕钦、胡荣华这样超一流高手的参与，让人感到一丝遗憾。刚好此时收到了许银川要与最强软件“棋天大圣”对决的要求，于是在主办方安排下，一场历史上最强的人机对战在所难免！

8月15日上午，首局比赛开枰。电脑执红先行，布下中炮过河车互进七兵对屏风马平炮兑车，双方你来我往、落子如飞。中局过后，“棋天大圣”软件保持微小优势，许银川棋处下风，而且有时间的压力。但当软件贪吃边卒时，许特大果断跃马，以马换炮使局面得到简化，结果成和。赛后许特大认为：开局不是很满意，软件开局占优。软件依赖于强大的计算，打破传统思维，这对象棋发展来说是积极的。人有感情因素，认为棋形不好，就不去想了。不过人的优势还是在于判断，虽然没有电脑计算的深远，但也会通过判断得到正确的结果。

休整两个小时后，第二局开赛。许银川先手放弃了中炮开局而选择了较为稳健的飞相局，“棋天大圣”软件应以过宫炮，局面平和，而这正是号称“少年姜太公”的许银川最擅长的局面。尽管运行在高强硬件浪潮天梭上的“棋天大圣”软件此后发起强攻，企图挑起激烈的战争，但许银川不为所动，最后成和。

第49局　棋天大圣　先和　许银川

（2006年8月15日弈于北京）

中炮过河车互进七兵对屏风马平炮兑车

1. 炮二平五　马8进7　　2. 马二进三　车9平8
3. 车一平二　马2进3　　4. 兵七进一　卒7进1
5. 车二进六　炮8平9　　6. 车二平三　炮9退1
7. 炮八平六　马3退5　　8. 车三退一　象3进5
9. 车三平六　马5进3　　10. 车六进一　马7进6
11. 车六平七　炮9进1　　12. 兵三进一　…………

如马八进七，则士4进5，兵七进一，车1平4，仕六进五，车8进5，车九平八，炮2退2，车八进四，炮9平7，兵三进一，车8退1，均势。

12. …………　士4进5　　13. 兵三进一　马6进4
14. 车七平八　炮2退2

如车1平2，则马八进七，马4进6，车九进一，马6退7，马七进六，红优。

15. 马八进七　马4进6　　16. 车九进一　马6退7
17. 马七进六　炮2平4　　18. 马六进四　车1进1
19. 车九平七　车8进4　　20. 兵七进一　马7进8
21. 马三进二　炮9平8　　22. 兵七进一　炮8进3
23. 马四退二　车1平4　　24. 炮六进七　马3退4
25. 炮五平二　车4进5（图49）　　26. 车七进一　…………

如车八退二，则车4平5，相三进五，车8平3，车七进四，马8进6，帅五进一，车5平9，帅五平四，马6退8，仕四进五，象5进3，双方激烈对峙！

26. ………… 车4平5
27. 仕四进五 车5平1
28. 车八退二 车1平7
29. 相三进一 车7平5
30. 车八平七 卒5进1
31. 后车平五 车5进1
32. 相七进五 车8平7
33. 车七退一 马8退6
34. 相五进三 …………

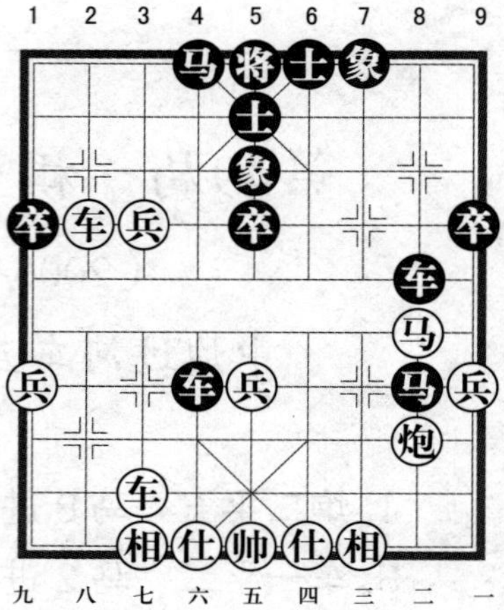

图49

如相一进三，则卒9进1，仕五进六，车7平6，车七进一，车6退1，仕六进五，红方占位较好略优。

34. ………… 卒9进1
35. 车七进一 马6进4
36. 兵七平六 车7平6
37. 炮二平六 车6进1
38. 车七进二 车6进1
39. 相一退三 卒1进1
40. 车七平九 …………

如车七退二，则车6平9，相三退一，后马进2，马二进三，马2进1，炮六平九，马1进3，马三退五，马4进6，仕五进四，车9平5，炮九平五，车5退2，均势可和。

40. ………… 前马退3
41. 车九退一 马3进2
42. 车九平六 马2进4

第50局 许银川　先和　棋天大圣

（2006年8月15日弈于北京）

飞相进右马对左过宫炮

1. 相三进五 炮8平4
2. 马二进三 卒7进1

3. 车一平二　马 8 进 7　　4. 兵七进一　车 9 平 8
5. 马八进七　象 3 进 5　　6. 炮八平九　马 2 进 4
7. 车九平八　卒 3 进 1　　8. 兵七进一　车 1 平 3
9. 车八进五　…………

许大特此着非常准确，如马七进六，则车 3 进 4，车八进四，卒 1 进 1，炮九平七，炮 2 退 2，炮二进六，炮 4 平 2，车八平七，车 3 进 1，相五进七，双方面临复杂的互缠。

9. …………　车 8 进 6　　10. 马七进六　车 3 进 4
11. 车八平七　象 5 进 3　　12. 兵三进一　卒 7 进 1
13. 相五进三　车 8 平 7　　14. 相三退五　炮 2 进 7（图50）
15. 马三退五　…………

如车二平三，则炮 2 平 4，马三退五，前炮退 3，车三进三，前炮平 7，兵九进一，炮 4 平 5，马五进七，炮 7 进 1，炮九进四，炮 7 平 3，马六退七，均势。

15. …………　炮 2 平 4　　16. 车二平三　车 7 进 3
17. 相五退三　前炮退 1　　18. 炮九进四　后炮平 5
19. 马五进三　卒 5 进 1　　20. 仕四进五　炮 4 退 2
21. 炮二进二　象 3 退 1　　22. 相七进五　卒 9 进 1
23. 炮九平三　马 7 进 9　　24. 炮二进一　…………

也可马六进四，以下马 9 进 7，炮二进三，马 4 进 5，炮二平九，马 5 进 3，马四进五，象 7 进 5，均势。

24. …………　象 1 退 3
25. 马六进八　马 9 退 8
26. 炮三退一　炮 5 平 9
27. 炮三平一　马 8 进 7
28. 炮一退一　炮 4 平 9
29. 马三进一　炮 9 进 4

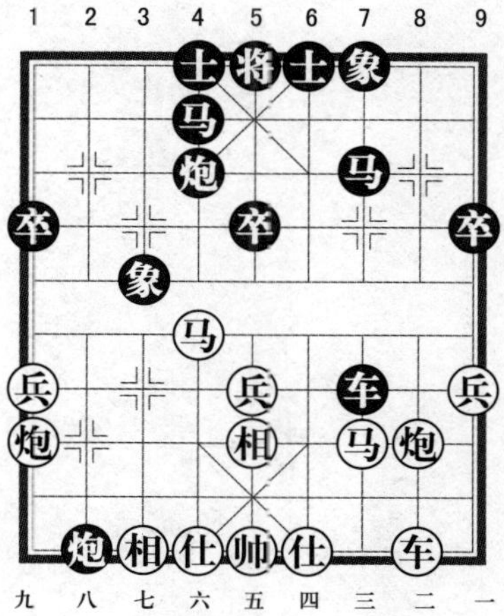

图50

30. 马八进六　马4进3　　31. 相五进三　炮9平1

32. 炮二退三　炮1退3　　33. 马六退七　炮1进2

34. 炮二平三　马3退5　　35. 相三进一　…………

此时双方输攻墨守，均未出现一丝破绽，令人叹服！

35. …………　士6进5　　36. 帅五平四　炮1平2

37. 炮三平五　马5进6　　38. 炮一进五　象7进9

39. 马七进六　马6退5

如续走马六退七，则马5进6，马七进五，马7进5，炮五进三，士5进6，兵五进一，象3进1，炮一平二，炮2退4，大致均势。

第20章　将相和

由台南大学及人工智能学会所主办的“2007年计算机对局论坛暨全球计算机象棋争霸赛”于2007年7月7日至8日在台南盛大举行，经过八轮的激战，冠军由拥有特级大师（九段）实力的“棋天大圣”以七胜一和不败佳绩获得，而台湾地区郑明政教授研发的“象棋世家”屈居亚席。

赛后举办了人机对抗赛，由“棋天大圣”挑战海外第一高手国际特级大师吴贵临。7月8日于长荣大学进行第一局，由吴贵临先行以“仙人指路”开局，最后战成和局。第二局则于7月9日在台南大学继续，轮由“棋天大圣”先行飞右相对士角炮。对弈中吴特大一个不留神竟被“棋天大圣”扩先且破了士象。幸好吴特大及时回过神来，最后以纯马炮卒光将守和“棋天大圣”的马炮仕相全。9日，临时加赛一局亚军“象棋世家”与五段高手施许三奇的对战。由“象棋世家”先行，双方布成中炮过河车对屏风马进7卒弃马。但施许三奇在第11回合随手错走一步，被“象棋世家”软件紧紧抓住，仅16回合就迅速败下阵来，显示出“象棋世家”软件强大的计算能力！

第51局　吴贵临　先和　棋天大圣

（2007年7月9日弈于台湾长荣大学）

仙人指路转中炮对卒底炮飞右象

1. 兵七进一　炮2平3　　2. 炮二平五　象3进5
3. 仕六进五　马8进7　　4. 马二进三　车9平8

5. 兵三进一　炮8平9

6. 炮八平六　车1进2

一般多走马2进1，软件率先变着，在双子一子未失的情况下是对吴大师的一种临场考验！

7. 马八进七　车1平2

8. 马七进六　士6进5

9. 车一进二　车2进2（图51）

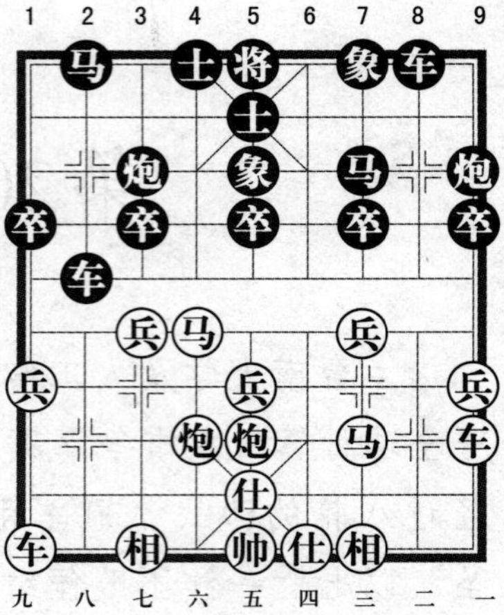

图51

10. 车一平二　…………

可考虑相七进九，以下车8进6，兵七进一，车2进1，马六退七，车2退2，兵七平六，红小优。

10. …………　车8进7　　11. 炮五平二　炮9进4

12. 炮二进七　马7退8　　13. 马三进一　炮3退2

14. 相七进五　马2进3　　15. 兵七进一　车2平3

16. 车九平八　车3平9　　17. 马一退三　卒3进1

18. 车八进六　…………

如马三进四，则卒3进1，相五进七，炮3进5，马四进三，车9平3，红反而无趣。

18. …………　卒3进1　　19. 马六进五　马3进5

20. 车八平五　卒7进1　　21. 兵三进一　车9平7

22. 车五平七　卒3平2　　23. 车七平一　…………

大量兑子后，局面趋于平淡。

23. …………　卒2进1　　24. 马三进一　卒1进1

25. 马一进三　马8进9　　26. 兵五进一　卒2平1

27. 马三进五　车7进2　　28. 马五退七　炮3进4

29. 炮六进三　…………

红如急于马七进九，则马9进7，炮六进二，炮3平6，马九进八，炮6退1，车一退二，车7平4，炮六平七，士5退6，黑方主动。

29. ………… 车7退3

红如续走车一平三，则马9进7，炮六平九，卒1平2，兵五进一，马7进6，兵五平六，炮3退2，兵六进一，马6进4，双方均为马炮兵（卒）仕（士）相（象）全，势均力敌，可和。

第52局 棋天大圣 先和 吴贵临

（2007年7月9日弈于台湾台南大学）

飞相横车对右士角炮

1. 相三进五 炮2平4　　2. 车九进一 马2进3
3. 车九平六 马8进7　　4. 马八进九 车1平2
5. 车六进三 车2进4　　6. 兵九进一 车2平6
7. 马九进八 卒3进1　　8. 马二进一 士6进5
9. 兵七进一 …………

兵一进一较强硬！

9. ………… 象7进5　　10. 兵七进一 象5进3
11. 炮八平七 象3退1　　12. 马八进七 象1进3

也可车6平3，以下相五进七，车3平2，炮二平四，车9平6，仕四进五，车2平8，双方对峙。

13. 兵一进一 卒9进1　　14. 马一进二 车6退1
15. 车六进一 卒9进1　　16. 炮二平四 …………

应炮二进五，以下炮4平8，车六平七，车9平6，马二退三，卒7进1，仕四进五，前车进1，车七退一，后车进2，车一进四，红优。

16. ………… 车6进2　17. 马二进三　车6退2

18. 炮四平三　象3进5　19. 车一平二　炮8退2

20. 兵三进一　炮8平7　21. 兵三进一　炮7进3

22. 炮三进四　车9平8　23. 车二进九　马7退8

24. 车六平四　车6进1　25. 兵三平四　马8进6

26. 炮三平二　炮4退1（图52）　27. 兵五进一　…………

如相五进七，则士5进4，兵四进一，炮4平3，马七进五，马3进4，炮二平五，马6进5，兵四平五，象3退5，炮七进六，和棋。

27. ………… 炮4平1　28. 兵九进一　卒1进1

29. 马七退九　马3进2　30. 马九进八　马2进3

31. 马八退六　士5进4　32. 炮七进三　马3退5

准确简化，局面趋近和势。

33. 马六退五　象5进3　34. 马五进七　士4进5

35. 炮二退三　卒9平8　36. 炮二平五　将5平6

37. 炮五平九　将6平5　38. 兵四进一　马6进8

39. 兵四平五　马8进7　40. 仕四进五　将5平6

41. 仕五进四　炮1平2

42. 炮九退二　炮2进7

43. 兵五进一　马7进8

44. 帅五平四　马8退6

45. 仕四退五　将6平5

46. 炮九进三　马6退7

47. 兵五平六　士5进4

48. 马七进六　将5进1

49. 马六退四

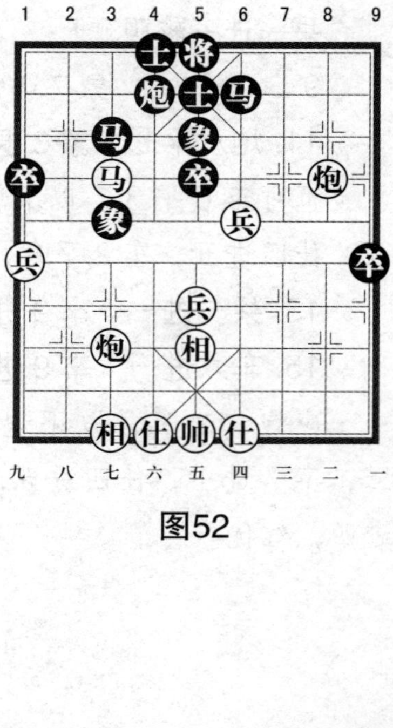

图52

第53局　象棋世家　先胜　施许三奇

（2007年7月9日弈于台湾台南大学）

中炮过河车对屏风马弃马局

1. 炮八平五　马2进3　　2. 马八进七　卒3进1

先挺3卒是黑方喜爱的布局。

3. 车九平八　车1平2　　4. 车八进六　马8进7

5. 兵三进一　象7进5

飞左象准备演练弃马局，这是黑方新练就的一把飞刀，在最近比赛中打败多位高手取得很好成绩。

6. 车八平七　…………

这时“世家”脱谱，经过计算后平车压马，接受黑方弃马反击。

6. …………　马7退5

准备下伏炮8进1牵制红车。

7. 马二进三　炮8进1　　8. 马三进四　…………

“世家”经过长考后跳河口马。

8. …………　卒7进1

黑方按计划挺7卒准备打死车。

9. 马四进三　卒7进1　　10. 炮二平一　卒7平8

这两个回合双方盘面发生了重大变化，刘国华裁判长赛后指出，应改走炮8进3，下着打七兵攻车或打底相将军，黑方反先有攻势，红方不应着不行。吴贵临也指出，可先车9平7，红炮一进四，黑炮2进5兑子，黑方布局满意。

11. 车一进一　炮2平1（图53）

棋子离手后发现走错子，一手之差局面迅速崩溃。黑方平边炮，“世家”软件分数猛涨300分，意即黑方此着下错。用“世家”分析该走车9平7，双方还在互缠中。

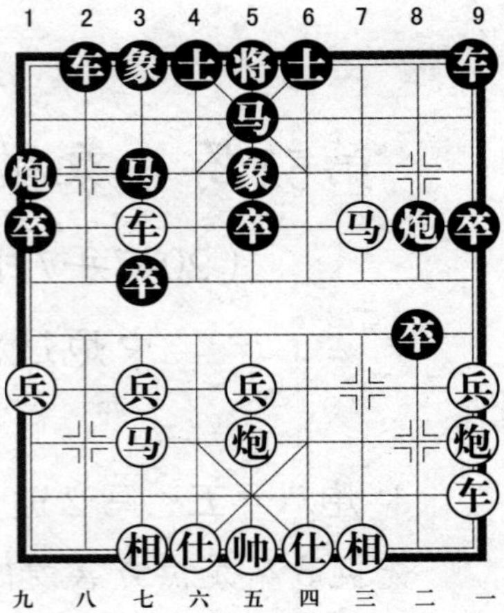
图53

12. 马三进二　马5退7

如改走马3退1，红车七进二，黑方再马5退7，一样掉马比实战还能多撑几个回合。

13. 车七进一　炮8退1

14. 炮五进四　…………

消灭看守中路3路马，红炮发起中路攻势，黑方难以防守。

14. …………　士6进5　　15. 车一平四　炮8平6

16. 车四进六

红方精彩入局，黑方爽快认负。

赛后，施许三奇惊叹软件运算能力强，数据丰富，未来人脑要想保持优势，唯有不断创新，才能与软件抗衡。

第21章　嘉年华在高雄

话说“2008象棋嘉年华在高雄”于2月24日在高雄市文化中心前厅及广场隆重举行。象棋嘉年华包含了多项活动。其一是台湾棋王吴贵临创造了一项1人对150人的吉尼斯世界纪录，其二是全台四名高手参与的闭目邀请赛，其三就是林恩德、张瑞祥两位高手与电脑软件“象棋世家”及“ELP”的人机对抗赛。

林恩德、张瑞祥均为高雄棋坛名将，人机对抗赛分两轮进行，上午软件方执红先行，“象棋世家”以中炮直横车右炮过河负于林恩德的屏风马两头蛇，“ELP”则以过河车击败张瑞祥的屏风马弃马局。下午张瑞祥以仙人指路负于“象棋世家”的卒底炮，林恩德则以五八炮进三兵先和“ELP”的屏风马三步虎，总计电脑小胜一局。

第54局　ELP　先胜　张瑞祥

（2008年2月24日弈于高雄市）

中炮过河车对屏风马弃马局

1. 炮二平五　马8进7　　2. 马二进三　车9平8
3. 车一平二　卒7进1　　4. 车二进六　马2进3
5. 兵七进一　车1进1

至此演成中炮过河车互进七兵对屏风马右横车（为便于阅读棋谱做了左右调换），黑升起横车，意在防守中伺机反击，着法积极，是屏风马应付中炮的一大分支。如改走炮8平9平炮兑车，则为常见之布阵。

6. 马八进七 …………

此着可炮八平七演成五七炮。

6. ………… 车1平4 7. 炮八平九 …………

红另有兵五进一的攻法，不赘述。

7. ………… 炮2进4

伸炮过河封车，展开反击，寓攻于守。

8. 兵三进一 …………

红如兵五进一，则车4进5，兵五进一，士6进5，黑优。另外，红方尚有车九平八捉炮的走法，不赘述。

8. ………… 卒7进1 9. 车二平三 …………

如改走车九平八捉炮，以下大致为：炮2平3，车二平三，炮8进4，马三进四，车8进2，车三退二，车4进4，兵五进一，炮8平4，仕六进五，车4平3，炮五平三，马7退5，相七进五，车3平5，车八进八，车8进4，马四进三，车5平7，相五进三，炮3退1，成为黑方多卒，红方先手的局面。

9. ………… 炮8进4

伸炮过河，欲弃子抢攻。

10. 车三进一 …………

红吃弃马实乃败局根源，若非黑方误失战机，红棋实难逆转。应改走车三退二，吃掉过河卒为稳健之正着。以下黑如：

甲、马7进6，车三平四，车4进3，兵五进一，炮2平7，马三进五，炮8平5，马七进五，车4进2，马五进三，马6退5，炮五平一，再联相，红方可以满意。

乙、炮8平7，相三进一，马7进6，兵五进一，象7进5，兵七进一，卒3进1，兵五进一，卒5进1，马七进六，卒5进1，马六退八，士4进5，至此形成红多一子，而黑方多卒的局面，各有顾忌。

10. ………… 炮8平7 11. 车三平七 炮7进3

12. 仕四进五　炮7平9　　13. 仕五进六　…………

如车七平四，则车8进9，车四退七，车8平7，马三退一，车7平8，马一进三，车8平7，炮九进四，车4平6，红不能长踹车，必须变着，至此黑胜。

13. …………　车8进9　　14. 帅五进一　车8退1

15. 帅五退一　卒7进1　　16. 炮五进四　卒7进1

17. 车七平五　车4平5　　18. 车五平二　…………

如车五进一，则将5进1，车九平八，炮2平9，黑方三子归边胜定。

18. …………　车5平8　　19. 车二平五　…………

如直接走车二进一，则车8退7，车九平八，车8进8，帅五进一，车8退1，帅五退一，炮2平9，车八进七，将5进1，车八进一，将5进1，马七进六，前炮平8，黑胜。

19. …………　士4进5

应改走士6进5补左士，以下红有两种应法：甲、车五平三，则将5平6！车三进二，将6进1，车三退七，前车平6，黑方简单获胜。乙、车五平二，将5平6，车二进一，车8退7，车九平八，车8进8，帅五进一，车8退1，帅五退一，卒7进1，帅五进一，炮9退1，炮五平四，车8退2，帅五进一，车8进1，黑胜。

20. 车五平二　象7进5

21. 车二退六　车8进7

22. 车九平八　卒7进1

23. 帅五进一(图54)　车8退5

黑方退车失去最后机会，应改走炮9退1，以下红方有两种走法：

甲、炮五平四，车8退2，至此，红方又有两种变着，分述如

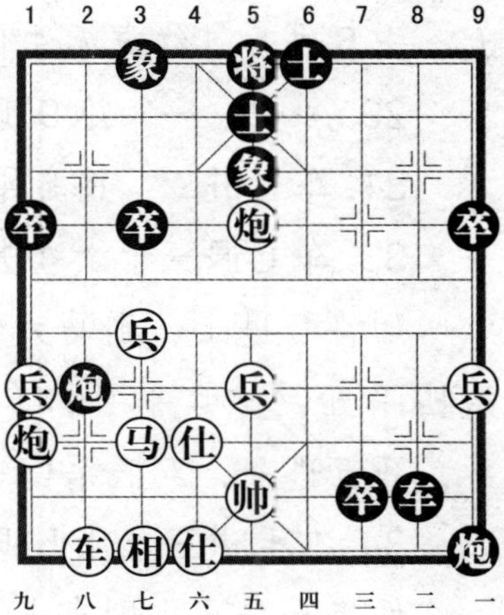

图54

下：一、帅五退一，卒7平6，仕六进五，炮9进1，帅五平六，卒6进1，帅六进一，炮2平4闷杀，黑胜；二、帅五进一，车8平5，帅五平四，炮2平9，仕六退五，车5平3，至此，黑方大优。红如接走车八进二，则后炮进1，帅四平五，前炮平8，仕五退四，卒7平6，帅五平四，车3平6，帅四平五，炮8退1，重炮杀。

乙、帅五平六，则车8退4，仕六退五，车8平4，马七进六，车4进1，黑方追回一子，而红车难出，黑已立于不败之地。以下红如接走炮九平六，车4进1，炮五平二，则炮2平5，炮二平五，炮5平6，车八进九，炮6进2，仕五进四，卒7进1，黑胜。

24. 炮五平四　炮2平4

红炮平四，解危妙招！黑不敢吃炮，否则红车八进三吃回一炮后，子力通畅。黑如接走车6进4或车6平2，红方均应以帅五平六，黑方攻势瓦解。

25. 炮九进四　车8进4　　26. 炮九进三　士5退4

27. 车八进七　士6进5　　28. 车八平五　车8平6

29. 车五平七　…………

如改走车五平三，则炮9退1，帅五退一，车6进1，炮四平五，士5进6，红方无法化解黑方炮9进1杀着，坐以待毙。

29. …………　炮9退1　　30. 帅五退一　车6进1

31. 车七进二　将5平6　　32. 马七进六　士5进4

33. 车七退三　士4进5

如将6进1，则马六进五，将6平5，炮四退二，炮4退2，炮四平五，炮4平5，车七进二，将5进1，炮九退二，士4退5，马五进七，双照杀！

34. 车七进三　士5退4　　35. 炮四退一　炮4平2

如将6平5，则车七退一，士4进5，炮四平五，将5平6，车七进一，士5退4，车七平六，将6进1，马六进五，将6进1，车六退二，连照杀，红胜。

“ELP”执先对张瑞祥的这一局，张瑞祥知软件在弃子局方面有缺陷，易贪子，便摆出了弃马局的陷阱，“ELP”果然上当，顿时张瑞祥伏兵四起，“ELP”老帅岌岌可危。然而在杀王阶段，张瑞祥屡走软着，到嘴的肥肉终未吃到。最后人方被软件绝杀，演成了一场乌龙弃子局，通观全盘甚为可惜。

第55局　象棋世家　先负　林恩德

（2008年2月24日弈于高雄市）

中炮过河车七路马对屏风马两头蛇

1. 炮二平五　马8进7　　2. 马二进三　卒7进1
3. 车一平二　车9平8　　4. 车二进六　马2进3
5. 马八进七　卒3进1　　6. 车九进一　炮2进1
7. 车二退二　象3进5　　8. 兵三进一　卒7进1
9. 车二平三　马7进6　　10. 兵七进一　卒3进1
11. 车三平七　炮8平7　　12. 车九平四　车8进4
13. 马三进四　车8平7　　14. 马四退二　车7平8
15. 炮八进一　士4进5　　16. 炮五平二　马6进7
17. 炮二进三　马7进6　　18. 帅五进一　车1平4
19. 帅五平四　车4进6

还有更流行的为车4进8。

20. 炮八退一　车4进2　　21. 仕四进五　车4退4

22. 马二进四　车4平7　　　23. 帅四进一　…………

双方一直按谱走棋，所以未脱谱时间较长。至此着电脑脱谱计算出帅四进一，不过还是应炮二退三较好，以下炮2退3，仕五进四，炮2平3，车七平六，车7进4，帅四退一，车7进1，帅四进一，车7退1，帅四退一，车7进1，帅四进一，炮7进3，车六退二，炮7进2，马四退三，车7退2，炮二进五，红方多子占优。

23. …………　车7进1　　　24. 相七进九　车7平8

25. 仕五进六　…………

如帅四平五，则炮2进3，车七平八，炮2平9，仕五进四，车8进3，红方多子，黑有攻势，局势两分各有千秋。

25. …………　炮2退3　　　26. 车七平五　炮7平6

27. 马四进五　…………

如帅四平五，则马3进4，帅五退一，马4进6，帅五退一，卒5进1，车五平七，炮2进6，兵一进一，炮6平9，仕六退五，炮9进3，黑大优。

27. …………　车8平5　　　28. 兵五进一　马3进5

29. 兵五进一　…………

无奈进兵，此时帅位不好，已没有什么好的解决方案。而林恩德一点也未松懈，紧紧抓住这一漏洞。

29. …………　马5进7　　　30. 帅四平五　马7进6

31. 兵五进一　炮2进6　　　32. 仕六退五　炮2平9

33. 炮二进一　卒1进1　　　34. 炮八进四　卒9进1

35. 炮八进三　…………

如炮二进三，则象5进3，兵五平四，炮6平8，炮八平九，炮8进5，马七进八，将5平4，马八进七，马6进7，帅五平四，马7退8，帅四平五，马8退6，帅五平四，炮8退3，黑胜。

35. ………… 将5平4

36. 炮八退八 炮6进3

37. 兵五进一 …………

可炮八平六，暂无大碍。

37. ………… 象7进5

38. 炮八平六 将4平5

39. 马七进八 士5进4

40. 马八进六 炮6退4

41. 马六进四 士6进5

42. 炮二退三 卒9进1

43. 炮二平三 卒9平8

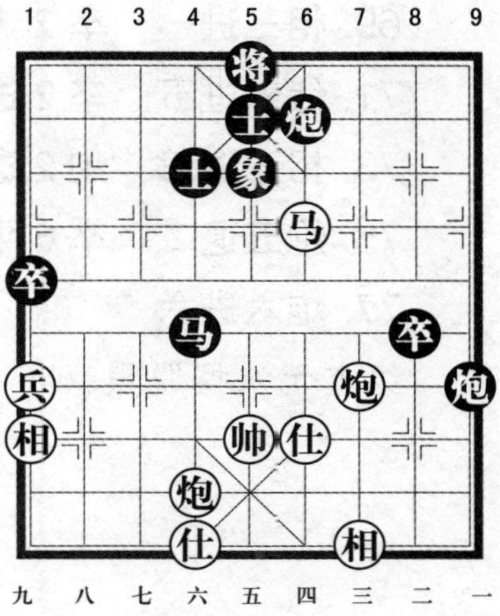

图55

44. 仕五进四 马6退4（图55） 45. 帅五平六 …………

可帅五退一，以下炮9平1，炮三平六，马4进6，前炮平五，将5平6，帅五退一，卒1进1，虽处下风，但帅回到稳定的位置，尚可周旋。

45. ………… 马4退6 46. 炮三平七 炮9平6

47. 马四进二 后炮平8 48. 炮七进一 卒8平7

49. 炮六平五 将5平6 50. 炮五进四 士5进6

51. 马二退一 炮8平4 52. 帅六平五 卒7平6

53. 马一进三 卒6平5 54. 炮七进三 士4退5

55. 帅五退一 卒5进1 56. 炮七退一 炮6平1

57. 炮七平四 将6平5 58. 炮四平五 卒5平6

59. 马三进五 马6退5 60. 后炮进二 将5平4

61. 后炮平六 炮4平2 62. 帅五平四 炮2进7

至此黑方双卒如虎，红方输棋只是时间的问题了。

63. 炮五退五 炮1平3 64. 炮五平七 卒1进1

65. 相九进七 卒1平2 66. 炮七平六 将4平5

67. 前炮平五 将5平4 68. 相七退五 炮3平1

69. 相三进一　卒2进1
70. 帅四退一　炮1进3
71. 仕六进五　卒2进1
72. 炮六退一　卒2平3
73. 相五退三　炮2进1
74. 帅四进一　炮2退4
75. 炮五退二　卒6平7
76. 仕五进六　士5进4
77. 炮六进六

红方无法摆脱黑双卒夹攻，故认负。

第22章　不该判负的对抗

为庆祝“神七”飞天成功，“飞天杯”中国象棋人机大赛于2008年10月18日上午在武汉大学测绘学院报告厅隆重举行，大赛由武汉大学中国象棋协会和测绘学院联合举办，这次大赛包括两项内容：一是由柳大华的得意弟子象棋大师汪洋与武汉大学中国象棋协会和测绘学院师生中的24名选手之间的车轮大战；二是武汉大学测绘学院青年教师刘进博士研创的中国象棋软件——“3D-流金岁月”与中国象棋大师李雪松进行两盘制的人机大战，大赛在测绘学院二楼学术报告厅和会议室同时进行。从上午9点至12点，对棋赛充满浓厚兴趣的学生和观众，把车轮大战的赛场挤得沸沸扬扬，而人机象棋大战的投影屏幕前虽然也坐了不少观众，却静得鸦雀无声。经过3小时的激战，汪洋大师以16胜3负5和的显著优势取胜，而李雪松大师也以一胜一和的战绩获胜。

“3D-流金岁月”与李雪松大师的两盘精彩对局令人叹为观止，第一盘双方旗鼓相当，软件略有优势，但李大师走得相当严谨，居然丝毫未放松，软件曾很人性化的设计了一个弃相陷阱，李大师也不为所动，后大师主动求“和”结束了棋局。第二盘杀得难解难分，李雪松大师马换双象后具有小优，最终软件走出一叫一抽的局面，这时计算机程序按亚洲象棋规则判“和”，并在屏幕上显示“和”棋，因为目前软件采用的判决系统都是根据亚洲棋规编写的，但裁判还是根据大陆通用的象棋规则判“3D-流金岁月”输。对于这个裁判，刘进博士虽然不是很服，但仍然坦然地接受了。刘博士历经10多年，潜心研究计算机技术和人工智能算法，所研究的“3D-流金岁月”软件，在单核计算机上已达到了象棋大师级的水平。

第56局　3D–流金岁月　先和　李雪松

（2008年10月18日弈于武汉大学）

飞相对进7卒

1. 相三进五　卒7进1　　2. 马八进九　马8进7
3. 车九进一　马2进3　　4. 兵三进一　卒7进1
5. 相五进三　…………

也可车九平三，则进入另一复杂的变化体系。

5. …………　马7进8　　6. 马二进三　车9平8
7. 车一平二　车1进1　　8. 炮二进五　…………

如炮八平五，则炮8进5，车二进二，炮2进5，车九平八，炮2平7，车二平三，马8进6，车三平四，马6进5，和势。

8. …………　车8进2　　9. 车九平二　车1平8
10. 炮八平七　马8退6　　11. 前车进六　车8进1
12. 车二进七　炮2平8　　13. 相三退五　卒5进1
14. 炮七进四　卒5进1　　15. 兵五进一　马6进5
16. 炮七进三　士4进5　　17. 仕四进五　炮8平5
18. 马九退七　马3进4

如马5进6，则帅五平四，炮5平6，马三进四，马3进4，马七进六，马6退5，帅四平五，黑方并不能占到便宜。

19. 马七进六　马4进3　　20. 马六进五　马3退2
21. 马三进二　炮5平9　　22. 马二进一　炮9进4
23. 炮七退三　将5平4　　24. 马一进三　马2进1
25. 炮七平三　炮9平7　　26. 马五进七　马5退3
27. 炮三退一　马3进4　　28. 马七进八　将4平5
29. 马三退四　炮7平8　　30. 炮三退二　炮8退5

31. 炮三平五　象7进5　　32. 马八退九　马1退3

33. 炮五进三　马3退2　　34. 马四进五　马4退3

如将5平4，以下炮五平一，马4退5，马五进三，将4进1，马九退八，马2退3，炮一退二，炮8进4，马三退五，马3进4，炮一进四，炮8退4，红方优，但子力相当，尚难入局。

35. 马五进三　将5平4　　36. 马九进八　马2退3

37. 炮五平一　士5进6　　38. 炮一退二　前马进5

39. 炮一进五　士6进5　　40. 马八退七　马3进4

41. 相五进七（图56）　炮8平9

如马4进3贪相，则马七进八，将4进1，马三退五，士5进4，马五进四，将4平5，马四退二，红方得子胜！

42. 马七进八　马4退3　　43. 马八退九　马3进2

44. 相七退五　马5退7　　45. 马九进八　马2退3

46. 相五进三　马7进5　　47. 马八退九　马3进2

48. 相七进五　马5退4　　49. 相三退一　马4进5

50. 马九进八　马2退3　　51. 炮一平二　炮9平8

52. 马八退七　马3进4

53. 相一进三　马5退3

54. 相五退七　马3进5

55. 马七进八　马4退3

56. 相三退五　马5退4

57. 马八退七　马4进6

58. 炮二平一　炮8平9

59. 相七进九

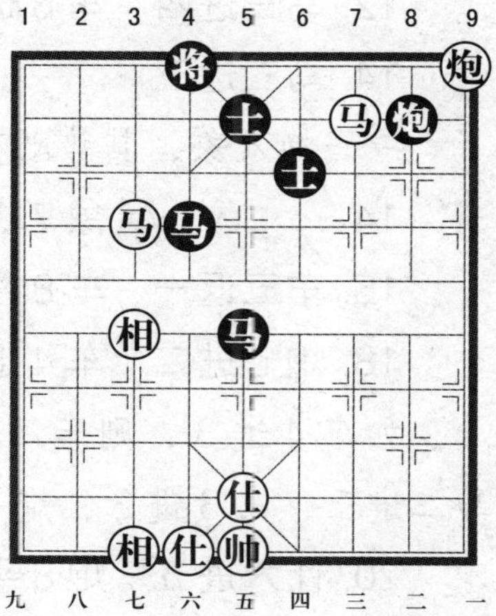

图56

最后一段双方走得都十分精确，均无差错，故握手言和，其实不犯错误对人类大师来说是一件很难的事情。

第57局　李雪松　先胜　3D-流金岁月

（2008年10月18日弈于武汉大学）

五七炮对屏风马进3卒

1. 炮二平五　马8进7　　2. 马二进三　马2进3
3. 车一平二　车9平8　　4. 兵三进一　卒3进1
5. 炮八平七　马3进4

一般多走士4进5或卒1进1。

6. 车二进五　…………

如马八进九，则炮8进4，车九进一，炮2平5，黑反抢先手。

6. …………　马4进3　　7. 车二平七　马3进5
8. 相七进五　象3进5　　9. 车七进二　车1平2
10. 马八进六　炮2进4　　11. 车九平八　炮8进4
12. 马三进四　车8进5　　13. 马四进三　车8退1
14. 马三进五　…………

一马换双象，其势必英雄！

14. …………　象7进5　　15. 车七平五　马7退5
16. 车五退一　车8平4　　17. 马六进四　车2平3
18. 炮七进二　车4退1　　19. 车五退一　车4进2

如车4进3，则车八进三，车4平2，马四进二，车2退4，马二进三，车3进3，炮七平五，车3平7，红方胜势！

20. 仕六进五　炮8平6　　21. 马四进二　炮6平7
22. 马二进三　炮7退2　　23. 兵三进一　炮2平4
24. 炮七进一　车4平3

如炮4平9，则炮七退一，炮9平1，车八平六，炮1平4，炮七进一，黑全面受困，红优。

25. 车八进五　前车进1　　26. 兵九进一　前车进2

27. 兵三进一　后车进3　　28. 兵三进一　炮4平1

29. 炮七退一　炮1进3　　30. 帅五平六　后车平4

31. 车八平六　车4进1　　32. 车五平六　马5进7

33. 车六平五　士6进5　　34. 车五平三　车3进1

如马7退9，则车三进三，马9进8，车三退二，马8退9，车三平一，马9进7，车一平三，马7退9，车三进二，马9进8，车三进一，士5退6，车三退三，马8退9，炮七平五，车3退6，车三平五，士6进5，车五平一，士5进4，车一进二，黑马依然被食，红大优。

35. 帅六进一　马7进5　　36. 炮七平五　将5平6

37. 车三平四　马5退6　　38. 炮五平四　将6平5

39. 炮四进四　车3退1　　40. 帅六退一　车3退2

41. 车四平五　车3平4　　42. 帅六平五　车4平2

43. 帅五平六　车2平4

44. 帅六平五　车4平2

45. 帅五平六　车2平4

46. 帅六平五　车4平2

47. 帅五平六　车2平4

48. 帅六平五　车4平2（图57）

软件棋规判断部分是按亚洲规则编写的，此时按亚洲棋规可判为和棋，裁判按大陆的棋规判软件方作负是不合适的。但赛前未考虑按何种棋规执行，显然未想到会出现这种始料不及的情况。

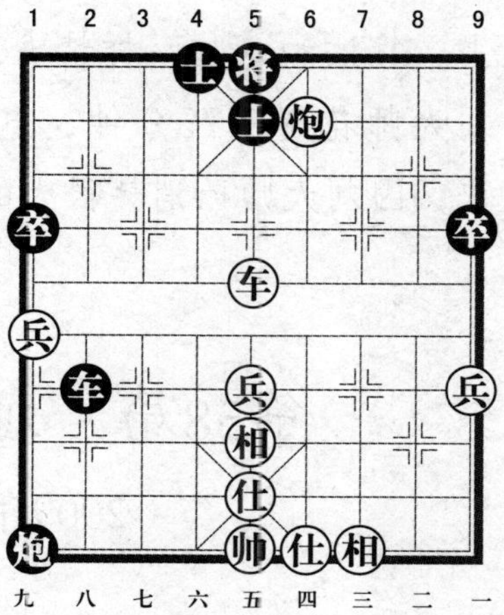

图57

第23章　战鹏城

“2009中国计算机博弈锦标赛暨中国象棋人机大战”于2009年11月18日至21日在深圳大学城隆重举行，来自全国各地的9款象棋软件进了九轮双循环博弈，最终“象棋名手”“佳佳象棋”“陶情弈趣”分获前三名。

“象棋名手”作者蒋志敏出生于1979年，毕业于武汉大学。该软件编写于2005年，2007年参加第二届（重庆）中国博弈锦标赛成绩平平，后作者于2008年对评估部分进行了系统修正，2009年又对搜索算法进行了全面的修正，辛勤的付出终获夺冠的回报。

11月21日，获得前三名的软件分别与专业大师刘星、黄海林、朱琮思进行了两番棋的对抗赛，结果电脑以4胜2和的总成绩获胜，仅黄海林取得2和，刘星和朱琮思均2负。“象棋名手”与刘星大师大战两局，第一局刘大师执红先行，一直对全局控制得十分得当，算法和电脑一样精准，弃子抢攻着着争先，惜后续乏力告负。刘大师花费了75分钟，电脑仅用时40分钟，可见软件算度又深又快，因刘大师已消耗很大的精力，故第二盘很快后手告负。

第58局　刘星　先负　象棋名手

（2009年11月21日弈于深圳）

对兵局

1. 兵七进一　卒7进1　　2. 马八进七　马8进7
3. 相三进五　象7进5　　4. 车九进一　马2进1

5. 车九平三 …………

另一流行走法为车九平四，以下车1进1，马七进八（如马二进三，则车1平4，车四进三，炮8退2，炮二平一，车9进1，车一平二，车9平8，车二进八，车4平8，炮一退二，炮8平7，均势），炮2进5，炮二平八，车1平4，马二进三，车9平8，车一平二，炮8进4，仕四进五，车4进5，双方对峙。

5. ………… 车1进1

如炮8退2，兵三进一，炮8平7，兵三进一，车9平8，炮二平四，炮7进4，马二进一，车1进1，车三进三，车1平4，车一平二，车8进9，马一退二，车4进3，马二进三，炮7进3，车三退二，卒1进1，均势。

6. 兵三进一 卒7进1　7. 车三进三 炮8退2

8. 马七进八 炮8平7　9. 车三平四 炮2进5

10. 炮二平八 车1平4　11. 车四进三 车4进6

12. 炮八平七 车9进2　13. 马二进四 车4退3

14. 马八进七 马1进3

如士6进5，则车四进一，马1进3，炮七进四，卒9进1，车一平二，车4平6，基本和棋。

15. 炮七进四 …………

红方通过兑子简化局势，以小先手进入中局。

15. ………… 士4进5　16. 车四进一 卒9进1

17. 炮七进一 车9平8　18. 兵一进一 车4退2

19. 炮七进一 卒9进1　20. 车一进四 车8进6

21. 炮七平九 车8平7　22. 炮九进一 象3进1

23. 兵七进一 炮7平8　24. 仕四进五 炮8进9

25. 车一退四 炮8退5　26. 兵五进一 …………

针对性不强，反使红马陷入重围被歼。应车四退五，以下象1进3，兵五进一，将5平4，车一平二，车4进3，车二进三，炮

8平6，车二平三，车7退2，马四进三，炮6平4，均势。或者车一进三，以下车7进1，仕五退四，将5平4，车一平二，象1进3，马四进六，车7退5，仕四进五，均势。

26. ………… 车4进4

准确，一步抓住红马位置欠佳的要害。

27. 兵七进一 炮8平6 28. 兵五进一 卒5进1

29. 车四退二 车7平6 30. 兵七进一 车4退5

31. 车四平八 …………

平车抢攻，贯彻弃马急攻的策略，不如车四平三，以下炮6进1，车一进五，炮6平5，车一平五，车6退3，车五进二，车6平8，车五平三，将5平4，兵七平六，车8进4，后车退六，车8平7，车三退七，车4进1，帅五平四，车4平6，帅四平五，车6平4，按亚洲规则可和。也可车一平三简化局势，以下车4平1，车三进七，车1退1，车三平五，卒5进1，车五退三，车1平4，车五进一，炮6进1，黑方虽多一炮，但并不容易取胜。

31. ………… 炮6退3

黑方退炮加强防守准确，有惊无险。

32. 车八进三 …………

应车一平三，以下马7进8，车三进六，车6平8，车三进二，车8平6，车八进三，士5退4，车八退一，士4进5，车三平四，车4平2，车四退七，黑并没占多大便宜。

32. ………… 士5退4 33. 车一进四 将5进1

面对红方的猛烈攻势，黑方起将，似劣实佳的一着，一方面避开红方抽将的手段，一方面使将走到更安全位置。

34. 车八退二 车4进5 35. 车一平三 …………

空着，应兵七平六，以下象1退3，车一平三，车4平8，仕五退四，炮6平9，仕六进五，车6退6，车三平一，炮9平8，兵六进一，将5平4，炮九退一，将4平5，炮九平二，车6进

4，车一平六，将5退1，均势。

35. ………… 车4平8

36. 仕五退四 炮6平9

37. 仕六进五 车6退6

38. 兵七进一（图58） 车8平3

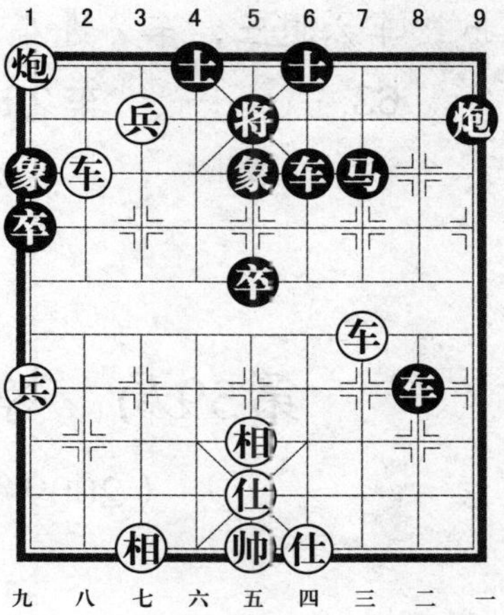

图58

正确，如误走炮9平3，则车三平六，将5平6，车六进五，象5进7，炮九退一，士6进5，车八退一，红方反攻得手占优。

39. 炮九退一 将5退1

40. 兵七平六 炮9平1　　41. 车八平九 炮1平3

42. 兵六平七 车3退5

黑巧妙弃还一炮使局面得到简化，红方已无攻势，黑方多子，已形成必胜残局。

43. 车九退一 车3进3　　44. 车九平三 马7退8

45. 兵九进一 马8进6　　46. 前车平九 马6进8

47. 车九平二 士4进5　　48. 车三退一 卒5进1

49. 车三平九 马8进6　　50. 兵九进一 车3平5

51. 兵九进一 卒5进1　　52. 车二退三 …………

应相五退三避卒锋锐，被黑卒换双相非常不值。

52. ………… 卒5进1　　53. 相七进五 车5进3

54. 兵九平八 马6进7　　55. 帅五平六 象5退3

56. 车二平三 车5退2　　57. 车九平七 象3进1

58. 兵八平七 车6进2　　59. 车七平八 士5进6

值得学习的巧手！

60. 车八平六 车6平3　　61. 车六进六 将5进1

62. 车六退六 车5平2　　63. 车六平八 …………

兑车后，被黑车平6照将杀。如改走帅六平五，以下车3进

5，车六退三，车2进4，黑胜。

63. ………… 车2进1

第59局　象棋名手　先胜　刘星

（2009年11月21日弈于深圳）

飞相对士角炮

1. 相七进五　炮2平4　　2. 马八进七　卒3进1

3. 兵三进一　马2进3　　4. 车九平八　车1平2

5. 马二进三　炮8平5　　6. 炮二进六　…………

准确压制，如车一进一，则马8进7，车一平六，士6进5，马三进二，车2进3，仕六进五，卒5进1，局面均势相持。

6. …………　车2进1　　7. 车一平二　车9进1

8. 炮二退二　马8进7　　9. 炮八进四　炮4进5

10. 炮八平三　车2进8　　11. 马七退八　象7进9

12. 炮二进二　马3进2

13. 仕六进五　炮4退1（图59）

败着，应炮4退5，以下车二进六，马2进3，马三进四，士6进5，兵三进一，车9退1，炮三平四，马7退6，炮二平四，车9进1，后炮进三，士5退6，炮四平二，红方先手，但黑方比实战要好，不致被红方连抢先手，导致失车。

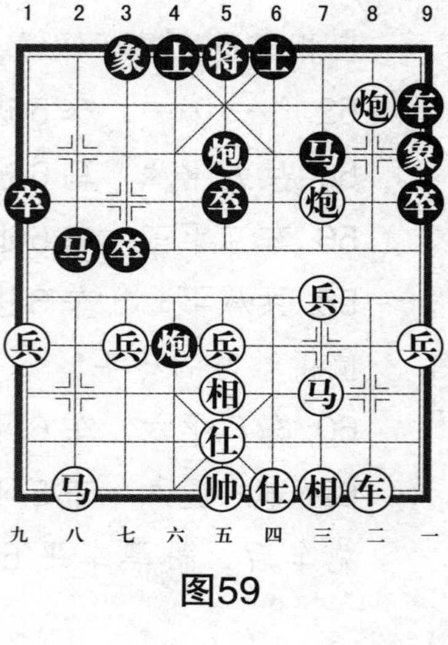

图59

14. 马三进四　炮4平1

再次放弃薄弱的中路。应炮4退4，马四进五，士6进5，马五退七，此时红方优，但黑方在下风尚可一战。

15. 马四进五　马7进5　　16. 炮三进三　将5进1
17. 炮三退一　车9平8　　18. 车二进八　…………

红方通过精确的战术组合，强夺一车，至此胜定。

18. …………　将5退1　　19. 炮三进一　士6进5
20. 炮三平一　将5平6　　21. 车二进一　将6进1
22. 车二退三　马5进4　　23. 炮一平七　炮1平5
24. 兵三进一

黑方如续走后炮平2，则马八进六，炮5平6，车二进二，将6进1，车二退四，马4退5，兵三进一，炮2进1，兵三进一，马5退7，车二平四，黑方必失子，败定。

第24章　第一届人脑对电脑大赛

台湾的人脑对电脑大赛已历数届，这个传统活动是由台湾大学及信息学会倡导举办的，旨在推广计算机应用，这么多年以来一直为业界起到了率先垂范的作用。

1999年第一届人机大战在台湾大学计算机及资讯网络中心222会议室隆重举行，由电脑软件“ELP”对抗经过宝岛象棋协会认定为五段的五位棋手，他们是林中原、陈庆文、林世伟、萧博逊、林晋良。“ELP”的研制是从1988年开始的，创作小组包括许舜钦及其得意门生郑武尧先生、陈志昌先生，“ELP”取自“大象”英文单词的前三个字母，它的初名为“象棋明星”。此时“ELP”已在前一年的第二十六届“新秀杯”晋段赛中正式取得四段证书，并于同年的“昭荣杯”升段赛中获得五段证书，风头正劲。经过激烈搏杀，结果人类棋手仅以三胜二负五和险胜“ELP”，几乎每一则对局都超过了六十回合，搏杀的激烈程度超乎想象，担任裁判的台湾八段棋手刘国华先生总结时说：如果电脑在布局方面再加强一些，结果也许是相反的。

第60局　林世伟　先胜　ELP

（1999年7月5日弈于台湾大学）

中炮急进中兵对屏风马

1. 炮二平五　马2进3　　2. 马二进三　马8进7
3. 车一平二　车9平8　　4. 兵七进一　卒7进1

5. 车二进六　炮8平9　　6. 车二平三　炮9退1

7. 兵五进一　炮9平7　　8. 车三平四　士4进5

9. 兵五进一　卒7进1　　10. 马三进五　车8进8

11. 马八进七　卒7进1　　12. 马五进六　马3退4

通常专业人士认为正着为上象弃马，这也是急进中兵的最激烈争夺点。对于退马多数人认为是败着，但依然尚有许多待开发的领域。

13. 兵五进一　马7进8　　14. 兵五平六　炮2平5

15. 仕四进五　炮7进8　　16. 车四退一 …………

如车四进二，则车1平2，兵六平五，炮7进8，车九进一，炮5进5，炮八平五，车2进6，兵五平六，马4进5，兵六平五，马5退3，炮五进一，车2平4，马六进七，炮7平4，仕五退四，炮4平6，车四退八，车8退4，车九平四，车8平5，前车进一，黑方易走。

16. ………… 车8进1　　17. 帅五平四 …………

如急于车四平二，则车8退5，马六进四，车8平5，兵六进一，车5退1，兵六平五，象3进5，黑胜势。

17. ………… 炮7平4　　18. 帅四进一　车8退1

19. 帅四退一　炮4平1　　20. 仕五退六　车8进1

21. 帅四进一　车8退1　　22. 帅四退一　卒7平6

23. 车四退二　车8进1　　24. 帅四进一　马8进7

25. 车四平三　车8退1　　26. 帅四退一　车8进1

如车8退4，则车三平四，车8平5，马六进八，车1进1，炮五进五，马4进5，马八进九，车5平2，炮八进一，车2退3，炮八平五，将5平4，炮五平六，将4平5，兵六平五，车2平1（如马5进7，则炮六平五，将5平4，炮五退二，象3进5，马七进六，车2平1，兵五平四，马7退9，马六进七，车1平3，车四平六，将4平5，马七退五，象5退3，兵四进一，红胜势），兵五进一，象3进5，炮六平五，将5平4，车四进一，红胜势。

27. 帅四进一　炮5进2　　28. 车三进二　车8退1

29. 帅四退一　车8进1　　30. 帅四进一　马4进5

无法躲闪，只能无奈地跃出挡路的贴身马弃炮。

31. 车三平五　车8退1　　32. 帅四退一　车8进1

33. 帅四进一　将5平4

如改走炮1平4，则马六进八，将5平4，炮五平六，将4平5，兵六进一，炮4退7，马八进七，炮4退1，前马进九，车8平3，炮八进七，炮4退1，炮八平六，车3退2，前炮平四，车3平4，炮四平七，士5退6，炮七平四，红方多一子胜定。

34. 兵六平五　马5退3　　35. 炮八退一　车8退3

36. 炮五进一　车8平6　　37. 帅四平五　车6进1

38. 相七进五　车6进2　　39. 炮八平六　将4平5

40. 兵五平六　车1平2　　41. 兵六进一　象3进5

42. 兵六平五　…………

授敌以隙，应兵六进一！以下黑方有两种走法：

甲、车2进8，此时红有两种应着：（1）车五平四，车2退8，车四退五，炮1平6，帅五平四，马3进4，帅四退一，车2进4，兵七进一，车2退3，马六进四，马4退6，兵六平五，士6进5，马四进六，车2平4，炮六进七，红胜势。（2）马六进五，车6平5，帅五平四，象7进5，车五平六，车5平6，帅四平五，车2退8，兵六进一，车2平4，炮六进八，车6退6，帅五平六，马3进4，炮六平九，红胜势。

乙、士5进4，车五进二（如马六退八，则士6进5，兵六平七，将5平6，炮六平八，车2进2，前兵平六，士5退4，车五平六，将6进1，相五退三，车2平3，红虽优，但战线将拉长，易节外生枝），士6进5，车五平三，将5平6，炮五平四，象7

进9，车三平四，将6平5，车四进一，车2进6，炮四平五，车2平5，车四退八，车5退2，车四进六，车5平4，车四平七，将5平6，兵六平七，车4进3，马七退九，红胜。

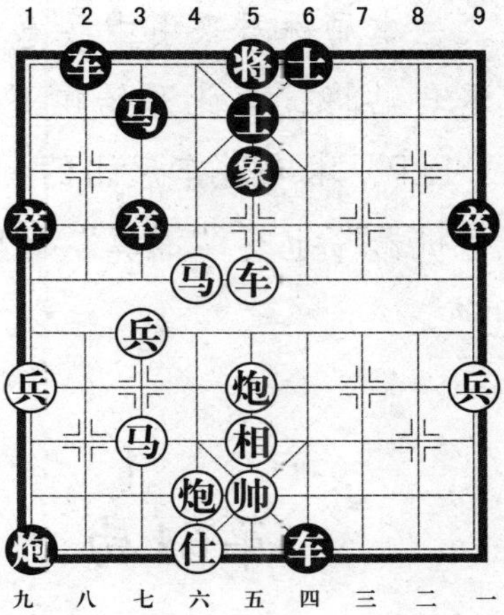

图60

42. ………… 象7进5（图60）

机器“漏算”，失去难得的反击机会，应车2进8！以下兵五进一，士6进5，车五平四，象7进5，车四退五，炮1平6，炮五平二，炮6退1，炮二退二，炮6平4，炮二平六，象5退7，红炮被牵，黑方可以取得对峙的满意局面。

43. 马六进五　马3进5　　44. 车五进二　车2平4

45. 炮六进三　车4进3　　46. 车五退二　车6平8

如车6退4，则炮五进一，车6退3，车五平六，车4平5，炮五进一，车6进4，炮六平五，车5进1，车六平五，车6平3，马七退八，车3进2，马八进六，炮1退1，炮五退一，卒3进1，车五平六，士5进4，车六进二，卒3进1，相五进七，将5进1，车六退一，红胜。

47. 相五退七　车8退4

应车8退1，以下帅五退一，车8退2，兵一进一，卒1进1，帅五进一，车8进2，帅五退一，车8退2，黑方可保持牵制，暂无大碍。

48. 车五平六　车4平5　　49. 帅五平六　车8平6

50. 炮六退一　车6平3　　51. 车六平八　车5进3

52. 马七进五　车3平5　　53. 马五退三　车5平4

54. 车八退二　士5退4　　55. 仕六进五　卒3进1

56. 马三进五　车4退4　　57. 炮六退一

本局林君采用中兵急攻，布局阶段“ELP”因为惜子，未弃马而退马贴将，至此开始在下风苦苦支撑，在红方如火如荼的攻势间隙“ELP”本有进车反击的一线生机，但局面复杂，一直未走出，看来“机器”也有“漏算”呀！至此全局林世伟完胜。

第61局　ELP　先胜　陈庆文

（1999年7月5日弈于台湾大学）

中炮过河车七路马对屏风马两头蛇

1. 炮八平五　马8进7　　2. 马八进七　马2进3

3. 车九平八　车1平2　　4. 车八进六　卒7进1

5. 马二进三　炮8进1　　6. 车一进一　卒3进1

7. 车八退二　炮2平1　　8. 车八进五　马3退2

9. 车一平八　马2进3　　10. 车八进六　…………

进车捉马强悍，对黑方有巨大牵制！

10. …………　炮8退1

如马7退5，则兵五进一，炮8退1，车八退一，炮8平5，马三进五，车9平8，炮二平一，车8进5，车八平七，炮1退1，车七退一，象7进9，兵七进一，车8平6，双方复杂对攻。

11. 兵五进一　马3退5　　12. 车八进二　炮1平5

13. 马七进五　车9进1　　14. 兵三进一　象7进9

15. 兵三进一　象9进7　　16. 兵五进一　卒5进1

17. 车八退三　车9平6　　18. 车八平三　车6进5

19. 炮二进四　炮5进4　　20. 炮五进三　马7进5

如象3进5，则车三进一，车6退2，炮二退一，象7退9，车三平二，车6平5，马三进五，车5进2，仕四进五，象9退

7，和势。

21. 炮二平五　炮5退3

22. 车三平五　车6平7（图61）

23. 车五平七　…………

如马三退五，以下炮8进4，车五平一，马5进3，车一平五，士6进5，车五平七，象3进5，车七进一，车7平5，炮五平四，炮8平3，车七平八，炮3平9，车八退一，炮9平1，车八平九，红方虽多子有胜望，但黑方阵形工整，战线还将拉长。

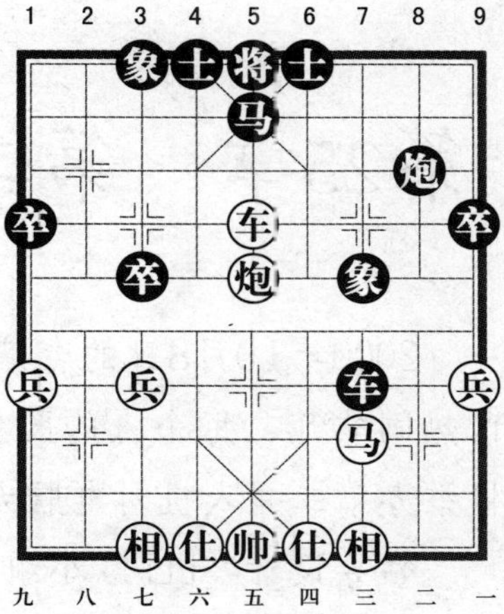

图61

23. …………　炮8平5

败着，至此被红中炮困住窝心马，如同被捆了绑仙绳难以脱身！应马5退7，以下车七平三，车7进1，车三进三，车7进2，车三退三，车7退3，双方均势。

24. 马三退五　车7平5　　25. 炮五进一　车5平3

26. 相七进五　车3平5　　27. 兵九进一　卒3进1

28. 相五进七　车5退3　　29. 车七平五　马5进7

30. 车五退一　马7进8　　31. 相七退五　马8进7

32. 马五进七　炮5退1　　33. 车五进一　马7进8

34. 仕六进五　马8退9　　35. 车五平一　马9进7

36. 车一平九　马7退6　　37. 帅五平六　炮5平4

38. 车九平四　马6进4　　39. 车四平六　马4退2

陈君此着退马叫将，希冀兑子之后以单马士象全力抗红方的车兵仕相全，立意虽佳，无奈细算能力已非昔日的“ELP”，突然平车叫将，导致黑马平白牺牲，陈君如同雪上加霜，盘面已很难挽回！

40. 车六平五　士6进5　　41. 马七进八　炮4进1

42. 帅六平五

第25章　第二届人脑对电脑大赛

2000年10月8日的台湾大学计算机及资讯网路中心222会议室可谓热闹非凡，每个人的脸上都洋溢着兴奋的表情，原来今天在这里将举办第二届人机对电脑大战。

领导设计“ELP”小组的是台湾大学资讯系教授——有着电脑中国象棋之父美称的许舜钦先生。早在1985年许教授就开始了电脑象棋的人工智能的研究，从那时起他就有意识地在自己的学生中选一些对电脑象棋感兴趣者，让他们和自己一起从事这项研究工作，以发扬中华民族这一古老的国粹。尽管当时可借鉴的资料只有国际象棋的研究成果，但为了让这项大众娱乐的活动尽早地展现在计算机舞台，许教授用自己多年的研究成果指导弟子们进行象棋对弈软件的编写。1985年他指导的第一个学生黄东辉编写了象棋开局资料库软件，1986年他和林顺喜教授指导李纮、蔡明坤两位学生及王明钦分两组进行中局对局程序的编写，1987年他又了指导硕士生曹国明编写了象棋专家软件，而所有这些作品均曾在宝岛及世界电脑象棋赛中取得过优异的成绩。

电脑象棋的研究归根结底是对算法研究，为了使研究工作更加深入，许教授翻译了大量国际象棋的技术资料。他的优秀论文《电脑对局的搜寻技巧》几乎总结了自1944年Von Neumann和Morgenstern提出的Mini Max搜寻演算法到最新发展的所有算法，同时结合中国象棋的特点对C.Shannon提出的有限深度Mini Max算法，到后来发展的“前向修剪”“α－β切舍”“目标导向搜寻”“杀手经验法则”“剃刀切舍法”“SSS*搜索”等十五种算法进行了全面的剖析，可谓博弈算法研究的集大成者。而他在《电脑象棋的盲点解析》一文中更是从“审局函数偏差”“搜寻深度不足”两大方面细致地论述了电脑象棋算法的7种误区。这些优秀的论文先后发表在《台湾大学工程学刊》《电脑学刊》等杂志上，对电脑象棋的发展起到了极其重大的指导作用，可以说宝岛台湾电脑象棋软件的兴起与许舜钦教授的引路是分不开的。

说及“ELP”的研究则是从1988年开始的，“ELP”创作小组包括许教授及其得意门生郑武尧先生、博士研究生陈志昌先生。中局程序由郑武尧编写，开局知识库由陈志昌编写，许教授则倾注了全部研究成果。1988年在台湾宏碁集团举办的第二届电脑象棋赛上，刚编写完的“象棋明星”就获得第三名的好成绩，1989年第三届电脑象棋赛上，“象棋明星”获得亚军的称号。同年8月9日至15日由David Levy主办的第一届奥林匹克计算机象棋大赛在英国伦敦举行，“象棋明星”正式更名为“ELP”并获得铜牌。1990年当“ELP”再次参加第二届奥林匹克计算机象棋大赛时它成功地击败大陆南开大学的象棋程序“NKS”并获得金牌，1991年第三届时成功卫冕。及至1992年第四届大赛与美国吴韧博士的“梦入神机”大战六局不分胜负，最后加赛快棋时，“ELP”在布局上选择失误才屈居亚军。又是几年过去了，“ELP”以每年一级的速度增长着。国际象棋领域许多最新研究的研究成果在“ELP”身上得到了具体体现。“ELP”中局思考程序于1998年结合开局资料库之后，棋力由二三段之间迅速提升到四五段左右。许教授说：若接上残局资料库，应可达七八段左右，希望在近几年之内抓紧时间完成残局资料库，并与中局思考程序结合起来。

现在的第二届人脑与电脑的人类参赛棋手由台湾象棋协会认证的六段棋手林瑞兴及五段棋手林世伟、陈庆文、陈日上、张瑞祥五人组成。“ELP”的运行环境为PentiumⅢ 800中央处理器，128M内存。今年棋手的出场阵容比上一年更强大一些，但“ELP”的运算速度、思考深度、广度都较去年改善不少，五位棋手倍感压力。

上午，棋局由人类棋手执红先行，各棋手均立炮当头。在第一届人机大战时林世伟、陈庆文与“ELP”交手均吃了不少亏，林世伟在升六段的段位赛中也曾败于“ELP”手下，所以五位棋手事先对“ELP”都做了一番分析，他们洞悉到“ELP”喜欢单刀直入后故稍露破绽便全线压境，而“ELP”果然从一开始就陷入苦战，五位专业棋手幸亏功夫了得，如非万分小心早被电脑反夺先手，五局棋均大战一百多手“ELP”方被降伏。许教授看到“ELP”的表现也无可奈何，但愿下午能有出色的表现。下午，棋局一律改由电脑执红先行，“ELP”也采用当头炮展开进攻，想必报仇心切吧！五位棋手迎着电脑猛烈的攻势节节抗进，“ELP”在计算子力位置时不惜以拼棋换子的方式冲锋陷阵，通过简化局势向着有利于电脑的方向发展，众棋手沉着冷静，化解“ELP”的攻势后开始反击，只有六段林瑞兴与陈日上一直没有缓解压力，最后电脑与林瑞兴六段激战成和，陈日上可没有躲过此劫，双方以中炮直横车对屏风马双炮过河拉开战幕，中局咬得一直很紧，在残局阶段陈日上只剩一马无法保护老将，本想侥幸逃脱，但电脑一直没有给他机会，最终被击败，这局精彩的棋局成了电脑唯一的胜局，至此电脑以一胜一和八负被人类棋手顽强地击败。

第62局　ELP　先负　陈庆文

（2000年10月8日弈于台大）

顺炮缓开车对横车

1. 炮八平五　炮2平5　　2. 马八进七　马2进3
3. 马二进三　车1进1　　4. 车九平八　车1平6
5. 兵七进一　马8进7　　6. 兵三进一　车6进3

7. 马七进六　车6平4

8. 炮二进二　卒3进1

9. 炮五平六　车4平5

10. 炮六平七　…………

如车八进四，则卒7进1，兵三进一，车5平7，相三进五，卒3进1，炮二平七，马3进2，红方占位略好。如兵七进一，车5平3，相三进五，炮5平4，炮六进五，炮8平4，车八进六，象7进5，均势。

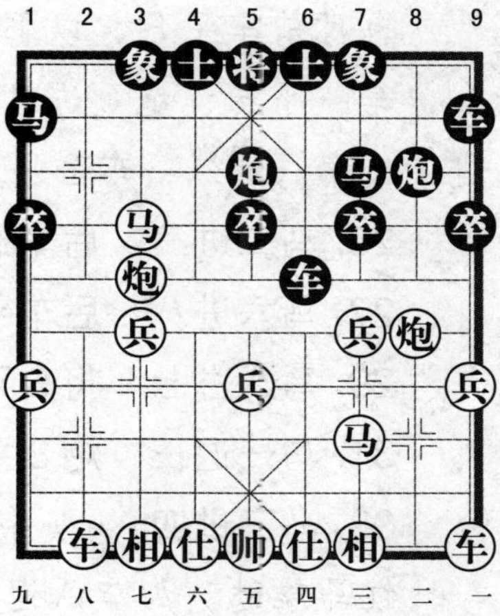

图62

10. …………　车9进1　　11. 炮七进三　马3退1

12. 马六进七　车5平6（图62）　13. 兵五进一　…………

无效率，可仕四进五，炮5平6，兵五进一，车6进2，兵五进一，象7进5，炮七平八，车9平3，马七退六，车6平7，车一进二，红优。

13. …………　卒7进1　　14. 相七进五　…………

可炮二平一，以下车9平7，炮七平三，马7进8，相七进五，马1进3，兵五进一，炮5进2，炮三平五，卒5进1，双方激烈对峙，各有千秋。

14. …………　卒7进1　　15. 相五进三　车6进2

16. 炮二平一　…………

如仕四进五，则马7进6，炮二平一，车9平7，相三进一，马6退8，黑优。

16. …………　车9平6　　17. 仕四进五　卒9进1

18. 炮一平二　马7进6　　19. 兵五进一　马6进8

20. 马三进二　卒5进1　　21. 炮七进四　马1退3

22. 马七进五　马3进4　　23. 车八进九　士6进5

24. 相三退一　前车进2

也可前车平8，以下相三进五，车6进2，马五退四，炮8平6，车一平三，炮6进2，车三进九，士5退6，马二进四，车6进1，车八退二，车8平4，黑方多子多卒优势。

25. 马二进三　后车进1　　26. 马五退六　马4进6
27. 马六进八　后车平7　　28. 马三退一　炮8进3
29. 马八进七　将5平6　　30. 马七退六　马6进4
31. 马一退三　炮8平3　　32. 仕五进四　车7平4
33. 马三进四　…………

红马难逃，如车八退四，则车4进1，车八平六，车4进1，马三退五，车4进3，马五退四，车4平6，黑胜势。

33. …………　车4进1　　34. 马四进五　车4退2
35. 马五退三　将6平5　　36. 马三退五　车4进2
37. 马五退三　车6退1　　38. 车八退二　车4平6

至此红方所有的攻势都被瓦解，败局已定。

39. 仕六进五　前车退3　　40. 相三进五　炮3平5
41. 马三进二　后车平3　　42. 车八退七　车6进4
43. 车一平三　象7进5　　44. 车三进一　车6平7
45. 帅五平四　车3平8

第63局　ELP　先胜　陈日上

（2000年10月8日弈于台大）

中炮七路马对屏风马双炮过河

1. 炮二平五　马2进3　　2. 马二进三　马8进7
3. 车一平二　车9平8　　4. 兵七进一　卒7进1

5. 马八进七　炮2进4　　6. 兵五进一　炮8进4

7. 车九进一　象3进5　　8. 车九平六　马7进8

9. 马三退一　…………

如兵五进一，则卒5进1，马七进五，马8进7，炮五进三，士4进5，车六平二，炮8平5，前车进八，炮5退1，后车进四，马3进5，前车退三，车1平4，后车平五，马7退5，仕四进五，炮2退3，车二退三，黑方阵形稳定有利于反击。

9. …………　马8进7　　10. 车六进六　车1平3

11. 炮五进四　士4进5　　12. 马一进二　炮2平8

13. 兵五进一　炮8进2　　14. 车六退六　车3平2

15. 炮八进四　马3进5　　16. 炮八平五　车2进4

17. 兵五平六　车8进5　　18. 炮五平三　马7退5

19. 马七进五（图63）车8退2

应车2进2，以下车六平二，车2平5，仕四进五，车8进3，车二进一，卒7进1，均势。

20. 炮三平九　车8进3　　21. 车二进一　车8平5

22. 车二平五　车5进2　　23. 仕四进五　卒9进1

24. 车六进三　马5进7　　25. 车六退一　马7退6

26. 相七进五　车2平1

27. 炮九平八　车1平2

28. 炮八平九　车2平1

29. 炮九平八　车1平2

30. 炮八平九　马6退7

31. 炮九退二　卒3进1

32. 兵六平七　象5进3

33. 车六进二　象7进5

34. 车六平五　马7进8

35. 兵一进一　马8退9

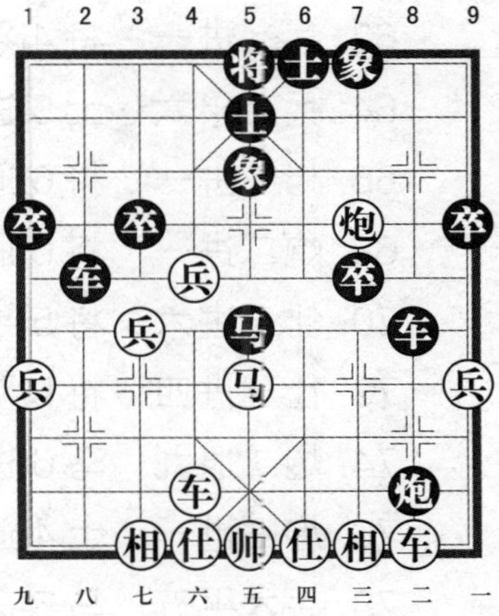

图63

如卒9进1，则炮九平一，马8退9，兵七进一，象5进3，车五平三，车2进1，炮一平三，士5退4，车三平五，士6进5，车五平七，红优。

36. 兵七进一　车2平3　　37. 车五进二　马9进7
38. 车五平三　车3退1　　39. 炮九平二　将5平4
40. 炮二进五　将4进1　　41. 炮二平三　马7进5
42. 车三退二　马5进6　　43. 炮三退一　士5进4
44. 车三平四　马6进7　　45. 车四退四　马7退8
46. 车四进七　将4退1　　47. 车四进一　将4进1

红方连续以准确的车炮配合，不仅破去黑方士象防卫还吃去7位卒，表现出软件在某些残局局面的计算上已表现得十分完美了。

48. 兵一进一　马8退9　　49. 车四退四　马9进8
50. 兵九进一　车3平7　　51. 车四进三　将4退1
52. 兵九进一　将4平5　　53. 帅五平四　马8退9
54. 车四进一　将5进1　　55. 炮三平一　马9退8
56. 帅四平五　车7平6　　57. 车四退三　马8进6

兑车后，软件“ELP”以准确的着法用炮兵仕相全战胜马单士。

58. 兵九平八　将5退1　　59. 兵八平七　士4退5
60. 炮一平二　马6退8　　61. 兵七进一　将5平4
62. 兵七进一　将4平5　　63. 兵七进一　将5平6
64. 兵七平六　士5进4　　65. 仕五退四　将6进1
66. 相三进一　将6退1　　67. 相一进三　将6进1
68. 炮二进一　将6退1　　69. 仕六进五　将6平5
70. 仕五进六　将5平6　　71. 仕四进五　将6平5
72. 仕五进四　将5平6　　73. 相五进七　马8进6
74. 炮二退九　马6进5　　75. 炮二平四　将6平5
76. 炮四进一　士4退5　　77. 炮四平五　将5平6
78. 兵六平五　马5进7　　79. 炮五平三

第26章　第三届人脑对电脑大赛

2001年12月8日，北国正处在皑皑白雪的季节，宝岛台湾却正值温暖潮湿的海洋气候。由台湾大学、台湾资讯学会、喜达康资讯股份有限公司、科技紫微网联合主办的第三届人脑对电脑象棋大赛在台大计算机及资讯网络中心222会议室拉开了战幕。组委会更是邀请了两位六段棋手刘安生与林中贵，两位五段棋手陈志明与陈明昌参与此次活动。根据规则上、下午各弈一局，上午电脑方先行，下午人方先行，每局定为一小时包干制。

上午“ELP”的对手为林中贵、陈志明，“象棋世家”的对手则为刘安生、陈明昌。“ELP”的两局先手棋均立炮当头，其中林中贵以顺炮横车相迎，开局不久便炮镇中路，大有雷霆万钧之势，但“ELP”走得不温不火逼兑车炮，林六段苦思过后弃马杀出黑车，车马炮联合围攻帅府，但“ELP”思路清晰恰到好处地占领最佳防守位置，并以一串巧妙的组合构成杀局。“ELP”的另一对手陈志明则选择了屏风马右炮过河的反击方案，但他的弃马局显然走得不够老练，右炮进而复退过早离了谱，“ELP”利用庞大的开局库及敏锐的中局引擎立即抓住弱点予以打击，很快形成得子占优的局面，尽管陈志明百般将局面扰乱并在对攻中夺回失子，但双象尽失难以防守，很快地被“ELP”攻破城防并以漂亮的海底捞月结束此局。与此同时“象棋世家”表现得也非常出色，对与陈明昌一局中很快占得布局的先机，紧接着右马飞出马踏连营直扑到槽位，同时平炮封住将门，令陈明昌很快挑起白旗。“象棋世家”的另一局则以含蓄的仙人指路开局，很快炮镇中路展开反攻。刘安生本欲维持和棋，但“象棋世家”双车纵横驰骋如二龙出海，加之马兵配合最终抢先一步成杀。

至此上午四局大战“ELP”及“象棋世家”以4：0战胜人类高手，回顾前两届人机大战中电脑“ELP”分别以二胜三负五和及一胜一和八负落败，今天的进步确实令参赛者吃惊异常，大家不再以老眼光看待这款神奇的软件，而是不断地思索人类在未来的软件世界该如何应对。

下午第二轮比赛开始，获得先手的四位象坛高手报着雪耻的决心走向赛场。六段高手刘安生以先手屏风马对挺卒飞象拉开阵式，布局的小先手使他牢牢地牵住“ELP”右翼无根车令其难以施展，“ELP”好不容易兑尽双车得以喘息，但红方两只过河兵已拉上手如虎添翼，最终“ELP”马炮难有作为只好投子认负。“ELP”的另一对手陈明昌则以中炮巡河车与“ELP”斗法，陈明昌为巩固中炮及六路炮对“ELP”的牵制不惜放两只黑卒过河又弃掉右马。尽管陈明昌千方百计想构成“铁门栓”的杀势，但“ELP”总是在人类看来挺难对付的困境中应对自如并令对手难得入门之法，就在陈明昌举棋不定的时候“ELP”巧妙地弃炮抽车奠定胜局。可此时“世家”的两局棋形势均不太好，其中一局陈志明充分利用先手之机全盘始终控制局势最终完胜该局。另一局“世家”与林中贵走到残局形成双马卒对马炮双兵的势弱局面时，本有一丝和棋希望，但“世家”一时贪士被林中贵巧妙缠住一马，任林中贵从容形成二鬼拍门之势而落败。

至此第三届人机大战最终电脑以五胜三负获得胜利，我们可以看到以许舜钦、郑明政等为代表的人工智能专家们近几年以来取得了瞩目的成就，电脑象棋为将来战胜人类的强手又向前迈进了一步！

第64局　象棋世家　先胜　陈明昌

（2001年12月8日弈于台大）

顺炮直车对横车

1. 炮二平五　炮8平5　　2. 马二进三　马8进7
3. 车一平二　车9进1　　4. 马八进七　车9平4
5. 兵三进一　卒3进1　　6. 车二进五　炮5退1
7. 车二平七　车4进1　　8. 马三进四　象3进5

一般多走马2进3，以下炮八进四，炮5平3，炮八平七，象3进5，车七退一，炮3进2，车九平八，双方对攻激烈。

9. 车七平八　…………

如车七平六，则马2进3，车六进二，炮2平4，车九平八，马3进2，兵七进一，车1平3，相七进九，卒7进1，兵三进一，象5进7，均势。

9. …………　炮2进5　　10. 炮五平八　马2进3
11. 车八进二　炮5平7　　12. 车九进一　卒7进1
13. 兵三进一　炮7进3　　14. 兵七进一　马7进6
15. 车九平四　车1平3　　16. 相七进五　炮7退3

可士4进5静观其变，以下马四退二，马6退4，车八退三，炮7进3，车四进一，炮7退1，车四进一，炮7平9，马二进三，象5进7，车四平一，马3进4，均势，但红方占位较好。

17. 马四进二　车4进2　　18. 马二进四　炮7平6
19. 马四进三（图64）　士4进5

可将5进1，有惊无险！以下车四平八，卒9进1，炮八平九，车3进1（如将5退1，则炮九进四，马6进7，炮九平七，马3退5，前车退一，车3进1，后车平三，车4平7，马三退二，双方对峙各有千秋），炮九进四，炮6进1，前车进一，车3平4，后车进六，前车平1，炮九平七，炮6平7，后车退二，车1平2，车八退三，马6进7，大致相当。

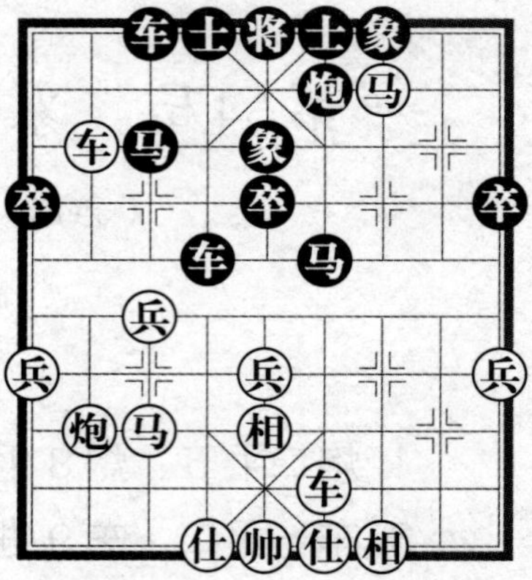

图64

20. 兵七进一　车4平3
21. 马七进六　马6进4
22. 车四进七　将5平4
23. 炮八平六　马4退3
24. 车四退四　后马退2
25. 车八平六　马3退4　　26. 车六平七

第65局　林中贵　先胜　象棋世家

（2001年12月8日弈于台大）

过宫炮对中炮

1. 炮八平四　炮2平5　　2. 马八进七　马2进3
3. 仕六进五　车1平2　　4. 兵三进一　炮8平7
5. 相七进五　马8进9　　6. 马二进一　车9平8
7. 车一平二　车8进6　　8. 车九平六　卒3进1
9. 炮二平三　车8进3　　10. 马一退二　卒9进1
11. 车六进六　炮5平6　　12. 车六退二　…………

进而复退，不如直接巡河。

12. …………　象3进5　　13. 兵七进一　卒3进1

14. 车六平七　炮7退1　15. 炮三平一　炮7平3

16. 车七平八　炮3进6　17. 车八进五　马3退2

18. 炮四平七　马9进8　19. 马二进三　炮6进4

20. 兵九进一　炮6退2　21. 炮七进四　卒5进1

22. 炮七退四　士4进5　23. 相五进七　…………

好棋，禁困黑马出路！

23. …………　马2进1　24. 炮七平九　马1进3

25. 炮九进四　马3进4　26. 炮九退一　炮6平1

27. 兵九进一　马8退6　28. 相七退五　马4进6

29. 炮一进三　后马进7　30. 炮一平二　将5平4

31. 仕五进六　马7退6　32. 马三进四　卒7进1

可卒5进1，以下兵五进一，卒7进1，仕四进五，卒7进1，马四进三，后马进5，马炮双兵对双马卒，战线将拉长。

33. 炮二平五　卒7进1　34. 马四退六　卒7进1

35. 炮五平八　前马进7　36. 帅五平六　卒7平6

37. 炮八退二　马6进4　38. 兵五进一　马4进3

39. 马六进五　卒6进1　40. 炮八退一　卒6进1

41. 炮八平七　马3退5　42. 兵九平八　马7退6

43. 马五退七　马5进3

44. 兵八进一（图65）　马6进4

贪吃败着，至此被牢牢牵制住。

45. 帅六进一　卒6进1

46. 兵一进一　将4进1

47. 兵一进一　象5进3

48. 相三进一　将4退1

49. 相一进三　象7进5

50. 兵一平二　卒6平5

51. 兵二进一　象5退7

52. 兵二平三　象7进9

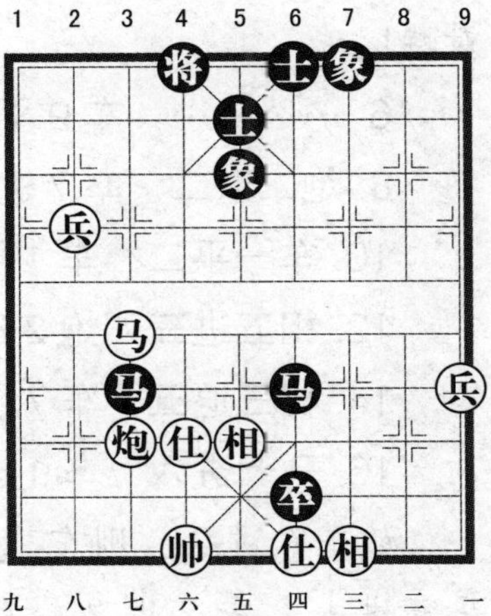

图65

53. 兵八进一　象9退7　　54. 兵八平七　卒5平6
55. 兵七进一　象7进5　　56. 兵三进一　卒6平5
57. 兵三进一　卒5平6　　58. 兵三平四　马3退5
59. 马七进五　将4平5　　60. 兵七平六　象5进7
61. 马五进三　象7退5　　62. 马三进二　马5退7
63. 帅六进一

第66局　刘安生　先胜　ELP

（2001年12月8日弈于台大）

起马互进七兵局

1. 马二进三　卒7进1　　2. 兵七进一　马8进7
3. 马八进七　车9进1　　4. 炮八平九　象3进5
5. 车九平八　马7进6　　6. 相三进五　…………

如车一进一，则马2进4，车一平四，马6进7，车四进五，车1平3，马七进六，卒3进1，炮九平七，车9平7，双方激烈对峙！

6. …………　车9平7　　7. 仕四进五　马6进7
8. 炮二退二　卒7进1　　9. 炮二平三　马2进4
10. 车一平二　车1平2　　11. 车二进三　炮8平7
12. 相五进三　炮2进4　　13. 炮三进三　炮7进4
14. 相三退五　车7平6　　15. 车二进三　卒9进1
16. 马七进六　卒1进1　　17. 马六进五　炮2退3

如车6进3，则车二平三，士6进5，兵五进一，炮7平1，马五进七，车2进2，车三平六，炮2平3，车八进七，马4进

2，双方形势相差不多，但红方占位较好，易走。

18. 车二退三　炮7平1　19. 兵五进一　马4进5
20. 车二平九　马5进7　21. 车九平五　马7进6
22. 仕五进四　卒1进1　23. 车八进三　马6退7
24. 车八进二　车2进1　25. 兵五进一　车6平8
26. 相五进三　车8平4　27. 炮九平五　士4进5
28. 兵五平六　…………

也可马三进四，以下车4进4，马四进六，卒3进1，兵七进一，炮2平5，兵五进一，车2进3，兵七平八，车4退1，兵八进一，红优。

28. …………　卒3进1　29. 兵七进一　炮2平3
30. 车五平八　炮3进6　31. 仕六进五　车2进3
32. 车八进二　马7进5（图66）　33. 兵七进一　…………

如急于马三进四，则车4平3，车八退二，炮3退3，马四进五，车3退1，马五退六，炮3退1，车八平五，马5退7，马六进四，车3平2，红方并无便宜可占。

33. …………　马5进3　34. 车八进四　车4退1
35. 车八平六　将5平4　36. 炮五平六　将4平5
37. 兵六进一　马3进1
38. 马三进四　炮3平1
39. 马四进三　马1进2
40. 仕五退六　马2退1
41. 仕六进五　卒1平2
42. 马三退一　马1进2
43. 仕五退六　马2退1
44. 仕六进五　卒2进1
45. 马一进二　马1进2
46. 仕五退六　马2退1
47. 仕六进五　卒2平3

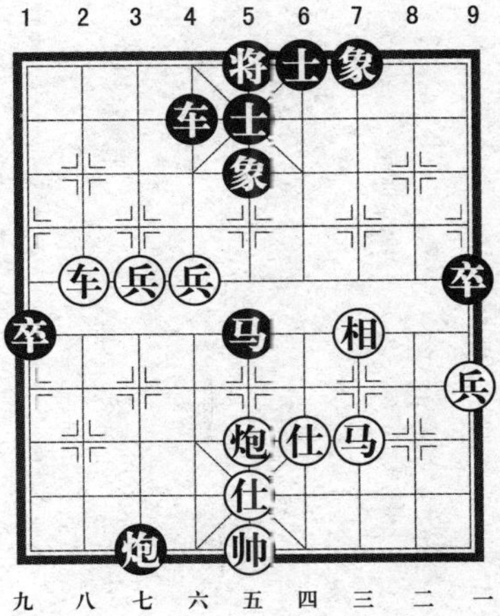

图66

48. 炮六进三　马1进2　　49. 仕五退六　马2退3
50. 仕六进五　卒3平4　　51. 马二进一　马3进2
52. 仕五退六　马2退3　　53. 仕六进五　炮1退8
54. 兵七进一　马3退5　　55. 炮六平九　卒4进1

如马5退7，则兵七进一，士5进6，兵一进一，马7退5，兵七平八，炮1进2，马一退三，将5进1，兵一进一，红多三兵，黑方也难逃厄运。

56. 仕五进六　马5退3　　57. 炮九平七　马3进4
58. 帅五进一　马4退5　　59. 炮七平五　马5退3
60. 炮五平六　马3进4　　61. 帅五平四　马4退2
62. 炮六退三　马2进4　　63. 仕四退五　士5进6
64. 兵七进一　马4退5　　65. 兵七平八　炮1进7
66. 帅四退一　马5进7　　67. 马一退三　将5进1
68. 兵一进一　炮1退2　　69. 炮六平九

红方净多三兵，黑认负。

第27章　第四届人脑对电脑大赛

第四届人脑对电脑象棋大赛于2003年1月18日在台大计算机及资讯网络中心222会议室举行。本次参加的程序为“ELP”及“象棋世家”，人类选手为四位六段棋手：林中贵（六段）、林瑞兴（六段）、陈庆文（六段）、张正安（六段）。

上午四局由林中贵取得一胜，其余三局皆和棋；下午林瑞兴和张正安各胜一局，另两局和棋，本届人脑对计算机象棋大赛结果以人脑胜三局和五局击败电脑。

第67局　林瑞兴　先胜　ELP

（2003年1月18日弈于台大）

五七炮对屏风马进3卒

1. 炮二平五　马2进3　　2. 马二进三　马8进7

3. 车一平二　车9平8　　4. 马八进九　卒3进1

5. 炮八平七　马3进2　　6. 车二进六　象7进5

7. 车九进一　卒1进1　　8. 车九平六　车1进3

9. 兵五进一　…………

如炮七退一，则士6进5，兵五进一，炮8退1，马三进五，炮8平9，车二平三，车8进6，兵五进一，炮9平7，车三平四，车8平7，黑反先。

9. …………　马2进1　　10. 炮七退一　炮8退1

11. 马三进五　卒1进1　　12. 车六进六　车1退1

13. 炮七平五[图67]　卒3进1

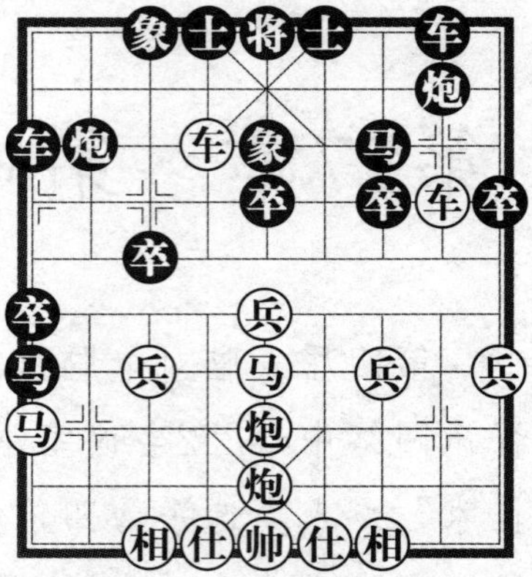

图67

中路面临很大的压力，应考虑炮8平5，以下车二进三，马7退8，兵五进一，炮2进2，车六平九，象3进1，兵五进一，象1退3，马九退七，炮2进4，兵五进一，象3进5，马五进四，炮2平5，仕四进五，炮5进6，相七进五，均势。另如炮8平6，则车二进三，马7退8，兵五进一，卒5进1，马五进六，炮2进3，车六平九，象3进1，马六进五，士4进5，马五退三，炮6进2，后炮进四，将5平4，前炮平六，炮2平5，仕四进五，马8进7，形势相差不多。

14. 兵五进一　士6进5　　15. 车六退一　卒5进1

16. 马五进三　车1进2

如马1进3，则马三进五（如车六平三，则马3进5，仕四进五，卒1进1，马三进四，炮2退1，车三进一，卒1进1，红优），马3进5，仕四进五，车1进2，马五进六，将5平6，车二进一，士5进4，车六进一，炮8平5，车二平三，炮5进6，相七进五，红优。

17. 马三进五　马1进3

如将5平6，则车二退一，卒7进1，车六平四，炮8平6，车二进四，马7退8，车四平一，炮6平7，车一进三，炮7退1，车一平二，红优。

18. 马五进六　将5平6　　19. 后炮平四　士5进4

20. 车六平四　炮8平6　　21. 炮四进七　车1退1

22. 车四退五　车1平5　　23. 炮四平三　将6平5

24. 车二进三　将5进1　　25. 车二平四　将5平4

第68局　象棋世家　先和　张正安

（2003年1月18日弈于台大）

仙人指路对过宫炮

1. 兵三进一　炮8平4　　2. 马二进三　马8进7
3. 车一平二　象3进5　　4. 马八进七　车9进1
5. 车九进一　车9平6　　6. 兵七进一　车6进3
7. 车九平六　士4进5　　8. 车六进三　卒7进1
9. 兵三进一　车6平7　　10. 马三进四　卒3进1
11. 相三进五　马2进3　　12. 炮二平四　炮2退2
13. 兵七进一　车7平3（图68）　14. 车二平三　…………

可以考虑炮八退一，以下炮2平4，车六平八，车3平7，车二平三，车7进5，相五退三，马3进4，马四进六，后炮进4，炮八平七，车1平4，相七进五，红方占位较好，小优。

14. …………　炮2平4　　15. 车六平八　马3进4
16. 仕六进五　车1平3

如后炮平3，则马四进六，车3平4，炮八平九，炮3进6，车八平七，炮3平9，车三进六，炮9进3，相五退三，车4平7，车三退一，象5进7，均势。

17. 车三进六　马4进6
18. 车八平四　前炮平3
19. 马七进八　炮4进3
20. 车三退二　炮4进5

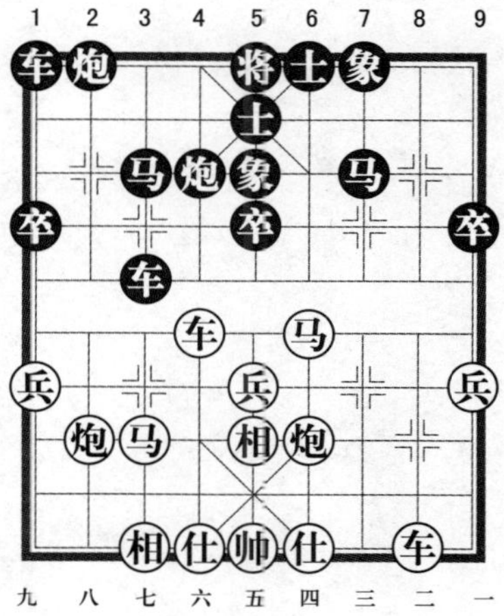

图68

如炮3平4，则马八进九，前车进2，炮四平三，前炮进5，相七进九，前车平1，车四进四，象7进9，炮八进五，红优。

21. 相七进九　炮3平1　　22. 相九进七　后车平4

23. 马八进九　车3平5

可考虑车3退1，以下马九退八，车3进1，车四进二，炮4平2，马八退七，车4进6，炮四进一，车4退6，车四平三，车3平2，炮八进一，车4进8，后车平二，车4平3，马七进六，炮2进1，黑方有攻势。

24. 马九进七　车4进2　　25. 炮四平三　车4平3

26. 车三进三　车3进2　　27. 炮三进七　象5退7

28. 车三平九　车3平2　　29. 车四平六　炮4平1

30. 车九平七　象7进5　　31. 车六退二　车5进2

32. 帅五平六　车2进2　　33. 车七平五　车5平4

34. 车六进一　车2平4　　35. 帅六平五　车4平2

36. 炮八平六　车2进3　　37. 炮六退二　炮1进1

38. 车五退一　卒9进1　　39. 车五退一　炮1平4

40. 仕五退六

最后一段双方走出精确应着，均无破绽，和棋。

第28章　第五届人脑对电脑大赛

由台湾大学、台湾信息学会、禧达康信息及科技紫微网等共同举办的第五届人脑对电脑象棋大赛于2004年1月10日在台湾大学电算中心二楼的会议厅里举行。本届参赛电脑软件分别为由许舜钦教授团队开发的“ELP”以及郑明政先生开发的“象棋世家”，而棋手代表分别是双和杨启明七段、艋舺张正安六段、北投林世伟六段，以及桃园齐俊荣六段。比赛时间采取自由时间一小时，之后每十分钟需走满十步。

上午第一轮的四盘棋由电脑方执先，具体结果为：“ELP”先胜杨启明，“象棋世家”先胜张正安，“ELP”先胜林世伟，“象棋世家”先胜齐俊荣。

电脑方竟然大获全胜！本次比赛的裁判刘国华国手指出：人方主要吃亏在两个因素。其一是在布局的选择策略上，人方太过顾忌计算机方强大的布局数据库，因而几乎都选择了较冷门、易吃亏的后手布局；其二是进入限时阶段，四盘棋人方都出现了低于平时水平的压迫性失误。

下午第二轮的结果为：杨启明先负“象棋世家”，张正安先胜“ELP”，林世伟先和“象棋世家”，齐俊荣先负“ELP”。最终电脑软件方以六胜一和一负赢得本次对抗赛。

第69局 ELP 先胜 杨启明

（2004年1月10日弈于台大）

中炮七路马对屏风马

1. 炮八平五 马8进7　2. 马八进七 卒3进1
3. 兵三进一 马2进3　4. 马二进三 象7进5
5. 车九平八 炮2进2　6. 马三进四 炮8退1
7. 车八进一 车1进1　8. 炮二平三 车1平6
9. 马四进三 …………

如车一平二，则车6进4，车二进八，车6平7，车二平七，马7退5，红方并不能占到便宜，反而车位不好。

9. ………… 车6进6

如炮8平7，则车一平二，车6进2，车二进七，炮7进2，炮三进四，车6平7，炮五平三，车7平6，炮三进五，车6退1，炮三进二，士6进5，车二平四，士5进6，炮三退三，均势。

10. 车一进二 炮8进8　11. 仕六进五 车6退4
12. 车八平六 炮8退3　13. 炮三进一 士6进5
14. 车六进五 炮2进2　15. 车六平七 马3退1
16. 兵三进一 炮2退2　17. 炮五平三 车9平8
18. 马三进一 车8进2　19. 兵三进一 车6进3
20. 前炮进四 车8平9　21. 车七平九 卒3进1
22. 车九进二 卒3进1　23. 马七退六 车9平8
24. 马六进五 炮8平5　25. 后炮平四 炮2进5
26. 相七进九 车8进2　27. 车九平六 炮2平1

28. 帅五平六　炮5平1

如炮5退2，则马五退七，炮5平4，马七退九，车6平4，仕五进六，车4进1，帅六平五，车4平1，黑方主动。

29. 车一平三　后炮平2

30. 马五退七　炮2进2

31. 炮四平五（图69）　炮1平3

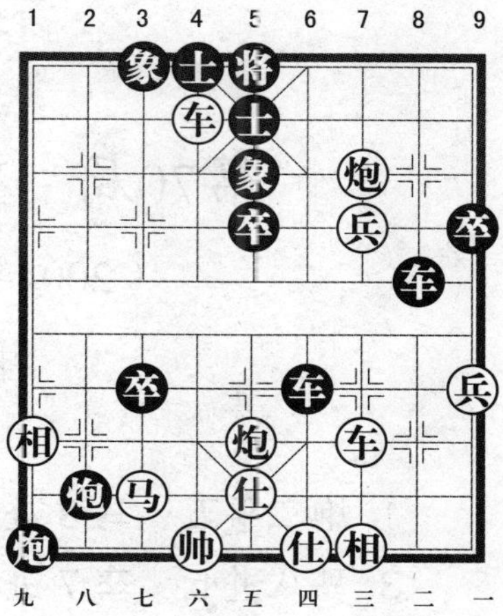

图69

败着！应车8平5，以下车六退六，卒3平2，兵三平四，车5平3，炮三平二，将5平6，炮五平四，将6平5，炮四平五，按亚洲棋规和棋。

32. 炮五进五　将5平6　　33. 车三平八　卒3进1

如炮3平6，则车八退一，炮6退1，车八进五，炮6平3，炮三进二，红方多子胜势。

34. 车八退一　卒3进1　　35. 车八平七　炮3平6

36. 车七进八　车8平2　　37. 相九退七　炮6退1

如车2进5，则车六平七（如车六平五，车6平4，帅六平五，炮6平3，仕五进六，炮3平4，车五平七，车4平6，炮五平七，车6平3，炮七平四，炮4平7，帅五进一，车2退1，帅五退一，车3平5，帅五平六，车5平4，后车平三，车4进1，帅六平五，车2进1，帅五进一，炮7平3，车七平六，车4退7，车三进一，将6进1，车三平六，红胜），车6退4，后车平五，车2平3，车七退九，炮6平3，车五平七，红多子胜。

38. 车六平五　车2平4　　39. 帅六平五　炮6平9

40. 车五平二　炮9进1　　41. 车二退八　炮9退1

42. 炮五平九　车4进4　　43. 炮九进二　车6平5

44. 车二进九　将6进1　　45. 车二退一

第70局　ELP　先胜　林世伟

（2004年1月10日弈于台大）

中炮对左炮封车

1. 炮二平五　马8进7　　2. 马二进三　车9平8
3. 马八进七　卒7进1　　4. 车一平二　炮8进4
5. 兵七进一　象3进5　　6. 兵五进一　士4进5
7. 炮八平九　…………

也可车九进一，以下马2进3，车九平六，马7进6，炮八进一，炮8退1，马七进五，车1平4，车六进八，马3退4，仕四进五，车8进2，炮八进三，红优。

7. …………　卒3进1　　8. 兵七进一　象5进3
9. 车九平八　马2进4　　10. 车二进一　炮2平5
11. 车二平六　炮8退5　　12. 车六进四　炮5进3
13. 炮五平六　象3退5　　14. 炮六进六　炮8平4
15. 车六进三　马7进6　　16. 车八进四　…………

如车八进六，则卒5进1，马七进八，车8进8，炮九进四，车8平7，炮九退二，车7退1，炮九平五，卒5进1，马八进六，车7平4，仕四进五，车4退2，车八进二，士5进6，均势。

16. …………　卒5进1　　17. 车八进一　车1平3
18. 车八平五　马6进7　　19. 车六退五　卒7进1
20. 马七退九　车8进8　　21. 车六平四　车3进5
22. 炮九进四（图70）车8平3

应马7进9，则马九进八，卒7进1，车四平三，马9退7，马八退六，车3平2，炮九平三，车8退1，炮三退二，马7进5，马三进五，马5进7，马五退四，车8平5，仕四进五，车5平7，马六进五，车7退2，黑优。

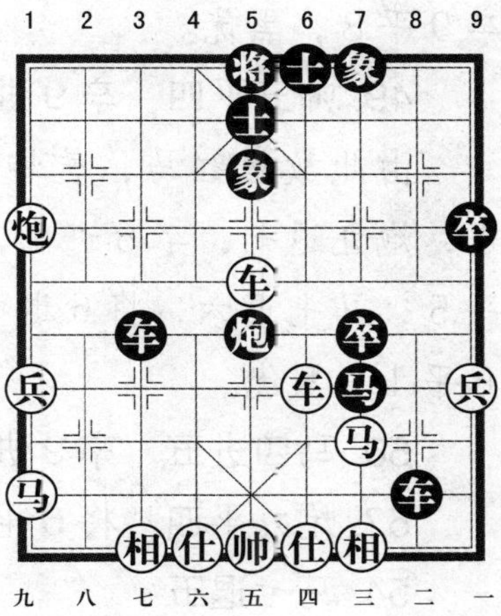

图70

23. 炮九进三　前车退2
24. 车四平七　车3进1
25. 兵九进一　卒7平6
26. 兵九进一　马7进5
27. 马三进五　马5进7
28. 马五退四　车3进2
29. 车五退一　卒6平5
30. 仕四进五　车3退2
31. 相七进五　车3平9
32. 马九退七　卒5进1
33. 相五进三　车9进3
34. 炮九退三　卒5平6

如车9退5，则马七进八，车9平1，炮九平六，卒5平6，帅五平四，车1平2，马八退七，车2平4，炮六平八，车4平6，炮八退五，卒9进1，黑优。

35. 相三退一　卒9进1
36. 马七进六　卒9进1
37. 炮九平一　士5进6
38. 马六进七　车9退1
39. 炮一平五　象5进3
40. 炮五退二　将5平4
41. 马七进五　车9平8
42. 炮五平六　将4进1
43. 兵九平八　象7进5

被红轻易破去士象不值，应象3退5。

44. 兵八平七　象5进3
45. 马五进四　象3退5
46. 前马进五　车8退5
47. 马五退七　将4平5
48. 炮六平九　将5平6

失误，应车8平1，以下炮九平八，车1退2，马七退八，车1平4，帅五平四，卒9进1，炮八平九，将5退1，炮九退二，卒9平8，黑优。

49. 帅五平四　卒9进1

由此放出红马，乾坤逆转。应车8平6，炮九进四，将6进1，炮九退七，卒6进1，仕五进四，车6进4，仕六进五，车6平5，马七退六，将6退1，仕五退六，车5平6，仕六进五，车6平1，黑优。

50. 马四进五　卒9进1　51. 马五进四　车8进6

52. 炮九平四　将6平5　53. 马四进六　将5平6

54. 马七退五

第71局　杨启明　先负　象棋世家

（2004年1月10日弈于台大）

五七炮互进三兵对屏风马

1. 炮二平五　马8进7　2. 兵三进一　卒3进1

3. 马二进三　马2进3　4. 车一平二　车9平8

5. 马八进九　卒1进1　6. 炮八平七　马3进2

7. 车九进一　象7进5　8. 车二进四　车1进3

9. 车九平四　…………

如车九平六，则士6进5，炮七退一，马2进1，马三进四，炮8平9，车二进五，马7退8，车六平二，马8进7，车二进二，卒5进1，炮七平三，车1平6，马四进三，炮9退2，马三进一，炮9平6，炮五进三，红优。

9. …………　马2进1　10. 炮七退一　卒1进1

11. 车四进五　…………

如马三进四，则炮8进2，马四进三，炮8平7，车二进五，炮7进5，仕四进五，马7退8，兵三进一，马8进7，车四进三，双方相持。

11. ………… 马1进3
12. 炮七平三 车1平4
13. 仕四进五 卒1进1
14. 马九退七 马3进1
15. 车四平三 马1进3
16. 炮五平八 …………

如兵三进一，则炮8退1，车三平四，马3退1，帅五平四，炮2进7，马七退五，马1退3，兵三进一，马3进5，帅四进一，马5退3，兵三进一，士4进5，仕六进五，双方对攻激烈！

16. ………… 炮8退1
17. 兵三进一 马3退1
18. 相三进五 炮8平3（图71）
19. 马七退九 …………

败着，导致以后失子。应车三平四，车8进5，马三进二，车4进2，炮三进六，车4平8，炮三平八，车8平2，后炮平六，车2退3，双方形势相当。

19. ………… 炮3平2
20. 炮八退一 后炮进7
21. 炮三平八 车4进5
22. 炮八进五 马1退3
23. 车二进五 马7退8
24. 车三平五 卒1进1
25. 马三进二 …………

如车五平四，则士6进5，兵五进一，车4平1，兵五进一，卒1平2，兵三进一，炮2退1，黑优。

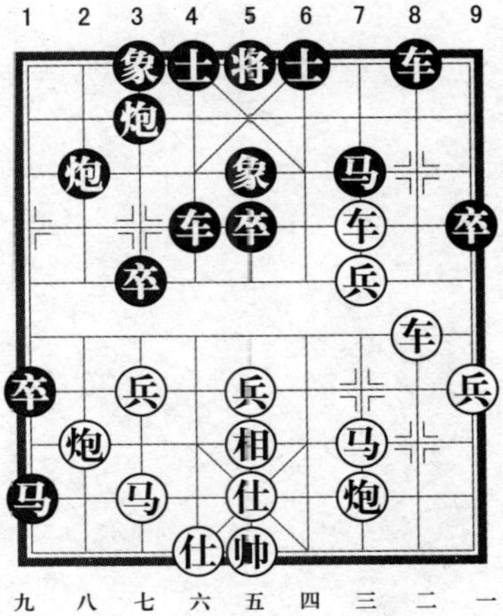

图71

25. ………… 卒1进1
26. 马二进四 马8进6
27. 车五平四 马6进4
28. 马四进六 马4进2
29. 马六进七 车4退7
30. 马七退八 卒1进1
31. 车四平七 马3退5
32. 车七进一 车4平2

33. 兵三进一　马5进7　　34. 兵三平四　马7退6

35. 相五进三　马6退4　　36. 车七退一　马4进3

37. 兵四平五　马3进1　　38. 仕五进四　马1进3

39. 帅五平四　士6进5　　40. 兵五平六　象5退7

41. 车七进一　炮2平1　　42. 兵六平七　炮1进4

43. 帅四进一　…………

如果仕四退五，则炮1平6，帅四进一，炮6退5，车七平三，马3退4，车三进二，炮6退1，相三退五，士5进6，仕五进四，车2平8，黑胜势。

43. …………　炮1平3　　44. 仕四退五　车2进2

红失误再失一子，故认负。

第29章　第六届人脑对电脑大赛

由台湾大学、资策会举办的第六届人脑对电脑象棋大赛于2005年1月15日在台大计算机中心举行，人方为两位七段棋手杨启明及陈东宜与两位六段棋手齐俊荣和赵奕帆，电脑软件方为：“ELP”“千虑”“象棋世家”及“棋海无涯”。每人与棋力在六、七段间的电脑软件比赛两局，四个人总共赛八局。

上午第一回合人方居于全面领先地位，取得二胜二和。下午第二回合比赛局面反转，人方一胜二负一和。总体来说人方三胜二负三和取得此次对抗赛的胜利，每局棋持续二到三个小时。

负责担任比赛裁判的八段棋手、名扬象棋艺术学院院长刘国华表示，人脑虽然赢了电脑，但电脑不会累，如果继续第三回合比赛，可预期人脑输电脑的机率很大。唯一赢两场的五十五岁棋手陈东宜说，电脑其实蛮厉害的，它不会感冒、不会累、也没有心情，尤其不受外在气氛影响下棋节奏，是可敬的对手。他自认下棋很随性，电脑数据库没有对付此类布局，所以开局占优很幸运。两局都跟电脑打和的六段棋手齐俊荣说，电脑算棋步很精准，很难找到漏洞，人脑要打败电脑不是容易的事。他表示，上午打完第一回合后，休息不到一个小时，下午第二回合就开打，因为休息时间太短，下午精神不好。他认为，中场休息时间应该长一点，对人脑才公平。

第72局 陈东宜 先胜 千虑

（2005年1月15日弈于台大）

中炮过河车对屏风马平炮兑车

1. 炮二平五　马8进7　　2. 马二进三　车9平8
3. 车一平二　卒7进1　　4. 车二进六　马2进3
5. 兵七进一　炮8平9　　6. 车二平三　炮9退1
7. 兵五进一　士4进5　　8. 兵五进一　炮9平7
9. 车三平四　卒7进1　　10. 马三进五　卒7进1
11. 马五进六　车8进8　　12. 马八进七　象3进5
13. 马六进七　车1平3　　14. 前马退五　卒3进1
15. 炮八平九　…………

此时平炮较罕见，软件计算所得，优劣尚需进一步验证，由此可见人工智能的发展为人类的竞技活动拓展了广阔的空间。常见的着法有兵七进一、马七退五、炮五退一。

15. …………　马7进8
16. 车四平三　马8退7
17. 车三平四　马7进5
18. 车九平八　炮7进8
19. 仕四进五（图72）车8进1

再弃一炮，不如炮7平9，则兵五进一，车8进1，仕五退四，炮2平3，马七进六，卒7平6，车四平三，卒6平5，兵五进一，炮9平6，兵五进一，士6进5，帅五进一，卒5进1，马六退

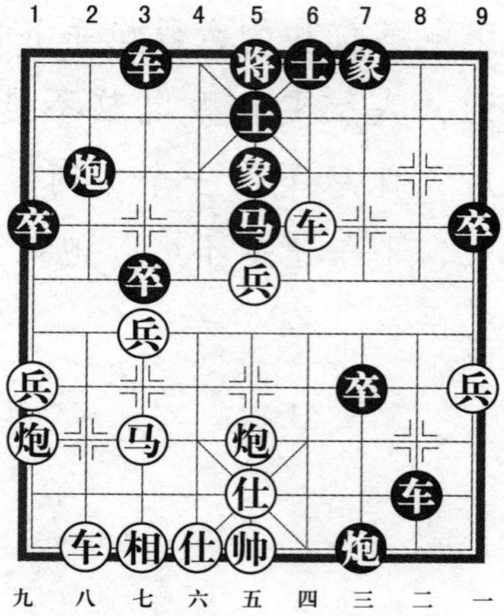

图72

五，炮 6 退 9，炮九进四，双方对攻激烈，各有顾忌，黑方比实战要好。

20. 车八进七　卒 7 平 6　　21. 车八退一　炮 7 平 4
22. 仕五退四　炮 4 平 6　　23. 车四退三　炮 6 平 3
24. 帅五进一　马 5 进 7　　25. 车四进五　车 8 退 1
26. 帅五退一　车 8 进 1　　27. 帅五进一　马 7 进 5
28. 兵五平六　车 8 退 1　　29. 帅五退一　车 8 进 1
30. 帅五进一　车 8 退 7　　31. 车四退四　车 8 进 6
32. 帅五退一　车 8 平 3

如马 5 进 3，则车八平四，将 5 平 4，前车平九，将 4 平 5，车九平四，将 5 平 4，前车进三，士 5 退 6，车四进五，将 4 进 1，车四平七，车 8 退 1，兵六进一，红胜势。

33. 车四平五　前车退 1　　34. 炮九进四　炮 3 退 4

如卒 3 进 1，则炮九平一，卒 3 平 4，车五进三，后车进 3，车八平七，炮 3 退 6，炮一进三，将 5 平 4，炮五进六，红胜。

35. 炮九平一　前车进 2　　36. 帅五进一　前车退 1
37. 帅五退一　前车平 8　　38. 兵六平七　…………

至此，黑车炮已无法组织成有效的攻击，只有坐以待毙了。

38. …………　车 8 进 1　　39. 帅五进一　车 8 退 1
40. 帅五退一　炮 3 进 4　　41. 兵七进一　车 8 进 1
42. 帅五进一　车 8 退 1　　43. 帅五退一　车 8 退 5
44. 炮一进三　车 8 进 6　　45. 帅五进一　车 8 退 1
46. 帅五退一　车 8 退 8　　47. 兵七进一　车 8 平 9
48. 兵七进一　车 9 进 4

如车 3 平 4，则兵七平六，车 4 进 1，车八进三，车 4 退 1，车八平六，士 5 退 4，车五进三，士 4 进 5，车五平一，红胜。

49. 兵七进一

红胜定，余着从略。

第73局　棋海无涯　先胜　赵奕帆

（2005年1月15日弈于台大）

飞相对士角炮

1. 相七进五　炮2平4　　2. 马八进七　马2进3
3. 车九平八　卒3进1　　4. 兵三进一　车1平2
5. 马二进三　马8进7　　6. 马三进四　象7进5
7. 炮八进四　…………

如炮二平三，则车9进1，车一平二，炮8退2，兵三进一，象5进7，炮八进四，象3进5，红方主动。又如车一进一，士6进5，炮二平四，车2进5，兵七进一，车2退1，兵七进一，车2平3，炮八退一，炮4进5，炮四平六，车3进3，均势。

7. …………　士6进5　　8. 炮二平三　车9平6
9. 马四进三　炮8进4　　10. 车一平二　炮8平7
11. 兵三进一　车6进7　　12. 车二进二　炮4进5
13. 车二进五　车6平7
14. 车二平三（图73）　马3进4

应炮4退5，以下车三进一，炮4退1，车三退一，炮4平3，车三平二，炮7进3，相五退三，车7平3，车八进四，车3平6，红车炮被牵，黑优。

15. 车三平二　马4进5
16. 车二进二　象5退7
17. 炮八平六　车2进9
18. 马七退八　炮4退2

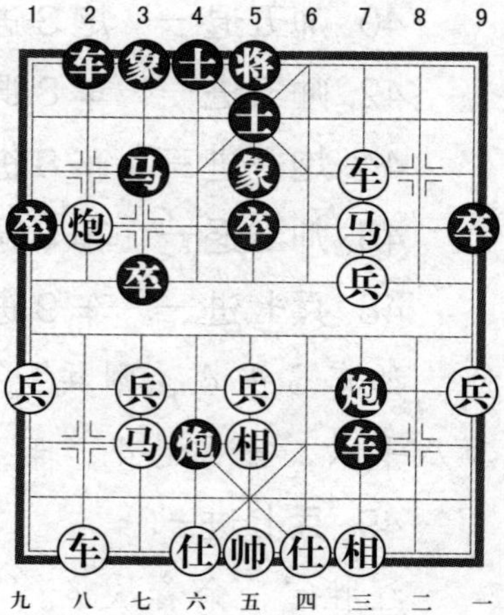

图73

19. 马八进六　马 5 进 3　　　20. 车二退五　炮 7 平 1

21. 仕六进五　…………

正确，如急于车二平六吃炮，则炮 1 进 3，马六退八，马 3 进 2，马三进四，车 7 退 3，马四退五，车 7 进 2，黑方反而主动。

21. …………　卒 3 进 1　　　22. 相五进七　…………

也可炮六平七，则炮 1 进 3，马六进八，炮 1 平 2，兵七进一，炮 4 进 4，马八退七，炮 4 退 1，马七进八，炮 4 平 3，帅五平六，车 7 退 3，炮七退四，红优。

22. …………　炮 4 进 1　　　23. 车二进五　炮 4 平 5

24. 相七退五　车 7 退 3　　　25. 车二平三　士 5 退 6

26. 马三进二　车 7 退 4　　　27. 马二退四　将 5 进 1

28. 马四进三　炮 5 退 1

如卒 9 进 1，则炮六平七，马 3 进 1，马六进五，炮 1 平 5，马三退二，和势。

29. 马三退二　炮 5 平 2　　　30. 炮六平一　炮 2 进 3

31. 炮一平九　炮 1 进 3　　　32. 马六进八　将 5 平 4

33. 马二退三　马 3 进 4　　　34. 相五退七　马 4 退 3

35. 相七进五　马 3 进 2　　　36. 相五退七　炮 1 平 3

37. 马三进五　将 4 平 5　　　38. 马五进三　将 5 平 4

39. 马三进四　将 4 平 5　　　40. 马四退三　将 5 平 4

如将 5 退 1，相三进五，炮 3 退 2，帅五平六，炮 2 平 3，炮九平八，马 2 退 1，兵七进一，黑子全都受困一隅难以施展，红方大优。

41. 炮九平六　炮 3 退 2　　　42. 炮六退四　马 2 退 4

43. 马八进九　炮 3 进 2　　　44. 帅五平六　马 4 进 2

45. 马九进八　炮 2 退 3　　　46. 帅六平五　马 2 退 1

47. 马八退六　炮 2 平 4　　　48. 马六进四　炮 4 平 2

第74局　杨启明　先负　象棋世家

（2005年1月15日弈于台大）

五八炮互进三兵对屏风马

1. 炮二平五　马8进7　　2. 马二进三　车9平8

3. 兵三进一　卒3进1　　4. 炮八进四　马2进3

5. 炮八平七　车1平2　　6. 马八进七　象7进5

7. 车一平二　炮8进4　　8. 马三进四　炮2进4

9. 马四进六　车2进2

如车2进3，则炮七平三，卒5进1，马六进七，车2平7，车九平八，车7平2，兵三进一，士6进5，炮五进三，炮8平3，车二进九，马7退8，前马退六，炮3平9，双方激烈对峙。

10. 车九平八　炮8进1（图74）　11. 车二进一　…………

应马六进四，以下车2退1，车八进一，炮8退4，马四进三，车2平7，车八进二，马3退1，车二进五，车7平3，炮七平六，士6进5，炮五平三，炮8退1，炮六平三，炮8平9，兵三进一，红方小优。

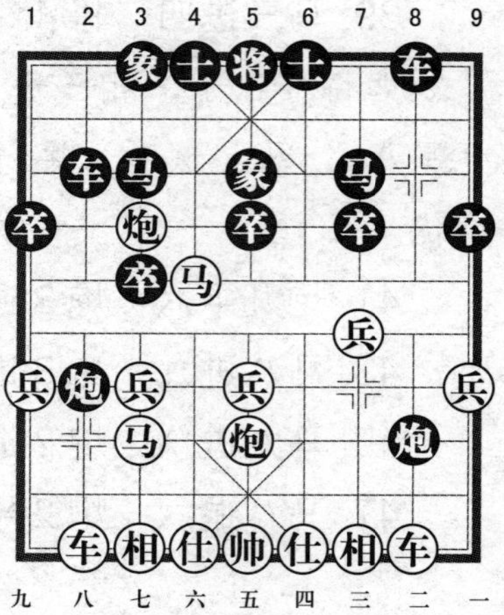

图74

11. …………　炮8平3

12. 车二平八　车8进4

13. 马六进四　炮2平5

14. 仕六进五　车2进6

15. 车八进一　车8平6

16. 车八进六　马7退5

17. 车八退五　象5退7

18. 马四进三 ……….

如马四进五，以下士4进5，车八平七，红虽追回失子，但败局已定，黑续走车6平4，相七进九，将5平4，车七退二，象3进1，炮七平八，马3进2，炮八平七，车4退1，车七平八，炮5退2，炮七进二，马2进1，炮七平八，马1退2，炮八平七，象1退3，红全面受困，黑胜定。

18. ………… 车6退3　　19. 马三退二　车6平8
20. 马二退一　炮3进1　　21. 车八退一　炮3退1
22. 车八进一　炮3进1　　23. 兵三进一　车8进4
24. 兵三平二　车8退1　　25. 车八退一　炮3退1
26. 车八进七　卒3进1　　27. 车八平六　象3进1
28. 马一退三　车8平5　　29. 相七进九　卒3进1
30. 相九进七 …………

如炮七退四，则卒3进1，车六退五，炮5平9，马三退一，炮9平5，马一进二，炮5退1，黑胜定。

30. ………… 炮5平1　　31. 马三退二　炮1进3
32. 帅五平六　车5平2　　33. 炮七退三　车2进4

第30章　第七届人脑对电脑大赛

第七届人脑对电脑象棋大赛于2006年1月14日在台大计算机及信息网络中心222会议室举行。参加的四位棋手为：赵奕帆（六段）、杨启明（七段）、陈东宜（七段）、陈振国（八段）。

第一轮结果为："棋天大圣"先和赵奕帆，杨启明先负"象棋世家"，"千虑"先负陈东宜，陈振国先负"象棋奇兵"。

第二轮结果为：赵奕帆先负"千虑"，"象棋奇兵"先胜杨启明，陈东宜先负"棋天大圣"，"象棋世家"先胜陈振国。电脑最终以6胜1和1负战胜人脑。

第75局　杨启明　先负　象棋世家

（2006年1月14日在台大）

中炮对左三步虎

1. 炮二平五　马8进7　　2. 马二进三　车9平8

3. 马八进九　炮8平9　　4. 炮八平七　卒1进1

如马2进3，则车九平八，车1平2，兵三进一，卒3进1，车一进一，车8进4，车一平四，士4进5，车八进六，卒7进1，车四进五，双方激烈对峙。

5. 车九平八　马2进1　　6. 车八进四　车8进4

7. 车一平二　车8平4　　8. 车八平四　马1进2

9. 炮七退一　卒7进1　　10. 炮七平三　马2进4

11. 仕四进五　炮2进3　　12. 车四进四　士4进5

13. 炮五平六　车4平6

14. 车四平三　车6进4

15. 炮三平二　马4退6 （图75）

16. 炮二进五　…………

应车三进一，以下炮9平8，炮二平一，炮8进2，炮一进五，马7进9，车二进五，马9退7，炮六退一，车6退3，车二退三，车6平4，炮六进一，大体均势，各有千秋。

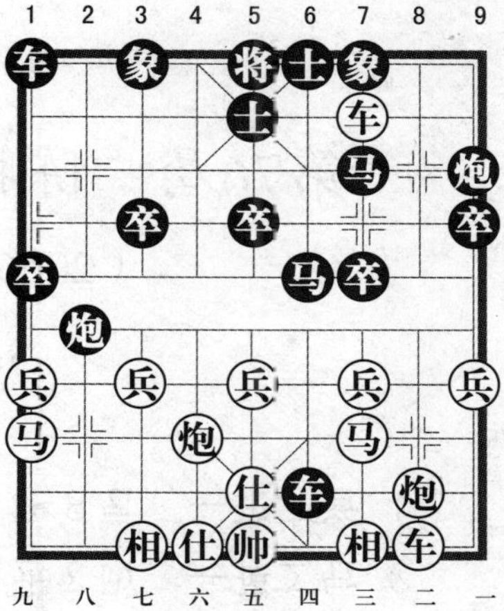

图75

16. …………　炮2进2

17. 炮二平四　马6进4

18. 炮四平三　马7退9　　19. 车三平一　炮2平7

20. 车一平三　象3进5　　21. 车二进三　…………

可考虑炮六平四，以下炮9进4，兵五进一，卒7进1，炮四进六，象7进9，炮三平二，卒7平8，车三平一，车6退5，炮二进二，车6平8，双方激烈对峙。

21. …………　马4进2　　22. 炮六进一　马2进1

23. 车二退一　车6平7　　24. 相三进五　车1平4

25. 炮六进三　炮9进4　　26. 兵三进一　炮9进3

27. 帅五平四　炮7退1　　28. 兵三进一　…………

如果车三平四，则马1退3，车二进五，车7平9，兵五进一，车4进2，兵五进一，炮7进2，兵五进一，炮7平8，帅四进一，马3进4，仕五退六，炮8退1，帅四进一，车9平8，车二退五，车8退1，黑方胜势。

28. …………　车4进3　　29. 炮三平六　炮7退5

30. 兵三进一　炮7平6　　31. 车二平一　车7进1

32. 帅四进一　炮9平4　　33. 仕五退六　车7平4

34. 车一进四　士5进6　　35. 帅四平五　马1退3

第76局　陈振国　先负　象棋奇兵

（2006年1月14日在台大）

对兵互进右马局

1. 兵七进一　马8进7　　2. 马八进七　卒7进1

3. 马二进一　炮2平5　　4. 车一进一　马2进3

5. 车一平四　…………

如车九平八，以下车1平2，炮八进四，马7进6，炮二平五，士4进5，仕六进五，炮8平6，车一平二，红占位较好，易走。

5. …………　车1平2　　6. 车九平八　车2进4

7. 相七进五　炮8平9　　8. 车四进三　车9平8

9. 炮二平四　士6进5　　10. 仕六进五　卒5进1

11. 车四进二　卒9进1　　12. 车四平三　马7进5

13. 炮八进二　卒5进1　　14. 炮八平五　车2平6

15. 炮五进三　…………

如果兵三进一，则卒7进1，车三退二，马5进7，马一进三，车8进7，炮五平四，车6平5，兵五进一，车5平4，车八平六，车4平2，车六平八，车2平4，此时黑方如避兑则和棋，如兑车则处于下风。

15. …………　象3进5　　16. 车三平一　车8进5

17. 车一退一　车8进2　　18. 兵五进一　卒3进1

19. 车八进四　炮9平7

如炮9平8，则兵一进一，卒1进1，车一进一，炮8进1，兵七进一，马5进3，车八平六，前马进2，车六退一，车6平2，马七进六，马2退4，车六进一，马3进5，兵五进一，马5

退7，车一进三，双方大致均势。

20. 兵三进一　车8退1　　21. 兵三进一　马5进7
22. 车八进二　卒3进1　　23. 车八平三　炮7平9
24. 相五进七　车8平3　　25. 相七退五　车6进1
26. 炮四平三　车6平5　　27. 马七退六　车3平1
28. 马六进八　车1平4　　29. 马八进六　车5退2
30. 车三进二　炮9平6（图76）　31. 车一进四　…………

无效率，应车一平二，以下马7进6，马六退七，车5平2，马七进八，车4平1，马八退七，车2进6，车三退二，车1平3，黑方略主动。

31. …………　炮6退2　　32. 车一退一　炮6进8
33. 炮三平二　车5进4　　34. 炮二进七　士5退6
35. 车三平四　…………

应车三平六，以下车4平1，马六退八（如马六进七，则车1进3，车六退八，车1平4，帅五平六，车5平1，帅六平五，车1进2，仕五退六，炮6平2，黑略主动），车1平2，车一平四，马7进6，炮二退六，车5平2，炮二平八，炮6退7，车六平四，车2退1，均势。

35. …………　马7进6
36. 车四进一　炮6退8
37. 相三进五　炮6平8

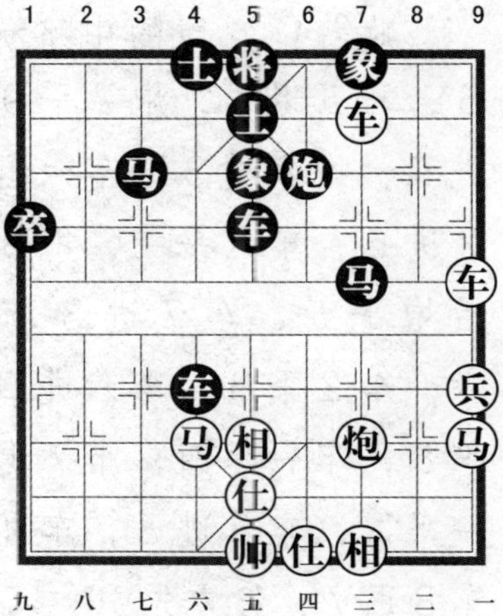

图76

第77局　陈东宜　先负　棋天大圣

（2006年1月14日在台大）

过宫炮直车对左中炮横车

1. 炮二平六　炮8平5　　2. 马二进三　马8进7
3. 车一平二　车9进1　　4. 车二进四　车9平4
5. 马八进七　车4进5　　6. 车二平七　…………

如炮六平四，则车4平3，相七进五，马2进3，车九平七，士4进5，仕六进五，卒5进1，双方相峙。

6. …………　马2进1　　7. 马三退五　车4平5
8. 炮六进四　车5平7　　9. 炮六平九　马1退2
10. 车七进二　炮2进3　　11. 兵七进一　炮2进1
12. 炮八平九　马2进1　　13. 车七平六　车1平2（图77）
14. 前炮平五　…………

败着！空虚的中路犹如雪上加霜。应相七进五，以下士6进5，马五退七，炮2平9，仕六进五，炮9进3，车六退二，车2进6，车六平一，炮5进5，后炮平五，车7进3，前马进六，车2平8，马六进四，炮9平8，车一退四，车7退2，车一平二，车8进3，车九进二，车8退7，红方先手。

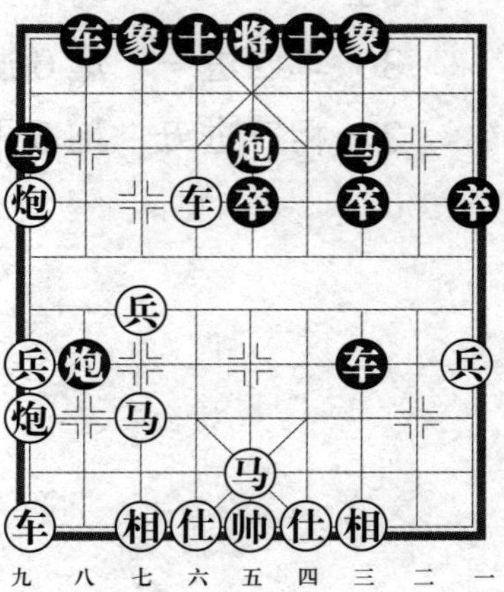

图77

14. …………　马7进5
15. 车六平五　炮2退5
16. 车五进一　…………

如马七进六，则炮2平5，车五进一，象7进5，炮九平五，车2进4，黑优。又如相七进五，炮2平5，车五平六，车7进3，车六进一，车7退3，黑胜势。

16. ………… 象7进5　17. 炮九进五　炮2平5
18. 炮九退三　车7进3　19. 马七进六　车7退5
20. 车九进二　车7平4　21. 车九平四　车2进6
22. 相七进五　车2平1　23. 炮九平八　象5进7
24. 车四进二　车4平2　25. 马六进七　车1平4
26. 车四平六　车4退1　27. 炮八平六　炮5进4
28. 炮六退一　炮5进1

黑方环环相扣，着着精确！最终完胜对手。

29. 马七退六　车2进2　30. 炮六退二　车2平4
31. 马六进四　炮5退2　32. 炮六平八　士4进5

第78局　象棋奇兵　先胜　杨启明

（2006年1月14日在台大）

中炮过河车对屏风马

1. 炮八平五　马2进3　2. 马八进七　车1平2
3. 车九平八　马8进7　4. 兵三进一　卒3进1
5. 车八进六　马3进4　6. 马二进三　卒3进1
7. 车八退一　马4退3　8. 车八平七　炮2退1
9. 兵七进一 …………

如马三进四，以下卒3进1，车七退二，炮2平3，马四进五，马3进5，车七进五，红优。

9. ………… 炮2平3　10. 车七平二 炮8进5
11. 炮五平二 象7进5　12. 车二进二 车9平7
13. 马三进四 马7退5　14. 相三进五 车2进4
15. 车一进一 车2平6　16. 车一平六 车6进1

如车7进2，则车二平三，马5进7，车六进七，炮3平1，马四退六，车6平8，炮二平四，车8平4，车六退三，马3进4，兵七进一，红方小优。

17. 车六进七 车6退1　18. 车六平七 卒7进1
19. 炮二平三 车7进3　20. 马七进六 车6平4
21. 马六退四 车7平6　22. 马四进三 车4平6
23. 仕四进五 马3进4　24. 兵七进一（图78） 象5进3

如马4进5，则炮三平四，后车平7，车七平六，后马进7，马三退一，车6进2，车六退五，卒9进1，炮四平三，车7平9，马一进三，象5进7，兵三进一，红优。

25. 炮三平四 后车平7　26. 车七退三 马4进5
27. 车七平四 前马退6　28. 车二退一 马6退5
29. 炮四平一 后马进3　30. 车二进一 士4进5
31. 炮一进四 马3进4

如马3进2，以下车二进二，马2进4，炮一进三，马4进6，帅五平四，卒5进1，车二退六，车7退3，车二平四，车7平9，车四平七，车9进2，车七进六，士5退4，车七退四，红胜势。

32. 炮一进三 车7退3
33. 炮一退四 马4退6
34. 车二退七 车7进3
35. 马三进五 马6退7

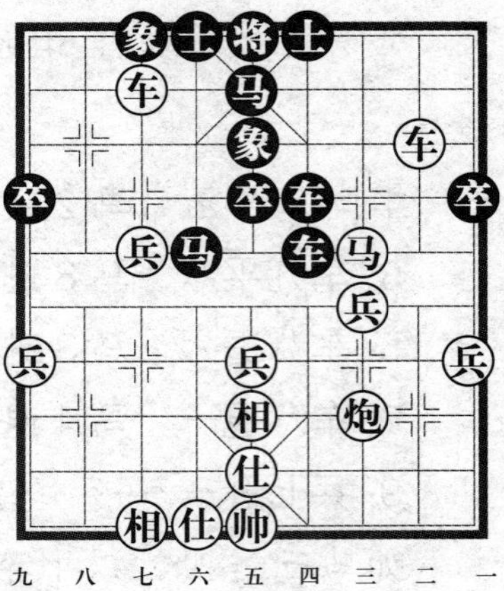

图78

36. 车二进八　将5平4　　　37. 马五进七　将4进1
38. 车二退五　车7平3　　　39. 马七进九　象3进1
40. 车二平八　车3退2　　　41. 炮一进三　将4退1
42. 车八平六　车3平4　　　43. 马九退七　马5退3
44. 车六平八　车4进1　　　45. 马七退九　马3进4
46. 车八进六　将4进1　　　47. 兵三进一　…………

红方步步准确着法让黑方难以摆脱，控制方法让人赏心悦目。

47. …………　马4退6　　　48. 兵三平四　马6进8
49. 车八退一　将4退1　　　50. 炮一平二　车4平8

如马8退6，则炮二进一，马6退7，车八平五，前马进9，炮二平一，车4平2，兵九进一，马9进8，车五平四，红胜势。

51. 炮二进一

第31章　第八届人脑对电脑大赛

由禧达康信息股份有限公司主办，台湾大学协办的“第八届电脑对人脑锦标赛”于2007年1月20日在台湾大学资讯所2楼会议室举行。

参加第八届电脑对人脑锦标赛软件有“千虑”“象棋世家”“象棋奇兵”“棋天大圣”。

人方参赛选手有马仲威（七段）、陈振国（八段）、张鸿钧（七段）、张正安（七段）。

第一轮结果为：张鸿钧先和“象棋奇兵”，“千虑”先和陈振国，张正安先负“棋天大胜”，“象棋世家”先胜马仲威。

第二轮结果为：“棋天大圣”先胜张鸿钧，马仲威先负“千虑”，“象棋奇兵”先和张正安，陈振国先负“象棋世家”。

电脑方以5胜3和打败人方棋手。主办单位在闭幕致辞时总结前八届总成绩是：电脑方以4比4与人方打成平手。

第79局　象棋世家　先胜　马仲威

（2007年1月20日弈于台大）

中炮过河车互进七兵对屏风马平炮兑车

早上10时开始比赛，双方大战3个半小时才结束战斗，名手马仲威弃子与软件对攻，本局可以说举办八届人机赛以来最经典对局之一。

1. 炮二平五　马8进7　　2. 马二进三　车9平8

3. 车一平二　卒7进1　　4. 车二进六　马2进3

5. 兵七进一　炮8平9　　6. 车二平三　炮9退1

7. 炮八平六　马3退5　　8. 车三退一　象3进5

9. 车三平六　马5进3　　10. 马八进七　卒3进1

11. 车六退一　车8进4　　12. 车六平三　卒3进1

黑方弃马过卒技惊四座，面对大赛做此选择，或许对此早有准备。如马3进4，则兵七进一，马4进3，车九平八，炮2平3，兵七进一，炮9平7，兵七进一，炮7进4，兵三进一，红优。

13. 车三进三　卒3进1　　14. 马七退九　卒3平4

15. 炮六平九　卒4进1　　16. 炮五平四　马3进4

黑方弃一马连逼红方平炮、退马、赶走中炮，再进马河口以炮打车，连夺四个先手。

17. 车三进一　炮9进1　　18. 车九平八　炮9平7

19. 车三平四　士6进5　　20. 炮四进二　炮2平4

21. 炮四平三　车1平3　　22. 仕四进五　卒4进1

23. 炮九进四　炮4退1　　24. 车四退五　马4进3

25. 车八进六　炮4进1　　26. 炮九平五　炮7平6

27. 炮三进二　车8平7

可以考虑车3进4，则兵五进一，炮4平3，相七进九，马3退5，车四进一，马5进3，相九进七，车8平7，炮五平一，车7进2，炮一进三，炮6退2，炮一平四，车7进1，相三进五，双方激烈对峙，各有千秋。

28. 炮三平二　车7平8　　29. 炮二平三　车8平7

30. 炮三平二　车7平8　　31. 炮二平三　车3进4

32. 车四退一　车3平7　　33. 炮五平一　马3退4

34. 车八平六(图79)　车7进2

可考虑马4进5，以下马九进七，马5退6，车六平四，车8平9，兵三进一，车7进1，炮三平二，车9退1，后车进三，炮6进2，马七进五，炮6平5，帅五平四，车9平8，马五进三，车8进1，双方大致相当。

35. 炮一进三　车8退4

36. 车六退一　车7退3

37. 炮一退四　车8进7

38. 车六退三　炮6平7

39. 炮一进四　车8退7

40. 炮一退五　…………

红方因为多一子，毅然以车吃卒吐回一马求变，否则红炮一将一闲，黑一抓红炮，一牵有根红马将形成和局。

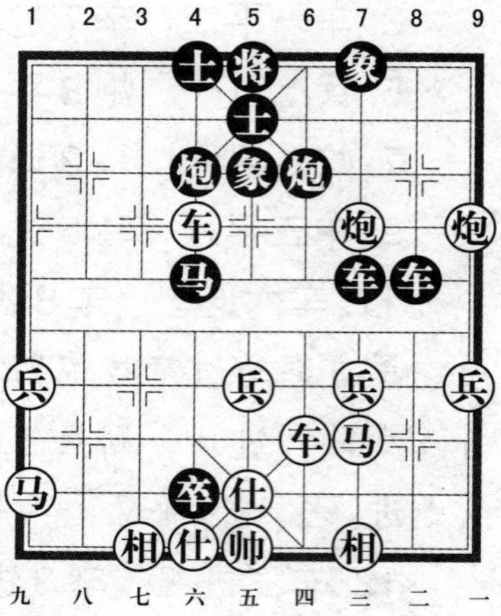

图79

40. …………　车8进7

41. 车六退一　车8平7

42. 炮一进五　象7进9

43. 车四平三　车7进4

44. 相三进五　…………

经过转换，红净多三兵，胜算在握。

44. …………　炮7平8

45. 车六进五　炮8进7

46. 车六平二　炮8平9

47. 车二进三　士5退6

48. 车二退七　车7退7

49. 炮一平二　炮4退1

50. 相五进三　将5进1

51. 相七进五　车7进4

52. 马九进七　象9退7

53. 车二进四　车7平6

54. 马七进六　车6平4

55. 马六退四　车4平6

56. 马四退三　炮9退1

57. 兵五进一　将5退1

58. 车二进一　士4进5

59. 车二退四　士5进6

60. 车二平四　车6平8

61. 车四平二　车8平6

62. 车二平八　车6平8

63. 车八进六　将5进1

64. 炮二平四　炮4进7

65. 仕五退四　车8进4

66. 马三进四　炮4平6

67. 仕四进五　车8进1

68. 仕五退四　车8退1

69. 相五退七　将5平6

70. 炮四平六　炮9进1　　71. 帅五进一　…………

红帅御驾亲征，研究室内高手议论纷纷，对计算机的行为感到不可思议。

71. …………　炮9退1　　72. 车八退六　炮6退1

73. 帅五进一　炮6平7　　74. 兵五进一　…………

红方中兵过河，揭开反击的序曲。

74. …………　炮7退1

如车8退2，则炮六退八，车8平7，兵五进一，车7退1，车八平五，将6退1，兵五进一，象7进5，车五进四，红方胜势。

75. 车八进五　士6退5　　76. 兵五进一　…………

红方算准了黑方三路有惊无险，毅然进中兵胁象攻王！

76. …………　车8退1　　77. 帅五退一　车8进1

78. 帅五进一　车8退1　　79. 帅五退一　车8进1

80. 帅五进一　车8退5　　81. 炮六退一　将6退1

82. 车八进一　士5退4　　83. 马四进六　车8进4

84. 帅五退一　车8进1　　85. 帅五进一　车8退1

86. 帅五退一　炮7进2　　87. 帅五退一　车8平6

88. 仕四进五　车6退2　　89. 车八平六　将6进1

90. 兵五进一　…………

红方弃马进兵吃象，已是胜利在望。

90. …………　炮9进1　　91. 仕五进四　…………

红方撑士解杀还杀，精妙！

91. …………　车6平5　　92. 马六退五　车5平7

黑方面临吃相叫杀及吃中兵的选择，毅然选择了吃相做杀这条最激烈的道路，但在高深的软件计算之下，也加速了崩溃，应吃中兵，仍有复杂变化。

93. 炮六退七　…………

红方退炮解杀还杀！至此已成胜定。

93. ………… 炮 7 进 1　　94. 帅五进一　车 7 平 5

95. 车六退一　将 6 退 1　　96. 兵五进一　炮 9 平 4

97. 帅五退一

红方下帅精妙异常，不避炮逼黑以车换兵，演绎了象棋的艺术性。面对多路杀着，黑已无法解救。

第80局　张正安　先负　棋天大圣

（2007年1月20日弈于台大）

中炮巡河炮对屏风马

1. 炮二平五　马 8 进 7　　2. 马二进三　车 9 平 8

3. 兵七进一　卒 7 进 1　　4. 马八进七　马 2 进 3

5. 炮八进二　马 7 进 8　　6. 马七进六　象 3 进 5

7. 车一进一　士 4 进 5　　8. 车九进一　炮 2 进 2

黑方另有卒 1 进 1、车 8 进 1 和马 8 进 7 等多种变化。

9. 马六进七　马 8 进 7　　10. 炮五平七　炮 8 平 7

11. 车一平四　炮 2 平 5　　12. 马七退五　卒 5 进 1

13. 车四进五　车 1 平 2　　14. 炮八进二　马 7 退 8

15. 车四平三　马 8 退 9　　16. 车三平四　卒 7 进 1

17. 兵七进一　车 8 进 4

如卒 7 进 1，则马三退一，卒 5 进 1，兵五进一，车 8 进 4，兵七进一，马 3 退 1，车九平六，马 1 进 2，兵七平八，卒 9 进 1，大致均势。

18. 相三进五　卒 7 进 1　　19. 马三退一　卒 9 进 1

20. 炮七进五　炮 7 平 3　　21. 兵七进一　炮 3 平 1

22. 兵七进一　卒5进1　　23. 车九平七 …………

保七兵则失中兵，如兵五进一，则局面平淡。

23. …………　卒5进1　　24. 兵七进一　车8平4

25. 车七进五 …………

如车四平一，则炮1进4，仕四进五，炮1进3，相五退三，卒1进1，车七进三，车2平4，车一平七，前车平2，炮八平九，炮1退6，前车平九，车4进6，黑方占位较好，略优。

25. …………　卒5进1　　26. 车四平六　车4进3

27. 兵七平六　炮1进4　　28. 车六退四　卒5平4

29. 车七退三　炮1进3　　30. 仕四进五　卒4平5

31. 炮八平五　马9进8　　32. 炮五退一 …………

如仕五退四，则马8进6，炮五退二，马6退5，炮五进一，马5进7，车七平三，车2进9，车三平七，车2平3，车七退三，马7进6，黑胜。

32. …………　马8进6（图80）

33. 车七平三 …………

败着，放出黑车如放虎归山，应仕五退四，卒5平4，仕四进五，卒4进1，炮五退一，马6退5，炮五进一，马5进7，车七平三，马7退6，炮五平六，车2进9，帅五平四，炮1平3，帅四进一，车2退8，红方虽处下风，但尚可维持。

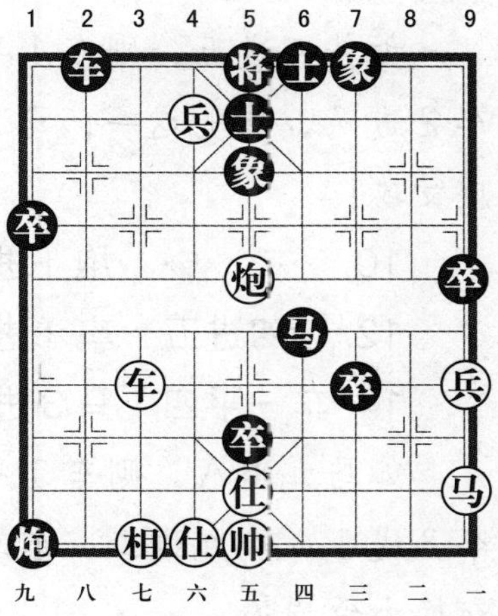

图80

33. …………　车2进8

34. 车三平五　车2平5

第81局　马仲威　先负　千虑

（2007年1月20日弈于台大）

飞相对进7卒

1. 相三进五　卒7进1　　2. 马八进九　象7进5

3. 车九进一　卒1进1　　4. 车九平三　…………

应先兵三进一再车九平三，更容易从三路线打开而保留担杆炮。

4. …………　马2进3　　5. 兵三进一　炮8平7

6. 炮二平三　卒7进1　　7. 炮三进五　马8进7

8. 车三进三　车9平7　　9. 马二进三　炮2平1

10. 车三平八　…………

如仕四进五，则车1平2，炮八平七，卒3进1，兵七进一，车2进7，炮七退一，马3进2，兵七进一，马2进3，红左翼空虚受攻！

10. …………　炮1进4　　11. 兵七进一　车7进1

12. 仕四进五　卒1进1　　13. 车八退一　车1进4

14. 车一平四　马3进1　　15. 车四进六　…………

如马九退八，则车1平7，马三进四，卒3进1，炮八平九，卒3进1，炮九进二，前车平1，车八平九，卒3平2，经过激烈交换大致均势。

15. …………　马7进8　　16. 车四平五　车7进5

17. 车五退二　车1平4　　18. 炮八平六　…………

如炮八平七，则车4平6，车五平三，车7退1，相五进三，车6进2，红方右翼有压力。

18. ………… 马8进9

19. 马三退四 …………

有些示弱，不如马三进一，以下车7平9，相五退三，卒3进1，炮六进二，卒3进1，炮六平九，卒3平4，车五平四，炮1平5，帅五平四，士4进5，双方对攻各有千秋。

19. ………… 卒3进1

20. 马九退七 卒3进1

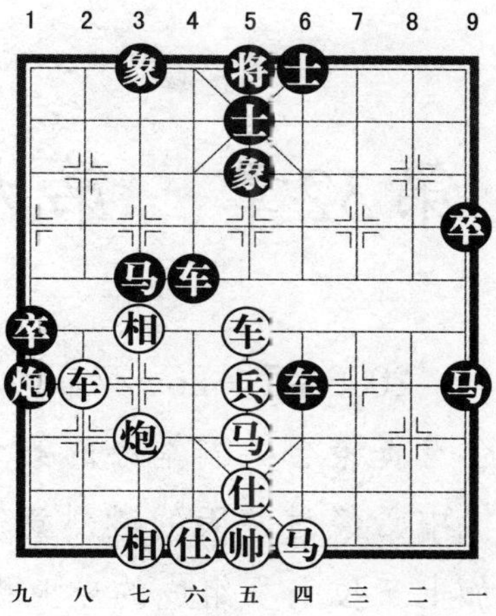

图81

21. 相五进七 马1进3

22. 马七进五 车7平6

23. 炮六平七 士4进5（图81） 24. 马五退三 …………

应车八进六，以下车6退4，炮七进三，车4平3，相七退九，车3平4，车八退六，车4平1，车八进六，马9退8，马四进三，双方旗鼓相当。

24. ………… 车6进2 25. 炮七退一 车4进4

26. 炮七进四 马9进7 27. 炮七平二 马7进5

28. 马三进四 马5退6

第32章　第九届人脑对电脑大赛

2008年1月26~27日，科技紫微网与台湾大学、台湾信息学会、台湾资策会共同举办的第九届人脑对计算机象棋大赛，在台大计算机中心经过两天的激烈竞赛，由四款超强电脑程序挑战由一位八段加上三位七段组成的专业棋士队伍。比赛结果揭晓，计算机取得3胜4和1负的佳绩，大胜人脑。总计九届比赛，计算机胜五次，人脑胜四次，计算机多胜一次。

第82局　ELP　先胜　陈庆文

（2008年1月26日弈于台大）

中炮七路马对屏风马

1. 炮二平五　马8进7　　2. 马二进三　车9平8
3. 车一平二　马2进3　　4. 兵七进一　炮8进2
5. 马八进七　卒7进1　　6. 马七进六　炮2进3

如炮2退1，则车二进一，象7进5，炮八平七，炮2平8，车二平四，车1平2，马六进七，马7进6，马七进五，象3进5，炮七进五，双方形势相当，但红多吃一象，易走。

7. 马六进七　炮2进1　　8. 兵五进一　士4进5
9. 车九进一　炮2平3　　10. 马七退八　象3进5
11. 车九平七　炮3平6　　12. 兵七进一　炮8平3
13. 车二进九　马7退8　　14. 兵五进一　车1平4

15. 车七进二　车4进5

如炮6退4，则炮五进四，马3进5，兵五进一，车4进7，马八退七，车4退2，仕六进五，车4平5，兵五平四，炮6平7，相三进五，红多一过河兵，小优。

16. 马八退七　炮3进3　　17. 车七退一　炮6退4

18. 兵五平四　车4平6　　19. 兵四平三　马3进2

20. 车七进四　马2进4　　21. 车七平九　马4进5

22. 车九进三　士5退4　　23. 炮八进七　象5退3

24. 相三进五　象7进5

如车6进1，则后兵进一，车6平7，炮八退七，象7进5，车九退三，马8进6，前兵平四，车7平6，车九平五，车6退2，炮八进七，红优。

25. 后兵进一　车6平2　　26. 前兵平四　炮6平9

27. 兵三进一　马8进6　　28. 兵四进一　马6进4

29. 仕四进五　士6进5　　30. 兵三平四　马4进3

31. 兵九进一　炮9平8　　32. 兵九进一　炮8退1

33. 仕五进六　炮8平6　　34. 前兵平三　炮6平8

35. 兵四进一　炮8进3　　36. 仕六进五　炮8平5

37. 帅五平四　车2进1

38. 兵九平八(图82)　车2退2

如车2平6，则帅四平五，马3进5（如马3进2，则炮八退六，车6平2，车九退五，车2退2，车九平五，炮5平8，兵四平五，和势），帅五平六，炮5平4，帅六平五，炮4平5，和棋。

39. 马三进五　车2进2

40. 马五进七　炮5进1

41. 兵一进一　炮5平4

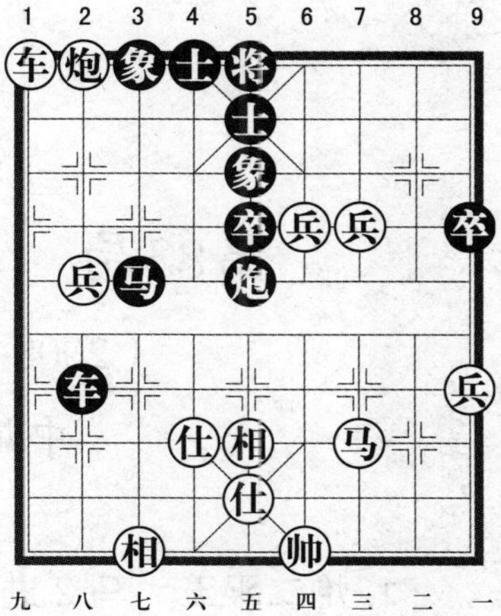
图82

42. 兵四平五　马3退5　　43. 马七进六　马5进6
44. 车九退五　车2平6　　45. 帅四平五　炮4平9
46. 车九进四　马6进8　　47. 车九平五　将5平6
48. 马六退五　炮9进4　　49. 仕五进四　马8进9
50. 车五平二　马9进7　　51. 车二退八　马7退6
52. 帅五进一　马6退8　　53. 马五进四　炮9退5

此时黑方处下风，可以借亚洲棋规和棋，如车6平2，以下车二进二，炮9退4，帅五退一，炮9平8，车二平三，炮8平1，车三平二，炮1平8，和棋。

54. 兵三进一　炮9进1　　55. 炮八退五　炮9平8
56. 炮八平四　将6平5　　57. 兵三进一　车6退1
58. 马四进六　将5进1　　59. 车二进三　车6平4
60. 马六退五　炮8平5　　61. 帅五平四　车4退1
62. 车二平八　车4平5

面对红方的射门，黑居然走出脱先之棋，应炮5平6，以下车八进五，将5退1，马五进四，将5平6，兵三平四，炮6退4，马四进二，将6平5，车八平四，车4退1，此时不是红方必胜的局面。

63. 兵三平四　将5退1　　64. 兵四进一

第83局　马仲威　先胜　千虑

（2008年1月26日弈于台大）

中炮对进右马先上士

1. 炮二平五　马2进3　　2. 马二进三　卒7进1
3. 车一平二　士4进5　　4. 马八进七　炮8平7

5. 兵五进一　马8进9

如卒7进1，则马三进五，卒7平6，兵五进一，卒5进1，炮五进三，炮7平5，仕六进五，马3进5，炮八进四，马8进7，炮八平五，马7进5，大量兑子后趋于平淡。

6. 马七进五　象3进5　　7. 兵五进一　卒5进1

8. 车二进六　车9平8　　9. 车二平七　车1平4

10. 马五进七　…………

如炮五进三，则炮2退2，马五进四，炮2平3，炮八进七，马3退2，马四进三，车8进2，前马退四，马2进1，车七平五，车8进3，红方攻势瓦解。

10. …………　车4进7　　11. 车九进二　炮2进4

12. 马七进五　将5平4　　13. 仕四进五　车4退3

14. 马五进四　士5进6　　15. 炮八平六　车4平5

16. 车九平八　士6退5　　17. 车八进一　卒7进1

18. 兵七进一　卒7平6　　19. 马三进五　卒6平5

20. 马五进三　车5平6　　21. 马三进二　…………

应马三进五，以下将4平5，车七进一，士5退4，车八进六，士6进5，马五进六，炮7平4，炮六进七，马9进7，炮六平三，炮4退2，炮五进五，将5平6，炮三平六，红方胜定。

21. …………　车6进1

22. 炮五平二（图83）　车8进3

软件计算出现失误，以车啃马从而致败。应车8平9，以下马二进四，车6退3，车七进一，车6进7，仕五退四，炮7平3，车八进六，炮3退2，炮六平七，车9平8，炮二平三，卒9进1，炮七进七，象5退3，车八平七，将

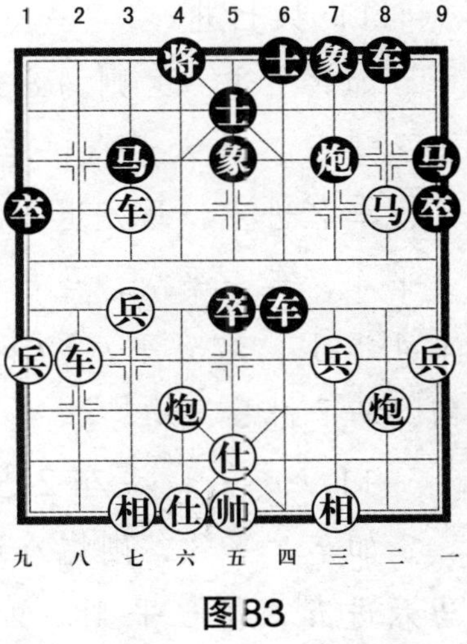

图83

4进1，兵七进一，红方虽大优，黑方仍可在下风周旋。

23. 车七平二　将4平5　　24. 相三进五　车6退1

25. 炮二平三　炮7进5　　26. 炮六平三　卒9进1

27. 车二平七　马3退4　　28. 车七退一　车6平8

29. 车七平二　马9进8　　30. 兵七进一

红车炮三兵必胜双马三卒，余着从略。

第84局　棋天大圣　先胜　马仲威

（2008年1月27日弈于台大）

仙人指路转中炮对卒底炮飞右象

1. 兵七进一　炮2平3　　2. 炮二平五　象3进5

3. 炮五进四　士4进5　　4. 相七进五　马2进4

5. 炮五退一　车1平2　　6. 马八进六　车2进4

7. 兵五进一　车9进1　　8. 马二进三　车9平6

9. 车九平八　车6进5　　10. 车一进一　车6平1

11. 兵七进一　…………

如兵三进一，则马8进7，车一平二，炮8平9，炮八平六，车2进5，马六退八，车1平2，马八进七，卒3进1，马七退九，车2进1，马九退七，车2退1，均势。又如马六进五，则车1平4，车一平八，马8进7，炮八平七，车2进4，车八进一，车4退1，炮五平八，车4平5，炮八退一，车5退1，炮八进四，马7进5，均势。

11. …………　车2进1

如车2平3，则炮八进七，车1平4，炮八平九，炮3平2，马六进五，将5平4，兵三进一，马4进5，仕四进五，车3平

4，车一平四，红方易走。

12. 炮五平二　马8进7　　13. 炮二退一　车2平5

14. 兵三进一　车5退1　　15. 马六进五　卒3进1

如车5平3，则车一平六，炮3平4，炮八进六，车1退2，炮八平七，车3平2，车六平八，车2进4，车八进一，红优。

16. 车一平六　炮3平2　　17. 炮八平七　炮8退1

18. 车六进五　车5退1　　19. 车六退二　炮2退2

20. 车六平四　士5进6　　21. 马五进四　炮8平6

22. 车四平五(图84)炮6进3

造成子力不畅，为以后失子落败埋下祸根，应车5平6，以下马四进二，士6进5，车五进三，将5平6，车五平七，炮2平5，双方激烈对攻。

23. 车五进二　马4进5　　24. 车八进九　将5进1

25. 车八退三　…………

黑方利用巧妙的组合得子获得胜势。

25. …………　马5退3　　26. 炮七进五　车1平7

27. 兵三进一　炮6进1　　28. 车八退二　车7进1

29. 车八平四　卒7进1

30. 车四进三　马7进8

31. 炮二平五　象5退3

32. 炮七平五　将5平4

33. 车四进一　将4进1

34. 前炮退二　卒7进1

35. 车四退七

得子后红方又以巧妙的组合精彩射门。

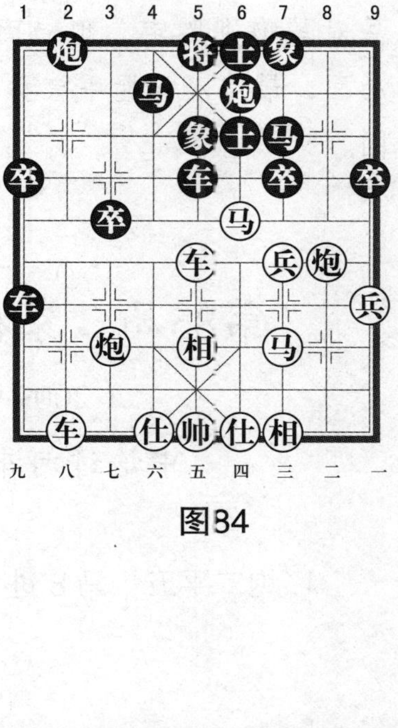

图84

第33章　第十届人脑对电脑大赛

由台湾大学、台湾信息学会、禧达康信息、科技紫微网等共同举办的第十届人脑对电脑象棋大赛于2009年2月14~15日在台湾大学举行。人脑方面的选手为两位八段棋手陈振国及刘国华、两位七段棋手马仲威及陈庆文。电脑方为四款象棋软件："千虑""象棋世家"（在此之前已经成功挑战七段棋手）、"ELP""天马行空"。

经过两天的激烈角逐，人脑队以三胜五和的佳绩击败了电脑队。这是连续举办十届以来，人脑第一次以压倒性的成绩获得胜利！

本次对抗赛中"象棋世家"软件两局皆和，第一局先手和刘国华八段，第二局后手和马仲威，刘和马两人不仅是位于台湾棋坛的一流名手，更在亚锦赛和世锦赛上有上乘表现。此次与刘国华战至优势残局阶段，软件方双马三兵，人方为马炮单卒且马炮处于被压制的位置，此时兵卒对头，如电脑方消灭对方边卒，形成双马三兵对马炮则胜定，但局面复杂，软件续走几十回合也未形成胜势局面，最终双方握手言和，看来软件在残局方面还有很大的提升空间。

第85局　象棋世家　先和　刘国华

（2009年2月14日弈于台大）

中炮过河车互进七兵对屏风马上士

1. 炮二平五　马8进7　　2. 马二进三　车9平8

3. 车一平二　马2进3　　　4. 兵七进一　卒7进1

5. 车二进六　士4进5　　　6. 炮八平七　…………

红如马八进七则进入另外的攻防体系中。

6. …………　象3进5　　　7. 兵七进一　象5进3

8. 马八进九　马7进6　　　9. 车九平八　炮2平1

10. 马九进七　卒7进1　　11. 车二退一　马6进4

12. 兵三进一　马4进3　　13. 车八进二　前马进4

14. 帅五平六　车8进1　　15. 马三进四　车8平6

16. 马七进六　炮8平4

如车6进1，兵三进一，炮1进4，帅六平五，炮1退2，兵三进一，车1平2，炮五进四，象7进5，车八进七，马3退2，炮五平一，炮8平9，炮一平七，马2进4，兵三平四，车6平7，炮七进一，象5退7，炮七平一，车7平9，车二退二，红优。

17. 帅六平五　炮4进1　　　18. 车八进一　车6进1

19. 兵三进一　车1平2　　　20. 车八进六　马3退2

21. 炮五进四　将5平4　　　22. 炮五平七　炮1进4

23. 相七进五　…………

可炮七平一，马2进3，车二进一，炮4平9，车二平一，马3进4，马四进六，炮1退2，车一平六，将4平5，兵一进一，车6进4，马六进四，炮1平7，车六平九，象3退1，马四进三，车6退5，马三退二，车6平8，兵一进一，红优。

23. …………　炮1退2　　　24. 车二进一　车6平4

25. 兵三平四　…………

可炮七平八，马2进3，马六退七，炮1进5，帅五进一，将4平5，炮八进一，马3进2，马七进八，车4平2，车二平六，车2进2，车六平九，车2进4，帅五退一，车2进1，帅五进一，车2平6，马四退六，红优。

25. ………… 马2进1　　26. 炮七平八　炮1平2

27. 兵四平五　马1退3　　28. 炮八平七　马3进1

29. 炮七平八　马1退3　　30. 炮八平七　炮2退1

如卒9进1，马六退七，炮2平5，车二退一，炮5退2，车二平七，车4平2，车七平八，车2进2，马七进八，红优。

31. 车二退五　马3进1　　32. 炮七平九 …………

兑子后简化局势造成和局，应车二平七控制局面，以下将4平5，前兵进一，马1进3，车七进四，车4平3，车七退二，车3退1，后兵进一，卒1进1，后兵进一，卒1进1，前兵平六，炮2平4，兵五进一，炮4退2，马六进八，车3进1，马四进六，车3退2，红全面控制局势，优势。

32. ………… 炮4平1　　33. 车二平九　马1退3

34. 车九进五　车4平1　　35. 车九进一　马3进1

36. 马六进七　将4平5　　37. 前兵平六　象3退5

38. 兵六进一 …………

双马双兵对马炮士象全胜负未卜，红如能发展成马三兵，则胜定。基于此点，限制黑马再设法消灭9路卒渡过边兵的思路是正确的。

38. ………… 炮2进1（图85）

39. 马四进二 …………

错过胜机，应兵五进一，以下炮2平6，兵五进一，炮6退2（如马1进2，马七退八，炮6平2，马四进三，炮2退1，马三退二，象5进7，兵五平四，象7进9，兵六平五，将5平4，仕四进五，炮2平1，马二退四，将4进1，兵四平三，象9进7，马四进

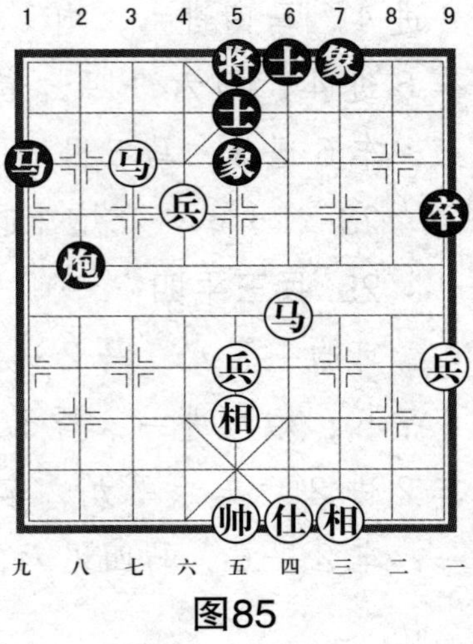

图85

三，黑卒难保，红马双兵必胜黑炮双士），马七退九，炮6平9，马四进二，卒9进1（如炮9退1，兵五平四，马1退3，马九进七，士5退4，兵六平五，卒9进1，兵四进一，士4进5，马七退六，将5平4，马六退四，象7进9，马二进一，卒9进1，马一进三，卒9进1，兵五进一，红胜势；又如马1退3，则马二进一，象7进9，马九进七，卒9进1，兵五平四，象5退7，兵六平五，士5进4，马七退六，马3进1，马六进四，马1进2，马四进二，马2进4，兵四进一，红胜势），马二进一，象7进9，兵五进一，象5退7，马九进七，士5进6，马七退六，马1进2，马六退四，马2进4，马四退二，红胜势。此时红如马四进六，则炮2退3，马六进四，士5进6，兵五进一，炮2平9，马四退三，象5进7，双方对峙，红方无法消灭黑卒，和棋。

39.	…………	象5进7	40.	马二进三	卒9进1
41.	兵五进一	炮2进2	42.	兵五进一	炮2平5
43.	相五退七	炮5平8	44.	马三退二	士5进6
45.	相三进五	士6退5	46.	仕四进五	象7进9
47.	兵五进一	…………			

如兵五平六，黑有两种应法：

甲、象9退7，则后兵平七，象7进5，马七退六，炮8平2，马六进四，马1退3，兵七进一（如兵七平六，马3进2，前兵平七，马2进1，马四进二，马1进3，兵六平五，炮2进3，相七进九，炮2退5，相九进七，象5进3，兵五进一，马3退5，后马进三，象3退5，马三退四，马5退3，马四退六，马3进5，均势），马3进1，马二进三，马1进2，马三退一，象7退9，马四进三，将5平4，马三退一，马2进3，前马退三，炮2平9，马一进三，卒9进1，后马进五，红优。

乙、马1退3，前兵平五，马3退1，兵六平七，马1进2，兵七平八，马2退3，兵五平六（如马七退六，马3进4，兵五平六，马4退6，兵八进一，黑卒无法消灭，和势），士5进6，马七退六，炮8平4，马六退四，炮4平5，马二进三，马3进5，马三退四，炮5退2，兵六平七，马5进6，后马退六，炮5进1，兵八平七，士6退5，马六退四，炮5平8，前兵平六，炮8退4，兵六平五，马6进8，后马进三，炮8平7，和势。

47. …………	炮8平6	48. 马二进三	炮6退5
49. 马三退四	炮6平9	50. 马四退五	卒9进1
51. 兵一进一	炮9进4	52. 马五进六	士5进6
53. 马六进四	象9退7	54. 相五退三	炮9退4
55. 相三进五	象7退9	56. 马四退五	士6退5
57. 兵五平四			

红方同意作和。

第86局　刘国华　先胜　ELP

（2009年2月15日弈于台大）

中炮过河车互进七兵对屏风马平炮兑车

1. 炮二平五	马8进7	2. 马二进三	车9平8
3. 车一平二	马2进3	4. 兵七进一	卒7进1
5. 车二进六	炮8平9	6. 车二平三	炮9退1
7. 马八进七	士4进5	8. 马七进六	炮9平7
9. 车三平四	车8进5	10. 炮八进二	车8进3
11. 马三退五	马7进8	12. 车四平三	马8退7
13. 车三平四	象7进5		

如象3进5，以下炮五平六，炮2进1，车四退三，马7进

8，马六进四，车1平4，车九进二，车4进4，马四退六，车4平5，相三进五，炮7进5，黑优。

14. 马五进七　车8平7

15. 车九进一　车7进1

16. 车九平二　卒3进1

17. 兵七进一　象5进3

18. 炮八退一　卒7进1

19. 马七退五　车7平9

20. 兵三进一　马3进4

21. 车四退三　炮2平4

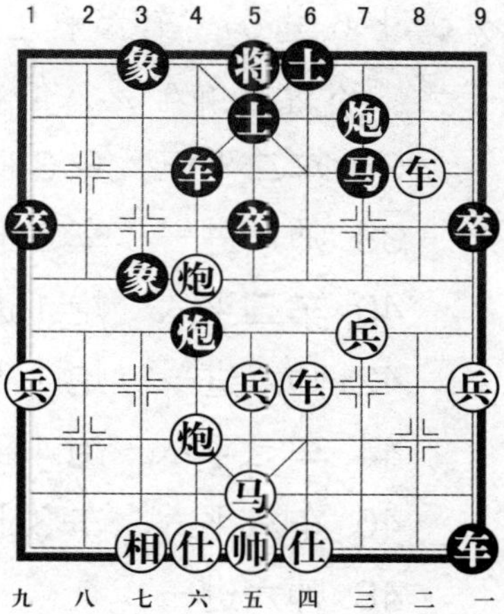

图86

22. 炮八平六　炮4进3　23. 炮六进二　车1进2

24. 车二进六　车1平4　25. 炮五平六（图86）　卒5进1

如车9退2，以下车四进一，车9退1，前炮平三，炮4平7，车四平三，炮7进3，车三进一，车4进5，马五进三，车4平7，车三退三，马7进6，和势。

26. 前炮进一　车9退2　27. 车四进一　卒5进1

28. 车四平五　马7进6　29. 前炮平五　车4平5

30. 兵三进一　…………

如炮六平五，炮4退3，车二进一，马6进7，车五平四，马7进5，炮五退四，车5进4，马五进七，车5进1，相七进五，车9平5，仕六进五，车5平3，车二平三，红方胜势。

30. …………　车9平4　31. 兵三平四　炮4进4

32. 马五进四　炮4平6　33. 帅五平四　车4平6

34. 帅四平五　车6退1　35. 兵四平五　炮7进5

败着，面对铁门栓居然无动于衷，应车6退3，车二平五，象3进5，车五平八，将5平4，车八平六，士5进4，车六进三，炮7平4，相七进五，卒1进1，后兵进一，车6平8，炮五平六，士6进5，车六平九，炮4平1，车九退一，炮1进1，前兵平六。不过虽解生死，但红方也是大优。

36.	车二平五	象3退5	37.	帅五平六	车6进3
38.	帅六进一	车6退1	39.	帅六退一	炮7平1
40.	车五平六	炮1进3	41.	相七进九	车6进1
42.	帅六进一	炮1平4	43.	车六平七	象3进1
44.	车七平八	炮4平3	45.	相九退七	车6平3
46.	车八平六	车3退1	47.	帅六退一	车3进1
48.	帅六进一				

第34章　2010人脑对电脑大赛

台湾交通大学的吴毅成先生是一位在人工智能领域颇有建树的知名学者，他筹划“2010人脑与电脑大战”于2010年12月27日在台湾交通大学隆重举行。电脑参加方为“象棋世家”和在宏碁担任软件开发研究员的曾汶杰研发的“鹰眼”。

“象棋世家”此前已成功挑战七段棋手，又刚刚获得国际奥林匹亚赛象棋组冠军。“鹰眼”虽是开发不久的程序，但在吴教授和长荣大学许舜钦教授的联合指导下，近年来国际比赛都有前三名佳绩，棋力已达八段水平。吴毅成为了解“象棋世家”“鹰眼”的真正实力，通过许教授的牵线，邀请到刘国华、马仲威两位八段国手前来对弈。许舜钦说：“人脑对计算机象棋大赛过去十届五胜五负，双方势均力敌。今年邀请到的两大高手棋力都有八段以上，计算机不见得占得上风。”

上午两场交锋，马仲威和“鹰眼”战成平手，刘国华却输给了“象棋世家”。刘八段与“象棋世家”以飞相对过宫炮展开激战，中局一着退马窝心连失三兵，埋下失败祸根，最终难抵双马三兵围城，先失一局。他说自己上午从台北开车到新竹，体力、精神上都有点负荷，下第一手就觉得临场状况不好，本来希望打平，没想到还是无法如愿。中午用餐完毕后，养精蓄锐后的刘国华果然如猛虎出笼，“鹰眼”执先连挺三七兵摆出凶恶的两头蛇，刘八段进马转卒底炮，在平淡对峙中诱“鹰眼”弃相，造成其后来单相防守势孤。当双方僵持在红方七路线时，“鹰眼”再次按捺不住，以占据要位的红炮击马，从而底线门户洞开。由此黑双炮分别在两翼攻城，红方疲于奔命，为免节外生枝刘八段果断以车砍马简化局面，以车卒攻陷车单相。可惜马仲威无法再乘胜追击，和“象棋世家”

打成平手。双方一胜一负两和，势均力敌。

第87局　刘国华　先负　象棋世家

（2010年12月27日）

飞相对过宫炮

1. 相三进五　炮8平4　　2. 马二进三　卒7进1

3. 炮二进六　…………

进炮压马非同凡响，如考虑全局均衡发展多走车一平二出车，或兵七进一及马八进九开动左翼。

3. …………　象7进5　　4. 马八进七　卒3进1

5. 炮八平九　车1进1　　6. 车九平八　马2进3

7. 车一平二　车9进1　　8. 炮二退二　…………

也可炮二退四。

8. …………　马8进7　　9. 车八进六　车1进1

10. 车二进四　车9平8　　11. 兵七进一　卒3进1

12. 车二平七　炮2退1　　13. 车七平六　炮2平6

14. 车六进三　车8进2　　15. 车八平七　炮6进1

16. 车六进一　车1平2　　17. 马七进六　…………

进马无效率，应车七退二，车2进5，兵三进一，卒7进1，车七平三，车2平3，车三进三，士4进5，均势。

17. …………　士4进5　　18. 车七退二　车8进3

如象3进1，则马六进七，象1进3，炮九平七，马7进6，兵三进一，卒7进1，车七平三，车2进4，炮七进二，炮6进1，兵五进一，车8进5，双方互缠各有千秋。

19. 马三退五 …………

退马使右翼三个兵全失去保障，为全局少兵落败埋下祸根。可考虑马六进七，则马7进6，兵三进一，卒7进1，车六退三，车8平6，车七平三，车2进1，车三平七，车2进3，双方对峙。

19. ………… 车8平7　　20. 马五进七 …………

可以考虑马六进七，则马7进6，马五进七，车2进2，前马退六，马6进4，马七进六，车2平3，车七进一，象5进3，均势。

20. ………… 炮6退1　　21. 车六退二　炮6平8

22. 马七退五　马3进2　　23. 车六退一　车7平5

24. 马六退七　车5平9　　25. 炮九进四　象3进1

26. 兵九进一　炮8进8　　27. 相五退三　炮8退5

28. 车六退二 …………

如车六进三，则车9平3，车七平八，车2平4，车六退一，士5进4，炮九退一，车3平7，相三进五，士6进5，均势。

28. ………… 车9平4　　29. 马五进六　车2平3

30. 车七进三　马2退3　　31. 炮九平七　卒5进1（图87）

32. 马六进四 …………

应马六退四，以下马3进5，仕四进五，马5进3，兵九进一，卒9进1，炮七平八，卒9进1，马七进八，卒5进1，兵九平八，马3退4，马四进五，炮8平2，炮八平二，炮2平5，相三进五，黑方虽多双卒，但形势大抵相当，比实战要好。

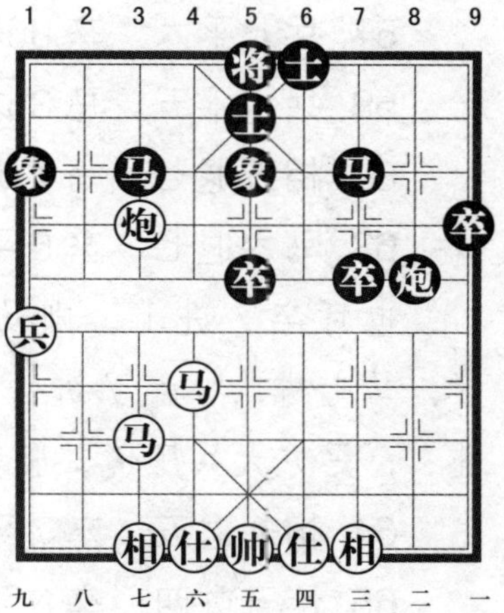

图87

32. ………… 卒7进1

33. 马四进三　象5进7

34. 马七进五　卒7平6

35. 马五进七　卒5进1　　36. 马七进八　马3进5

37. 马八进七　将5平4　　38. 炮七平六　卒5平4

39. 马七退八　象1退3　　40. 炮六退一　…………

红右马被困只能眼睁睁地坐看黑卒疾进，无奈换炮，不过黑方双马三卒，在不犯错误的情况下，红方难逃败势。

40. …………　炮8平4　　41. 马八退六　马7退9

42. 兵九进一　马9进8　　43. 相三进五　卒9进1

44. 兵九平八　卒9进1　　45. 仕六进五　卒4平5

46. 兵八进一　卒9进1　　47. 兵八平七　马5进4

48. 相五进七　马8进7

如马三进四，则象3进5，马四退二，马7进8，相七进五，马4进3，仕五进四，马8进9，仕四进五，马9退7，帅五平四，卒9进1，马二退四，象5退7，马六进七，将4进1，马七退五，象7进5，兵七进一，卒9平8，兵七进一，将4退1，红方看住双卒，双方战线将拉长。

49. 相七进五　马7进8　　50. 仕五进六　马8退6

51. 仕四进五　士5进6　　52. 马三退一　士6进5

53. 相五退三　马6进7　　54. 帅五平四　卒9平8

55. 仕五退六　卒8进1　　56. 仕六退五　将4平5

57. 兵七平六　卒8进1　　58. 相三进五　马4进3

59. 兵六平五　马3进1　　60. 兵五平四　马1退2

61. 相五退七　马7退6　　62. 马一退二　卒6平7

63. 马六退七　卒5平4

也可卒7进1，则马二进一，卒5平4，相七退五，马2进3，马七进八，卒7进1，马八进六，卒7进1，马一退三，卒4进1，黑方大兵压境，胜势。

64. 相七退五　卒7平8　　65. 马二进四　前卒平7

66. 仕五进四　卒8平7　　67. 马四进六　卒4进1

68. 马七退六　卒4进1　　69. 后马退八　马2进3

70. 马八进九　卒4平5

精巧！如马九退七，则前卒进1，帅四进一，马5进8，黑胜。

第88局　鹰眼　先负　刘国华

（2010年12月27日）

两头蛇对进马转卒底炮

1. 兵七进一　马8进7　　2. 兵三进一　炮2平3

3. 马二进三　卒3进1　　4. 马八进九　卒3进1

5. 相七进五　车9进1　　6. 车九平八　象3进5

如车9平6，则炮二进二，马2进1，炮二平七，象3进5，车一平二，炮8平9，车二进六，卒1进1，炮八平六，车6平4，仕六进五，均势。

7. 相五进七　…………

可车一进一，以下车9平6，炮二进二，车6进3，炮二平七，卒1进1，炮八平六，马2进1，车一平八，卒7进1，兵三进一，车6平7，均势。

7. …………　车9平6　　8. 炮二平一　炮8进4

9. 炮八平五　马2进4　　10. 车八进八　炮8退5

11. 车八退七　车1平2　　12. 车八平六　马4进2

13. 车一平二　马2进3　　14. 炮五平七　…………

轻易弃相不值，应车六进三，车2进1，炮五平六，车6进3，均势。

14. ………… 炮3进3

15. 车二进七 车6平7

16. 炮七退二 …………

不如相三进五，则炮3平2，马三进四，炮2进2，马四进六，车2进6，炮一进四，车2平4，车六进二，马3进4，炮七平六，炮2退5，虽相势相当，但红方占位较好。

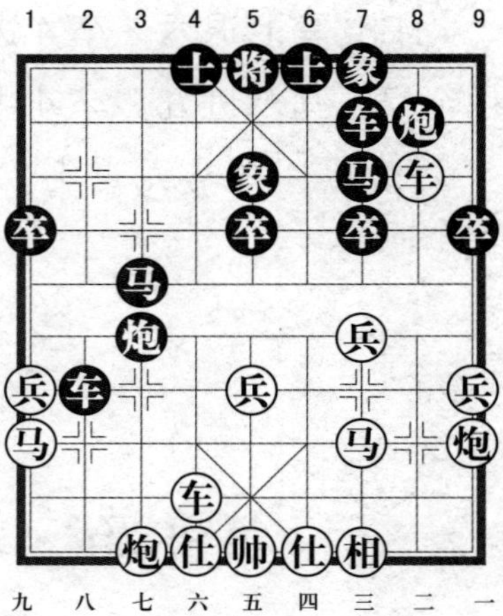

图88

16. ………… 车2进6（图88）

17. 炮七进五 …………

忘了自己空虚的左翼，炮离要位门户洞开，应车六进五，炮3平2，马九退七，车2进2，炮七进五，车2平3，车六平八，炮2进3，炮七进二，车3退6，车八退五，车3进3，相三进五，车3平4，红方阵形舒展，小优。又如相三进五，炮3平2，相五进七，炮2平7，车二退一，炮7退1，仕四进五，炮7平5，车六进五，马3退2，车六退二，卒7进1，黑优。

17. ………… 炮3进4

18. 仕六进五 象5进3

19. 帅五平六 车2退6

20. 相三进五 炮3平1

21. 帅六平五 象3退5

22. 车六进一 卒7进1

23. 兵三进一 象5进7

24. 炮一进四 炮8平9

25. 炮一平三 …………

如炮一平九，则象7退9，炮九退二，马7进6，车二平四，车2进9，车六退二，车2退7，车六进八，炮9平4，车四平八，车7进6，黑方得子胜。

25. ………… 马7退5

26. 马三进四 象7退5

27. 兵一进一 马5退3

28. 帅五平六 士6进5

29. 相五进七 …………

如帅六平五，以下马3进4，炮三平九，马4进3，炮九退二，车7平6，马四进六，车6进7，黑方攻势猛烈！

29.………… 马3进4　　30. 车二退一 …………

如兵五进一，则车7平6，马四退五，车6进5，车六进二，炮9平6，炮三平一，炮6退1，车二平三，车6平2，黑有攻势。

30.………… 马4进5　　31. 车六进二 象7进9
32. 炮三平九 炮9进4　　33. 马四进三 炮9进3
34. 帅六平五 车2进9　　35. 车六退四 车2退6
36. 车六平九 车7进2　　37. 车二退五 炮9进1
38. 车二退一 马5进6　　39. 仕五进四 车7平9
40. 炮九进三 车2退3　　41. 炮九退三 车9进4
42. 马九进七 车9平6

简化局势，以免节外生枝。如车2平3，则炮九平六，车3进5，车九平七，车3平8，车二平一，车9进2，炮六退六，车8平4，车七进二，车4平3，车七退一，马6退5，兵五进一，马5进7，仕四退五，车9退3，炮六平七，车3退1，黑胜定，但战线较长。

43. 车二平一 车6平3　　44. 马七退五 车3平5
45. 相七退五 马6进7　　46. 帅五平六 马7进9
47. 仕四进五 马9退7　　48. 相五进七 …………

应相五退七，以下车2进6，车九进二（如车九进一，则车2平3，相七进九，车3平1，炮九平七，象9退7，兵五进一，马7退5，炮七退六，马5退7，黑胜势），车2平5，车九平七，车5平1，炮九平八，车1平4，车七平六，车4平3，相七进九，马7退6，车六平四，车3平2，相九退七，象9进7，帅六平五，卒5进1，炮八平二，卒5进1，炮二退三，马6退4，炮二退三，卒5进1，双方僵持，红方应对要比实战要好。

48. ………… 车2进3 49. 炮九进三 象5退3

50. 车九进二 车2进6 51. 帅六进一 车2退1

52. 帅六退一 车2平5 53. 车九平三 车5平2

54. 炮九退四 车2退2 55. 帅六进一 车2平1

56. 炮九平四 车1平4 57. 帅六平五 车4平5

连扫两兵，至此胜定。

58. 相七退五 马7进9 59. 炮四退五 车5平6

60. 炮四平七 车6平8 61. 帅五退一 马9退8

62. 炮七进二 车8平3 63. 炮七进七 车3退6

64. 车三平二 车3进7

黑胜定，余着从略。